跨境电子商务
服务管理实施指南

刘小茵 李 尧 谢灵群 编著

电子工业出版社
Publishing House of Electronics Industry
北京·BEIJING

内 容 简 介

本书介绍跨境电子商务服务质量管理规范，以及通用的服务质量模型；给出跨境电子商务服务质量管理的实践指南，帮助在线销售商开展跨境电子商务服务管理；通过对跨境电子商务服务管理示例的分析，讲解跨境电子商务服务质量成熟度的评估方法，并给出具体的实施建议。

未经许可，不得以任何方式复制或抄袭本书之部分或全部内容。
版权所有，侵权必究。

图书在版编目（CIP）数据

跨境电子商务服务管理实施指南 / 刘小茵，李尧，谢灵群编著. —北京：电子工业出版社，2019.4
ISBN 978-7-121-33346-0

Ⅰ.①跨⋯ Ⅱ.①刘⋯ ②李⋯ ③谢⋯ Ⅲ.①电子商务－商业服务－指南 Ⅳ.①F713.36-62

中国版本图书馆 CIP 数据核字（2017）第 318077 号

责任编辑：牛平月（niupy@phei.com.cn）
印　　刷：三河市华成印务有限公司
装　　订：三河市华成印务有限公司
出版发行：电子工业出版社
　　　　　北京市海淀区万寿路 173 信箱　邮编 100036
开　　本：720×1 000　1/16　印张：13.5　字数：280.8 千字
版　　次：2019 年 4 月第 1 版
印　　次：2019 年 4 月第 1 次印刷
定　　价：78.00 元

凡所购买电子工业出版社图书有缺损问题，请向购买书店调换。若书店售缺，请与本社发行部联系，联系及邮购电话：（010）88254888，88258888。
质量投诉请发邮件至 zlts@phei.com.cn，盗版侵权举报请发邮件至 dbqq@phei.com.cn。
本书咨询联系方式：（010）88254454，niupy@phei.com.cn。

前言

最近几年,虽然中国出口总值增幅不大,但是跨境电子商务一直保持着快速增长的态势。根据艾媒咨询(iiMedia Research)发布的《2017上半年中国跨境电商市场研究报告》显示,2016年,我国跨境电子商务整体交易规模(含零售及B2B)高达6.3万亿元,较2015年增长23.5%;2017年,跨境电子商务交易规模仍继续以较高的增速在发展。

2017年4月14日,艾媒咨询发布《2017年中国网民针对跨境电商售后服务关注度调查报告》。该报告中的数据显示,超过三成的海淘用户表示对海淘经历不满意,67.2%的网民对售后服务表示担忧;此外,无处申诉维权也是海淘用户较为担心的因素,占比为59.1%。海淘市场用户规模庞大,为跨境电子商务的发展提供了巨大的市场空间。在现阶段,跨境电子商务涉及的商品退还时间、保障海淘用户消费权益等已经成为跨境电子商务企业亟待改善的关键问题。虽然互联网的发展为跨境电子商务提供了前所未有的理想契机,但如何利用这个平台为用户提供简单、实用、可靠、个性化的跨境电子商务服务,形成差异化竞争优势,已经成为众多跨境电子商务企业关注的核心内容。

基于上述背景,本书从用户、跨境电子商务平台提供商、监管部门等多角度出发,研究在跨境电子商务交易中存在问题较为突出的服务过程或服务行为,以及利益相关方的需求、应用服务蓝图技术、服务接触和服务补救理论,分析商品交易全过程的管理要求和用户体验要求、跨境电子商务服务质量的构成、跨境电子商务服务感知质量模型,最终提出跨境电子商务服务管理的基本要求、管理要求和服务要求三大要素,形成跨境电子商务服务管理模型。通过这个模型,跨境电子商务服务管理的有效性和效率均可得到提升,从而增加用户对跨境电子商务服务的信心和忠诚度,增加跨境电子商务企业的竞争优势。

本书得到国家重点研发计划"国家质量基础的共性技术研究与应用"中的重点专项"服务认证关键技术研究与应用"项目(项目编号:2016YFF0204100)的资助。

刘小茵

2018年5月

目录

第一部分 跨境电子商务的发展

第1章 跨境电子商务概述 (2)

- 1.1 跨境电子商务的概念 (2)
  - 1.1.1 电子商务和跨境电子商务的概念 (2)
  - 1.1.2 跨境电子商务的特点 (3)
  - 1.1.3 跨境电子商务与传统贸易的区别 (4)
  - 1.1.4 跨境电子商务与国内电子商务的区别 (6)
  - 1.1.5 跨境电子商务的分类 (7)
- 1.2 跨境电子商务发展历程 (9)
- 1.3 本章小结 (10)

第2章 跨境电子商务模式 (11)

- 2.1 跨境电子商务 B2B 模式 (11)
  - 2.1.1 跨境电子商务 B2B 模式的定义 (11)
  - 2.1.2 跨境电子商务 B2B 模式的特点 (11)
  - 2.1.3 跨境电子商务 B2B 模式案例 (12)
- 2.2 跨境电子商务 B2C 模式 (13)
  - 2.2.1 跨境电子商务 B2C 模式的定义 (13)
  - 2.2.2 跨境电子商务 B2C 模式的特点 (13)
  - 2.2.3 跨境电子商务 B2C 模式案例 (14)
- 2.3 跨境电子商务 C2C 模式 (15)
  - 2.3.1 跨境电子商务 C2C 模式的定义 (15)
  - 2.3.2 跨境电子商务 C2C 模式的特点 (15)
  - 2.3.3 跨境电子商务 C2C 模式案例 (16)
- 2.4 本章小结 (16)

第3章 跨境电子商务发展现状和特点 (17)

- 3.1 全球跨境电子商务发展现状和特点 (17)

  3.1.1 全球电子商务发展现状……………………………………（17）
  3.1.2 全球电子商务分布格局……………………………………（18）
 3.2 中国跨境电子商务发展现状和特点…………………………………（18）
  3.2.1 中国跨境电子商务发展现状………………………………（18）
  3.2.2 中国跨境电子商务的发展特点……………………………（21）
 3.3 世界主要国家跨境电子商务相关法律法规…………………………（22）
  3.3.1 美国跨境电子商务相关法律………………………………（22）
  3.3.2 欧盟跨境电子商务相关法律………………………………（23）
  3.3.3 韩国跨境电子商务相关法律………………………………（24）
  3.3.4 日本跨境电子商务相关法律………………………………（25）
 3.4 中国跨境电子商务相关法律法规……………………………………（26）
 3.5 中国跨境电子商务的政策解读………………………………………（28）
 3.6 本章小结………………………………………………………………（30）

第二部分 服务管理

第4章 跨境电子商务服务管理的重要性……………………………………（32）
 4.1 跨境电子商务服务管理的概念………………………………………（32）
 4.2 跨境电子商务服务管理模型…………………………………………（32）
 4.3 本章小结………………………………………………………………（35）

第5章 服务…………………………………………………………………………（36）
 5.1 概述……………………………………………………………………（36）
 5.2 服务的特性……………………………………………………………（37）
 5.3 服务蓝图………………………………………………………………（38）
  5.3.1 服务蓝图的构成……………………………………………（39）
  5.3.2 服务蓝图的作用……………………………………………（41）
  5.3.3 服务蓝图的开发与绘制……………………………………（41）
 5.4 服务过程流程图………………………………………………………（41）
 5.5 服务接触………………………………………………………………（42）
  5.5.1 服务接触概述………………………………………………（42）
  5.5.2 服务接触形式分类…………………………………………（44）
  5.5.3 服务接触理论………………………………………………（44）
  5.5.4 服务接触中愉快或不愉快的来源…………………………（46）
 5.6 本章小结………………………………………………………………（47）

第6章　服务质量 (48)

6.1　服务质量概述 (48)
- 6.1.1　服务质量的内涵 (49)
- 6.1.2　质量特性 (49)
- 6.1.3　服务质量的要素 (50)

6.2　服务质量差距模型 (51)
- 6.2.1　管理层对顾客服务预期的感知差距 (52)
- 6.2.2　服务质量标准差距 (53)
- 6.2.3　服务传递差距 (53)
- 6.2.4　服务传递与对外沟通之间的差距 (54)
- 6.2.5　顾客服务预期与顾客感知服务之间的差距 (55)

6.3　服务补救 (55)
- 6.3.1　服务补救概述 (56)
- 6.3.2　服务补救与顾客抱怨管理的区别 (56)
- 6.3.3　服务补救不容回避 (57)
- 6.3.4　服务补救策略 (58)

6.4　电子商务服务质量模型 (59)
- 6.4.1　国外电子商务服务质量模型 (59)
- 6.4.2　国内电子商务服务质量模型 (65)
- 6.4.3　跨境电子商务相关标准 (67)

6.5　跨境电子商务服务质量构成及感知服务质量模型 (69)
- 6.5.1　跨境电子商务服务质量构成 (69)
- 6.5.2　跨境电子商务感知服务质量模型 (70)

6.6　本章小结 (72)

第三部分　跨境电子商务服务管理理论

第7章　管理要求 (74)

7.1　经营能力 (74)
- 7.1.1　服务承诺 (74)
- 7.1.2　资源管理 (80)
- 7.1.3　风险防控能力 (85)
- 7.1.4　制度建设 (98)

7.2　商品管控 (99)
- 7.2.1　商品准备 (99)
- 7.2.2　商品质量 (103)

7.3 质量追溯 …………………………………………………………………………（105）
7.4 持续改进 …………………………………………………………………………（106）
7.5 本章小结 …………………………………………………………………………（107）

第8章 服务要求

8.1 经营过程 …………………………………………………………………………（108）
　　8.1.1 信息展示 …………………………………………………………………（108）
　　8.1.2 意向生成 …………………………………………………………………（131）
　　8.1.3 订单过程 …………………………………………………………………（133）
　　8.1.4 支付和确认 ………………………………………………………………（135）
　　8.1.5 商品配送 …………………………………………………………………（141）
　　8.1.6 售后服务 …………………………………………………………………（142）
8.2 经营绩效 …………………………………………………………………………（147）
　　8.2.1 经营绩效概述 ……………………………………………………………（147）
　　8.2.2 销售业绩 …………………………………………………………………（153）
　　8.2.3 顾客满意度 ………………………………………………………………（156）
　　8.2.4 相关方评价 ………………………………………………………………（164）
8.3 本章小结 …………………………………………………………………………（165）

第四部分　跨境电子商务服务管理实施

第9章 实施过程

9.1 跨境电子商务企业实施服务管理的必要性 ……………………………………（167）
　　9.1.1 服务管理在跨境电子商务领域的应用 …………………………………（167）
　　9.1.2 跨境电子商务企业在服务管理中面临的问题 …………………………（167）
　　9.1.3 推进跨境电子商务服务管理的重要实现途径 …………………………（168）
9.2 项目概述 …………………………………………………………………………（169）
　　9.2.1 项目目标 …………………………………………………………………（169）
　　9.2.2 项目范围 …………………………………………………………………（169）
9.3 项目实施方法论——过程模型 …………………………………………………（169）
　　9.3.1 过程模型概要 ……………………………………………………………（169）
　　9.3.2 过程模型介绍 ……………………………………………………………（171）
9.4 项目组织架构 ……………………………………………………………………（171）
9.5 项目实施过程 ……………………………………………………………………（173）
　　9.5.1 项目启动阶段 ……………………………………………………………（173）
　　9.5.2 统筹和规划阶段 …………………………………………………………（173）

9.5.3　构建和运行阶段 …………………………………………（186）
　　9.5.4　监督和评估阶段 …………………………………………（198）
　　9.5.5　改进和优化阶段 …………………………………………（198）
9.6　项目管理 …………………………………………………………（199）
　　9.6.1　项目质量管理 ……………………………………………（199）
　　9.6.2　项目风险管理 ……………………………………………（200）
　　9.6.3　项目沟通管理 ……………………………………………（201）
　　9.6.4　项目变更管理 ……………………………………………（201）
9.7　本章小结 …………………………………………………………（202）

参考文献 ………………………………………………………………（203）

第一部分

跨境电子商务的发展

第1章 跨境电子商务概述

1.1 跨境电子商务的概念

1.1.1 电子商务和跨境电子商务的概念

在当前经济全球化与信息化的进程中，电子商务已经成为经济发展的重要引擎和产业融合的推动力。

电子商务是指采用数字化电子方式进行商务数据交换和商务业务活动。电子商务主要包括利用电子数据交换、电子邮件、电子资金转账及 Internet 的主要技术在个人间、企业间和国家间进行无纸化的业务信息的交换。

跨境电子商务是指分属不同关境（海关境界的简称）的交易主体，通过电子商务平台达成交易、进行支付结算，并通过跨境物流送达商品、完成交易的一种国际商业活动。

跨境电子商务作为电子商务的重要分支，当前已经成为各国企业开展国际贸易活动的重要手段和各国对外贸易增长的推动力量，并已是世界各国、各地区提高竞争力、抢占发展先机的战略举措。

对跨境电子商务的理解有狭义和广义两种。从狭义上看，跨境电子商务其实是指 B2C 跨境电子商务或跨境零售，是分属于不同关境的交易主体，借助于计算机网络达成交易，进行支付结算，并采用快件、小包等行邮的方式通过跨境物流将商品送到消费者手中的交易过程。值得注意的是，消费者中也会有一部分进行碎片化小额买卖的商户，且在现实中这类商户和个人消费者之间没有严格的界限，就总体而言，针对这类商户的销售也隶属于跨境零售。

从广义上理解，跨境电子商务包含 B2B 和 B2C 两种模式，是不同关境的交易方（销售商和消费者）借助于互联网交易平台，通过跨境物流实现产品送达和支付结算的一种跨境交易行为。从更广义的层面上理解，跨境电子商务把传统进出口贸易的交易过程网络化、数字化和电子化，是互联网技术在进出口贸易中的运用。鉴于它涉及货物的电子贸易、电子资金划拨、电子货运单证、在线数据传递等内容，我们可以将国际贸易中各个环节对互联网有所涉及的商务活动都广义地理解为跨境电子商务。

跨境电子商务作为一种新型的贸易模式，它融合了国际贸易和电子商务两方面的特征，主要表现在：一是信息流、资金流、物流等多种要素的流动紧密结合，任何一方面的不足或衔接不够都会阻碍整体商务活动的完成；二是流程繁杂且不完善，国际贸易通常具有非常复杂的流程，牵涉海关、检疫检验、外汇、税收、货运等多个环节，而跨境电子商务作为一种新兴的交易方式，在通关、支付、税收等领域的法规目前还不太完善；三是风险触发因素较多，容易受到国际经济政治宏观环境和各国政策的影响。

跨境电子商务是推动经济一体化、贸易全球化的技术基础，发展跨境电子商务具有非常重要的战略意义。跨境电子商务不仅冲破了国家间的障碍，使国际贸易走向无国界贸易，同时它也正在引发世界经济贸易的巨大变革。对企业而言，跨境电子商务构建的开放、多维、立体的多边经贸合作模式，极大地拓宽了其进入国际市场的路径，大大促进了多边资源的优化配置与企业间的互利共赢；对于消费者而言，跨境电子商务使他们非常容易地获取其他国家的商品信息并买到物美价廉的商品。

1.1.2 跨境电子商务的特点

跨境电子商务是基于网络发展起来的，网络空间相对于物理空间来说是一个新空间，是一个由网址和密码组成的虚拟但客观存在的世界。网络空间独特的价值标准和行为模式深刻地影响着跨境电子商务，使其不同于传统的交易方式而呈现出自己的特点。跨境电子商务具有如下 4 个特点。

（1）多边化、网状结构。

传统的国际贸易主要表现为两国之间的双边贸易，即使有多边贸易，也是通过多个双边贸易实现的，呈线状结构。跨境电子商务可以通过一国的交易平台，实现与其他国家间的直接贸易，与贸易过程相关的信息流、商流、物流和资金流由传统的双边逐步向多边的方向演进，呈现出网状结构，这一趋势正在重构世界经济新秩序。

（2）直接化、效率高。

传统的国际贸易主要由一国的进出口商通过另一国的进出口商集中进出口大批量货物，然后通过境内流通企业经过多级分销，最后到达有进出口需求的企业或消费者，通常进出口环节多、时间长、成本高。而跨境电子商务可以通过电子商务交易与服务平台，实现多国企业之间、企业与最终消费者之间的直接交易，进出口环节少、时间短、成本低、效率高。

（3）小批量、高频度。

跨境电子商务通过电子商务交易与服务平台，实现多国企业之间、企业与最终消费者之间的直接交易，由于是单个企业之间或单个企业与单个消费者之间的交易，相对于传统贸易而言，大多是小批量甚至是单件的。而且跨境电子商务一般是即时按需采购、销售和消费的，相对于传统贸易，交易的次数和频率更高。

（4）数字化、监管难。

随着信息网络技术的深入应用，数字化产品（如游戏、软件、影视作品等）的品类和贸易量快速增长，并且通过跨境电子商务进行销售或消费的趋势日趋明显。而传统的应用于实物产品或服务的国际贸易监管模式已经不适用于新型的跨境电子商务，尤其是数字化产品的跨境贸易更是没有纳入海关等政府有关部门的有效监管、统计和关税收缴范围内。

1.1.3 跨境电子商务与传统贸易的区别

跨境电子商务是一种新型的国际贸易形式，借助于互联网技术促进国际间商品、服务与要素的自由流动。跨境电子商务与传统贸易的流程对比如图1-1所示。

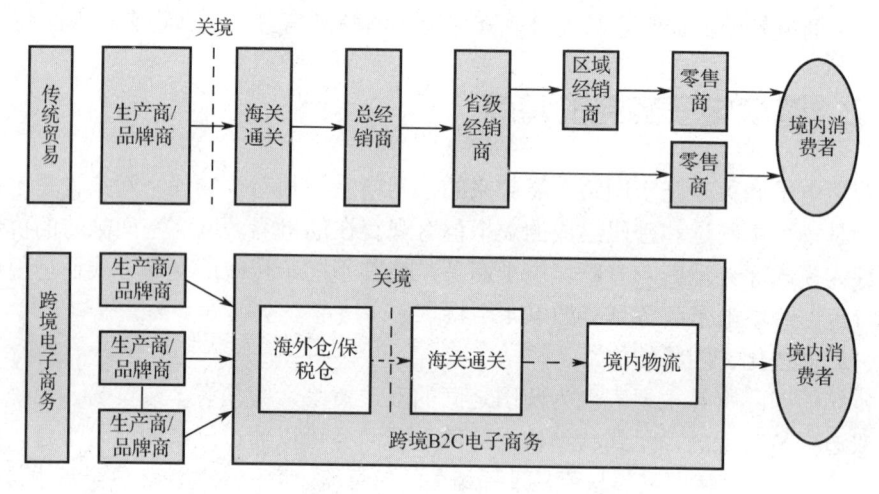

图1-1 跨境电子商务与传统贸易的流程对比

（1）交易区域的差异。

传统贸易受地域性限制，很多相距较远的地区或国家无法进行双边贸易。即使进行贸易，传统的跨境贸易大部分由一国的进出口商通过另一国的进出口商，进出口大批量货物，然后通过境内流通企业进行多级分销，至少要跨越5个渠道：国内工厂、国内贸易商、目的国进口商、目的国分销商及目的国零售商，最后到达有需求的企业或消费者。传统贸易的进出口环节多，时间长，成本高。而跨境电子商务则解决了这一问题，通过电子商务的推动，处于不同国家或地区的商户和消费者可以通过互联网实现交易成本的最小化，从而高效地达成交易。

（2）经营主体的差异。

传统贸易的经营主体主要是贸易企业，而跨境电子商务依托于互联网技术，"虚拟企业"成为跨境电子商务中经营主体的主要存在形式之一。"虚拟企业"依托互联网而存在，通过互联网提供跨境电子商务贸易服务。同时跨境电商采用"虚拟企业"

+贸易企业的合作方式，通过先进的信息技术，为消费者提供更加个性化、多元化的服务，进而适应当前电商贸易发展的需求。

（3）交易方式的差异。

传统贸易主要是通过面对面的形式进行交易的，不仅交易效率低，而且易出现贸易误差。而跨境电子商务则是通过互联网平台进行交易，交易方式变得更加便捷、高效，符合当前经济快速发展的需求。在互联网通信方式下，跨境电子商务不仅可以降低传统交易方式中的采购及运输等成本，而且为"零库存"的交易目标创造了条件。因此，在新的经济环境、新的商务模式下，跨境电子商务为国际贸易提供了更加便捷、高效、低成本的贸易方式。

（4）经营模式与营销方式的差异。

经营模式的改变是跨境电子商务相比传统贸易最为显著的改变之一。在传统贸易中，物流贸易企业的经营模式复杂，营销方式有"效率低、成本高"的特点，这对于跨境贸易企业而言无疑是巨大的成本支出。而跨境电子商务则针对企业形成了全面的集信息流、资金流和业务流于一体的经营模式，提高了企业经营管理的效率。同时跨境电子商务可以弥补传统营销方式中的不足，通过采用互联网平台上的营销模式，不仅提高了消费者选购商品的效率，而且极大地降低了营销成本，对于降低跨境贸易企业经营成本起到十分重要的作用。

综上所述，相比传统贸易，跨境电子商务有下列优势：

（1）更直接、快速地获取全球市场资源。

随着跨境电子商务的发展，企业通过跨境电子商务平台直接面向全球市场。因此，跨境电子商务降低了对外贸易市场的进入门槛，大量的中小企业积极开拓国际贸易市场或道路，更多差异化产品进入国际市场，商品的进出口贸易范围不断扩大。相比于传统国际贸易，跨境电子商务平台上公开与共享的商品和服务信息使得买卖双方的交流更加充分与透明，信息不对称程度大幅降低。跨境电子商务平台还提供了供买卖双方直接沟通的渠道，消除了传统国际贸易中冗余、低效的中间环节，企业的商品和服务质量信息能更容易地为全球消费者所熟知，有利于企业品牌向全球推广。

（2）更加便利地获取商品和服务信息。

跨境电子商务平台积聚了丰富的、差异化的产品和服务贸易信息，互联网技术的支持使这些信息直达全球消费者，信息的获取不再受时间和地域的限制。因此，相比于传统贸易，跨境电子商务的市场信息在互联网上广泛公开与共享，国外消费者通过跨境电子商务平台能够直接搜索不同商户提供的同类商品信息，进行质量与价格比较，选取最优的商品和服务。

（3）更加便捷地进行在线交易。

现代信息网络技术的发展提高了对外贸易信息的传递效率，交易信息、单证传递、购买支付等通过互联网可以瞬间完成。通过跨境电子商务平台，交易与支付的时空限制逐渐消除，消费者可以随时查看和购买来自各国的商品和服务，商户实时响应消费者的需求，物流公司通过跨境物流系统快速配送消费者购买的商品。信息流、商流、资金流和物流的有机融合，使得对外贸易更加高效和便捷。

（4）更加高效地进行批次交易。

跨境电子商务中公开、透明的商品信息增强了对外贸易商品价格的透明度，降低了交易双方的信息不对称程度。流通渠道的减少也为在线商品价格的降低提供了空间。因此，随着跨境电子商务的发展，在线对外贸易商品的价格会不断降低并且趋同化。丰富的商品、较低的商品价格、便捷的交易方式促使大量消费者跨境网购。为满足消费者的个性化及多样化需求，跨境网络零售呈现出交易批量小、交易批次多、交易频率高等特征。

1.1.4 跨境电子商务与国内电子商务的区别

将跨境电子商务拆分开来理解，"跨境"是指跨境贸易，包含进口和出口；"电子商务"则是跟传统贸易相对比。跨境电子商务指的是不同的关境交易主体，通过电子商务平台进行产品交易和支付结算，并且通过跨境物流送达商品完成交易的一种国际化的商业活动。而国内电子商务是以信息网络技术为基础，以商品交换为中心的商业活动，根据阿里巴巴柯丽敏教授的分析，两者的区别主要体现在以下4点：

（1）交易流程中业务环节的差异。

国内电子商务是国内贸易，而跨境电子商务实际上是国际贸易，跨境电子商务因其具有的国际元素而区别于一般的电子商务。

相比国内电子商务，跨境电子商务的业务环节更加复杂，需要经过海关通关、检验检疫、外汇结算、出口退税、进口征税等环节。在货物运输上，跨境电子商务通过邮政小包、快递等方式出境，货物从售出到运送到国外消费者手中的时间更长。因路途遥远，货物容易损坏，且各国邮政派送的能力相对有限，急剧增长的邮包量也容易引起贸易摩擦。国内电子商务发生在国内，主要以快递方式将货物直接送达消费者，路途近、到货速度快、货物损坏概率低。

（2）交易主体的领域差异。

国内电子商务的交易主体一般在一个国家内，包括一个国家的企业对企业、企业对个人或者个人对个人，而跨境电子商务的交易主体肯定分属不同国家，可能是国内企业对境外企业、国内企业对境外个人或者国内个人对境外个人。由于交易主体所在国家不同，消费者具有不同的消费习惯、文化心理、生活习俗，这要求跨境电子商务企业对国际化流量引入、广告推广、国外品牌等有更深入的了解，还需要对国外贸易、互联网、分销体系、消费者行为等有很深的了解，要有"当地化/本地化"思维，要有远远超出国内电子商务的电商思维。

（3）交易风险的差异。

国内电子商务交易双方对商标、品牌等知识产权的认识比较一致，因侵权引起的纠纷较少，处理方式也较为简单。而跨境电子商务因涉及的产品多为日用消费品，大量的三无（无生产日期、无质量合格证、无生产厂家）商品和假货、仿品充斥着跨境电子商务市场，侵权等现象时有发生。这些商品在商业环境和法律体系较为完善的国家很容易引起知识产权纠纷，后续的司法诉讼和赔偿十分麻烦。

（4）适用规则的差异。

跨境电子商务比国内电子商务所需要适应的规则更多、更细、更复杂。首先是平台规则，跨境电子商务经营借助的平台除了国内的平台，还可能有国外的平台，国内的 B2B 和 B2C 平台已经很多，各个平台均有不同的操作规则，而海外各国的平台及其规则更是令人眼花缭乱。跨境电子商务企业要熟悉不同海内外平台的操作规则，具有针对不同需求和业务模式进行多平台运营的能力。

国内电子商务企业只需遵循一般的电子商务规则，但是跨境电子商务企业则要以国际通用的系列贸易协定为准则，或者以双边的贸易协定为准则。跨境电子商务企业需要有很强的政策和规则敏感性，要及时了解国际贸易体系、进出口管制规则、关税细则以及政策的变化，对进出口形势也要有更深入分析的能力。

1.1.5 跨境电子商务的分类

依据不同标准从不同的角度分析跨境电子商务，可以将跨境电子商务按照以下几个标准进行分类。

（1）以商品流向分类。

按照商品流向分类，跨境电子商务可分为跨境电子商务出口和跨境电子商务进口两种。跨境电子商务出口和进口流程如图 1-2 所示。

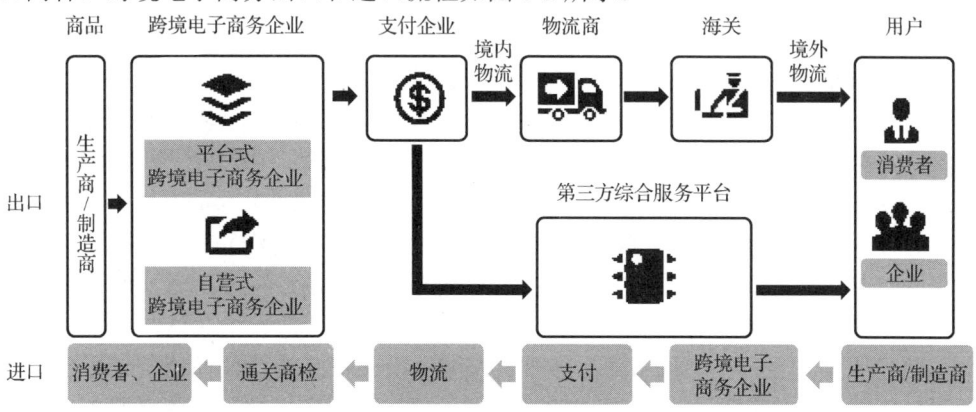

资料来源：艾媒咨询.2014 年中国跨境电商行业研究报告，2014.

图 1-2　跨境电子商务出口和进口流程

跨境电子商务出口是指产品由我国境内销往境外其他地区的商业行为。跨境电商出口的流程是：生产商或制造商将生产的商品在跨境电子商务平台上上线展示，在商品被选购下单并完成支付后，跨境电子商务企业将商品交付给物流企业进行投递，经过两次（出口国和进口国）海关通关商检后，最终送达消费者或企业手中，也有的跨境电子商务企业直接与第三方综合服务平台合作，让第三方综合服务平台代办物流、通关商检等一系列环节，从而完成整个跨境电子商务交易的过程。

跨境电子商务进口是指产品由境外其他地区销往我国境内的商业行为，其流程除了与出口流程的方向相反以外，其他内容基本相同。

（2）按照商业模式分类。

跨境电子商务按照商业模式分类主要可以分为 B2B 模式、B2C 模式和 C2C 模式三种。

跨境电子商务 B2B（Business-to-Business）模式是指进出口企业通过第三方跨境电子商务平台进行商品信息发布并促成交易，其中买卖双方均是企业用户，买方不是最终消费者。B2B 跨境电子商务企业或平台所面对的最终客户为企业或集团客户，提供企业、产品、服务等相关信息。目前，在中国跨境电子商务市场交易中，B2B 跨境电子商务市场交易规模占总交易规模的 90%以上。在跨境电子商务市场中，企业级市场始终处于主导地位，国内 B2B 模式的代表企业有敦煌网、中国制造、阿里巴巴国际站、环球资源网等。

跨境电子商务 B2C（Business-to-Customer）模式是指进出口企业与海外最终消费者利用跨境电子商务平台完成在线交易。B2C 跨境电子商务企业所面对的最终客户为个人消费者，针对最终用户以网上零售的方式将产品售卖给个人消费者。B2C 类跨境电子商务平台在不同垂直类目的商品销售上也有所不同，如 FocalPrice 主营 B2C 类数码电子产品，兰亭集势则在婚纱销售上占有绝对优势。B2C 类跨境电子商务市场正在逐渐发展，且在中国整体跨境电子商务市场交易规模中的占比不断提高。未来，B2C 类跨境电子商务市场将会迎来大规模增长。国内 B2C 模式的代表进口平台有天猫国际、京东全球购等，出口 B2C 平台则以兰亭集势为典型。

跨境电子商务 C2C（Customer-to-Customer）模式是指买卖双方均为非企业客户，分处不同关境的买家与卖家通过在线交易平台自愿达成交易。C2C 跨境电子商务企业所面对的最终客户为个人消费者，商户也是个人卖方。根据个人卖家发布售卖的产品和服务信息、价格等内容，个人买方进行筛选，最终通过电子商务平台达成交易，进行支付结算，并通过跨境物流送达商品，完成交易。国内 C2C 模式的代表企业有洋码头、速卖通等。

（3）按照服务类型分类。

信息服务平台：信息服务平台主要为境内外会员商户提供的网络营销平台，传递供应商或采购商等商户的产品或服务信息，促成双方完成交易。信息服务平台的代表企业有阿里巴巴国际站、环球资源网、中国制造网等。

在线交易平台：在线交易平台不仅可以展示企业、产品、服务等多方面信息，还可以让客户通过平台在线上完成搜索、咨询、对比、下单、支付、物流、评价等全购物链环节的操作。在线交易平台模式正逐渐成为跨境电子商务中的主流模式。在线交易平台的代表企业有敦煌网、速卖通、米兰网、大龙网等。

（4）按照平台运营方式分类。

第三方开放平台：平台型电商通过在线上搭建商城，整合物流、支付、运营等服务资源，吸引商户入驻，为其提供跨境电子商务交易服务。同时，平台以收取商户佣金及增值服务佣金作为主要盈利模式。第三方开放平台的代表企业有速卖通、敦煌网、环球资源、阿里巴巴国际站等。

自营型平台：自营型电商在线上搭建平台，再由平台方整合供应商资源，通过较低的进价采购商品，然后以较高的价格出售商品，自营型平台主要以商品差价作为盈利来源。自营型平台的代表企业有兰亭集势、米兰网、大龙网等。

外贸电商代运营服务商模式：采用这种模式的服务提供商不直接或间接地参与任何电子商务的买卖过程，而是为从事跨境电子商务的中小企业提供不同的服务模块，如"市场研究模块""营销商务平台建设模块""海外营销解决方案模块"等。这些企业以电子商务服务商的身份帮助外贸企业建设独立的电子商务网站平台，并能提供全方位的电子商务解决方案，使其能够直接把商品销售给国外零售商或消费者。服务提供商能够提供一站式电子商务解决方案，并能帮助外贸企业建立个性化电子商务平台，其盈利模式是赚取企业支付的服务费用。外贸电商代运营服务商模式的代表企业有四海商舟、锐意企创等。

1.2 跨境电子商务发展历程

1993年国务院提出"金关工程"计划，该计划通过海关报关业务的电子化，将商务、运输、海关、商检、外汇管理和税务等多部门信息通过计算机进行互联互通，以电子数据交换的方式进行无纸化贸易，实现国家进出口贸易业务的电子化。在萌芽阶段，我国先后搭建起中国电子口岸、对外贸易经济合作部网站、中国国际电子商务中心等一批网站为跨境电子商务发展奠定了坚实的基础。时至今日，我国跨境电子商务共经历了三个发展阶段，实现了从信息发布窗口到在线交易，再到综合服务平台模式的跨境电子商务产业转型。

（1）跨境电商1.0阶段——信息发布窗口（1999—2003年）。

跨境电商1.0阶段是我国跨境电子商务发展的萌芽期，该时期的主要商业模式是网上展示、线下交易的外贸信息服务模式。在该时期，跨境电子商务企业的主要工作是搭建网络渠道和进行网络营销的推广，在网络上不涉及任何交易环节。跨境电子商务企业的焦点集中在全网营销渠道搭建的效率和网络营销推广的力度上。网站建设、搜索引擎、网络黄页成为企业应用网络的三大热点。对于外贸企业来说，网络的应用极大地降低了中小企业业务运营的成本，使其具有与大企业平等竞争的机会，同时也开拓了面向国际市场的新通道。

在跨境电商 1.0 阶段的发展过程中，也逐渐衍生出竞价推广、咨询服务等为供应商提供的一条龙信息流增值服务，以阿里巴巴国际站平台和环球资源网为典型代表。平台为企业提供了向国外买家展示、推广企业和产品的机会，帮助它们拓展国际市场。

（2）跨境电商 2.0 阶段——在线交易（2004—2012 年）。

随着跨境电子商务的发展，企业对电商平台的服务需求逐渐多样化。在这个阶段，虽然网络渠道和网络营销依然重要，但是已经不是企业要考虑的全部了。外贸企业开始借助电子商务平台将服务、资源进行有效整合，将线下交易、支付、物流等流程实现电子化，逐步完成在线交易平台的搭建。在跨境电商 2.0 阶段，平台对收费模式进行了颠覆，将过去收取"会员费"的模式改成以收取"交易佣金"为主，即以成交结果来按比例收取佣金。同时还利用平台提供如营销推广、支付、物流等服务，以获得增值收益。

（3）跨境电商 3.0 阶段——综合服务平台模式（2013 年至今）。

2013 年，随着大型工厂的上线，订单比例大幅度提升，大型服务商的加入和移动用户量的大爆发，以及跨境电子商务平台的全面升级，使得跨境电子商务进入新的发展阶段，即跨境电商 3.0 阶段。该阶段具有大型工厂上线、中大额订单比例提升、大型服务商加入和移动用户量爆发等特征。随着跨境电子商务"大时代"的到来，跨境电子商务呈现出两个非常重要的特征：第一个特征是"大外贸"开始走上跨境电子商务平台，国内买家、国际采购商以及整个产业链的供应链结构，都在发生着变化；大型服务商开始进入跨境电子商务的产业链中，整个供应链体系的中间环节呈现出多样化的特征；支付、金融、保险、物流、仓储等环节也纷纷加入跨境电子商务领域。第二个特征是移动化趋势的凸显，移动化不仅仅是工具上的变革，更是思维的变革，移动化会颠覆甚至重新构造整个产业链的格局。据统计，2015 年移动端购物的交易规模突破了 2 万亿，超过 PC 端而成为推动网络购物市场的第一大动力。

1.3 本章小结

本章主要介绍了跨境电子商务的概念和特点以及跨境电子商务与传统贸易、国内电子商务的区别，让读者对跨境电子商务有一个全面的了解。同时，本章介绍了跨境电子商务的发展历程，对跨境电子商务近 20 年的发展——从跨境电商 1.0 阶段到跨境电商 3.0 阶段的每个阶段进行了详细介绍。

第 2 章　跨境电子商务模式

跨境电子商务按照交易主体的不同，可以分为企业对企业（Business to Business，B2B）跨境电子商务、企业对消费者（Business to Customer，B2C）跨境电子商务和消费者对消费者（Customer to Customer，C2C）跨境电子商务。B2C 跨境电子商务和 C2C 跨境电子商务又合称为跨境零售贸易。

2.1　跨境电子商务 B2B 模式

2.1.1　跨境电子商务 B2B 模式的定义

B2B 是指企业与企业之间的电子商务，即企业与企业之间以互联网作为媒介，通过互联网进行产品、服务和信息的交换。具体过程包括发布供求信息，订货和确认订货，支付过程，票据的签发、传送与接收，确定配送方案并监控配送过程等。

跨境电子商务 B2B 模式是指进出口企业通过第三方跨境电子商务平台进行商品信息发布并促成交易，其中买卖双方均是企业用户，买方不是最终消费者。

B2B 跨境电子商务的代表企业有中国制造网、阿里巴巴国际站等。

2.1.2　跨境电子商务 B2B 模式的特点

（1）交易对象相对固定。不像普通消费者发生的交易行为那样随意，企业交易的对象一般比较固定，这种固定体现了企业的专一性，也体现了企业之间交易要求内在的稳定性。

（2）交易过程复杂但规范。企业之间的交易一般涉及的金额较大，不容闪失，在交易过程中需要多方的参与和认证，过程十分复杂、严格且规范，同时注重法律的强制性。

（3）交易对象广泛。企业交易的商品几乎可以是任何一种物品。

2.1.3 跨境电子商务 B2B 模式案例

1. 敦煌网平台

敦煌网成立于 2004 年，是第三方的跨境电子商务 B2B 交易平台。作为 B2B 外贸平台领航者，敦煌网主要提供在线交易平台及相关的外贸服务。敦煌网平台上销售的产品品类主要是电子产品、手机及配件、计算机及网络服务、婚礼用品等，主要目标市场是欧美、澳大利亚等发达国家。目前，敦煌网平台的国内商户已多达 190 万家，覆盖全球 222 多个国家和地区的 1900 多万采购商，支持多语言运营模式。

敦煌网国际交易平台于 2005 年正式上线，在 2006 年成功获得第一笔融资，此后进入高速发展期，并不断加强业务体系建设。2008 年后，敦煌网开发上线了 DHpay，成立卖家管理部，为中国供应商提供更专业细致的服务。此外，敦煌网还推出了小额贷款服务，推广移动端平台，建立海外客户服务部，开通 e 邮宝在线发货，建设海外集货仓库等，不断进行业务创新。敦煌网作为一个交易平台，其本身不参与商品制造与销售，而将提供服务作为企业使命。敦煌网的主要盈利模式是收取交易佣金与增值服务费，其中交易佣金主要来源于采购商。买卖双方在敦煌网均免费认证注册，免费开店，只在交易结束后由采购商支付一定比例的佣金。此外，敦煌网向卖家提供店铺装修、市场营销、渠道合作等增值服务。除了提供基础的、核心的服务，敦煌网不断朝着提供综合服务的方向发展。

2. 敦煌网的商业模式

敦煌网作为一个交易平台，为买卖双方提供交易服务，以促使双方在网上达成交易。基于这个定位，敦煌网主要有两种盈利模式：一是佣金收入，作为一个平台商，敦煌网提供一个交易市场，买家和卖家可以在这个交易市场里进行交易，交易成功之后，敦煌网向买家收取一定比例的交易佣金；二是服务费收入，由于跨境电子商务面向全球 200 多个国家及十几万个城市，复杂程度远远高于国内电子商务，同时，跨境电子商务整个交易流程较长，买卖双方对交易中涉及的服务有较高要求。跨境平台交易的复杂性和商务性，决定了整个跨境交易过程需要很多服务环节。基于这个特点，敦煌网也会向企业提供互联网金融服务、物流集约化品牌、国内仓和海外仓的仓储服务以及通关、退税、质检等一系列服务，并收取一定的服务费。

3. 敦煌网的特点

敦煌网的特点可以概括如下：通过敦煌网平台化运营模式及移动端优势，向全国供应商提供一体化服务。在平台化运营方面，作为第三方 B2B 跨境交易平台，敦煌网致力于帮助中国中小企业通过跨境电子商务平台走向全球市场，平台化运营的用户和流量及产品品类优势明显。在一体化服务方面，除了提供基于平台的基本服务外，敦煌网还提供优化一体化服务，主要包括：提供全球三十多种支付方式；提供二十多种在线发货的物流方式，并可提供仓库及集运服务；同时与金融机构合作，提供信贷服务。

2.2 跨境电子商务 B2C 模式

2.2.1 跨境电子商务 B2C 模式的定义

跨境电子商务 B2C 模式是指进出口企业与海外最终消费者利用跨境电子商务平台完成在线交易。企业通过平台可完成商品的销售活动，消费者通过平台可满足其消费需求，同时平台自身又通过减少批发和零售等中间环节来降低交易成本，这符合现代贸易发展的趋势，并已被社会公众普遍认可。与 B2B 模式不一样的是，B2C 模式的客户终端是消费者，而不是企业。我国的网易考拉、天猫国际、唯品国际都属于 B2C 跨境电商平台。

跨境电子商务 B2C 的发展需要信息流、资金流和物流的全方位支持。其中，信息流和资金流可以通过互联网在虚拟环境中进行，而物流是无法仅通过互联网来实现的。物流是连通两个分别处于不同关境的交易主体之间的一根纽带，在跨境电商交易中占据重要地位。

2.2.2 跨境电子商务 B2C 模式的特点

（1）多边化。

跨境电子商务相对于传统贸易，其信息流、资金流和物流都从传统的双边结构演变成了多边的网状结构，比如我们可以通过一国的交易平台购买，再通过另一国的支付平台结算，而最终货物通过第三国的物流平台进行交付，完成交易。

（2）直接化。

通过电子商务的交易和服务平台，B2C 跨境电子商务企业可以轻易地在国际企业之间或是各国企业和消费者之间建立直接交易的渠道。

（3）批量小。

大多数通过 B2C 跨境电子商务完成的交易，都具有批量小的特点，即消费者每次的跨境消费数量是小批量的或是单件的。

2.2.3 跨境电子商务 B2C 模式案例

1. 兰亭集势平台

兰亭集势成立于 2007 年，是目前我国最大的外贸 B2C 网站。兰亭集势主要包括两部分，一部分是兰亭集势自营，另一部分是平台卖家。兰亭集势自营是指其作为跨境零售商，在网站平台上销售从供货商处采购的商品，自行负责商品页面展示、定价、促销活动等。兰亭集势与供应商签订供销合同，根据销售情况及时补货，并定期结算采购货款。供应商需保证商品质量并及时发货至国内指定兰亭仓库。平台卖家是指外贸企业依托兰亭集势平台，自主建设网上店铺、自主上新、自定售价、自制促销策略等。目前该平台销售产品的品类涵盖服装、电子产品、玩具、饰品、家居用品等 14 大类，共 6 万多种商品，主要市场为欧洲、北美洲等。

2. 兰亭集势的商业模式

兰亭集势作为外贸 B2C 网站，主要的运营模式是将中国本土的商品，售卖到海外个人消费者手中。为降低平台卖家的准入门槛，兰亭集势负责平台卖家的海外运营和客户服务。平台卖家履行订单时，只需发货至兰亭仓库，而将货物送到消费者手中则由平台代为运营。2014 年 5 月，兰亭集势发布全球时尚开放平台战略，在全球招商，吸引商户入驻平台，向接入平台的卖家承诺提供全球本地化、订单履行、客户服务、开放数据四项服务。在收入模式方面，兰亭集势对卖家不收取年费，以一定比例的销售分成获取收入。目前，兰亭集势的收入依然主要来自自营的商品进销差价。

3. 兰亭集势的特点

兰亭集势的特点主要表现在供应链优势、网络营销及本地化运营上。

供应链优势：在供应链环节，兰亭集势直接从制造商进货并直接面向消费者销售，极大地缩短了供应链环节，实现了从工厂到网站再到消费者的最短销售链条，达到较高的毛利率水平。在供应链管理上，兰亭集势一方面寻求越来越多的供应商合作，不断增加提供商品的品类，从而提升网站货品的丰富度；另一方面，将供应商纳入产业链条，让供应商主动更新产品，提升整个网站的货品更新速度。

网络营销优势：通过精准的网络营销技术，以社交营销、事件营销等方式进行推广，借助搜索引擎、门户头条、移动 App 等工具，推广产品和树立品牌。兰亭集势充分利用搜索工具、社交媒体、本地网盟等进行网络营销，持续引入流量。

本地化运营优势：兰亭集势积极探索本地化运营，在欧洲、北美等地建立仓储，并设立海外办公室，在目标市场当地雇用员工并建立客服中心，与当地品牌开展合作，提升市场知名度。

2.3 跨境电子商务 C2C 模式

2.3.1 跨境电子商务 C2C 模式的定义

跨境电子商务 C2C 模式是指买卖双方均为非企业客户，分处不同关境的买家与卖家通过在线交易平台自愿达成交易。该模式指的是不同国家之间的个体消费者在互联网上进行的自由买卖。其构成要素除买卖双方外，还包括电子交易平台供应商。

C2C 模式的运作流程为：有跨境采购能力的个人入驻平台成为卖家，在平台上运营自己的店铺，在店铺中挂出可以采购的商品及其具体信息，消费者登录平台订购卖家挂出的商品，卖家再根据消费者的订单为其采购商品，并将商品转运或直邮送达消费者手中。

该模式的优势在于各类卖家的入驻为消费者提供了更加丰富的商品和更大的选择空间，使其能够根据自己的需要选择符合其需求的商品；该模式的劣势在于消费者难以了解平台入驻卖家的真实经营情况，难辨商品真假。

2.3.2 跨境电子商务 C2C 模式的特点

（1）主体多元化，责任主体难以认定。

跨境电子商务 C2C 的主体具有跨国性，其交易涉及的主体参与者众多，交易覆盖面广，主要包括国内消费者、代购者、海外生产商和销售商以及网络交易平台提供者。由于交易主体多元化，在消费者的合法权益受到侵害时难以确认侵权责任主体，将面临主体资格认定和法律的适用性等问题。

（2）交易平台的虚拟性。

一方面，交易双方都是通过实时聊天工具进行洽谈的，而网络身份与现实身份存在差别，具有任意性和虚拟性；另一方面，交易双方的交易行为均在网络上进行，多数都没有签订书面合同。

（3）法律关系的复杂性。

在跨境电子商务 C2C 模式的业务流程中，包含 4 种法律关系：一是国内消费者与代购者之间的委托代理法律关系；二是国内消费者与海外生产者、销售者之间的产品质量关系；三是代购者与海外生产者、销售者之间的买卖合同法律关系；四是网络交易平台提供者与海外代购者、消费者之间的服务合同法律关系。由于涉及多种法律关系，因此整个跨境电子商务 C2C 交易过程及其法律后果非常复杂，难以管理。

2.3.3 跨境电子商务 C2C 模式案例

1. 洋码头平台

洋码头是一家专注于全球优质商品、面向中国消费者的跨境电子商务第三方交易平台。该平台上有两种经营模式：C2C 的个人买手模式和 M2C 的商户模式。洋码头一站式的电商解决方案颠覆性地解决了海外优质商品在面对中国境内的海量消费人群时所遇到的营销、购买、服务、结算和物流等方面的棘手问题，开拓了国内的跨境购物客群对接全球大市场的全新通道。洋码头连接起了全球的商户和中国的消费者，使得消费者可以足不出户地买遍全球。

2. 洋码头的商业模式

洋码头大量引入海外零售商，直接对接国内网络购物消费者，允许海外零售商针对国内消费者进行直销直邮。洋码头通过平台模式整合供应链，提供直邮+报关清关服务，跨过所有中间环节，降低了中国市场的进入门槛，提升了国内消费者海外购物的消费体验和服务标准。洋码头帮助国外的零售企业跟中国消费者对接，实现"直销、直购、直邮"。洋码头移动 App——"扫货神器"主要采用个人买手实时直播海外打折商品的形式，呈献给消费者不断更新的物品库存信息。

3. 洋码头的特点

买手制："扫货直播"频道的买手遍布全球，实时直播全球线下卖场、奥特莱斯和百货公司等扫货现场的实况。它是一种同步的海外购物 C2C 模式，买手实时发布商品和直播信息，消费者如有兴趣可直接付定金购买。

限时特卖：由于"扫码直播"频道做的是海外特卖现场直播，所以特卖时间与海外基本同步。限时特卖模式除了制造稀缺感，在一定程度上也为消费者增加了现场体验的代入感。

2.4 本章小结

本章主要从跨境电子商务的商务模式方面入手，对跨境电子商务的三大模式（B2B、B2C、C2C）进行了详细的介绍，从其定义、商业模式及其特点等方面进行分析，每个商业模式用一个案例进行举例论述，帮助读者对跨境电子商务的商务模式有一个全面的了解。

第 3 章　跨境电子商务发展现状和特点

3.1　全球跨境电子商务发展现状分布格局

3.1.1　全球电子商务发展现状

随着经济全球化的发展，国与国之间的联系越来越紧密，合作越来越频繁，相互的依赖性也越来越高。对跨境电子商务进行研究，首先要对全球电子商务的大格局进行研究。互联网是电子商务的重要载体，下面分析全球电子商务的发展现状。

电子商务的快速发展与全球互联网的普及和互联网技术的发展是密不可分的，根据国际电信联盟（ITU）的年度报告，截至 2017 年年底，全球使用互联网的用户从 1995 年不足世界人口的 10%猛增到 2017 年的 48%，可见其发展的迅速。随着全球互联网技术的应用，电子商务市场逐渐朝着更加成熟的方向发展和进步。

当前跨境电子商务已经成为促进全球贸易发展的重要因素，而且跨境电子商务的发展程度有着区域差异。2012 年，全球跨境电子商务相比 2011 年增长了 21%，市场规模超过 1 万亿美元。在欧洲，跨境电子商务的市场规模达到 4126 亿美元，占全球电子商务市场的 35%，是电子商务市场中规模最大的区域；北美地区占据全球电子商务市场的 33%，规模达到 3895 亿美元；亚太地区规模为 3016 亿美元，约占全球电子商务市场的 25.7%，规模不如前两个地区，但是亚太地区的发展速度比较快；拉美地区的电子商务还处在发展初期，市场规模为 557 亿美元，约占全球电子商务市场的 5%；中东和北非地区所占市场较小，约占全球电子商务市场的 1.3%。全球跨境电子商务市场规模占比如图 3-1 所示。

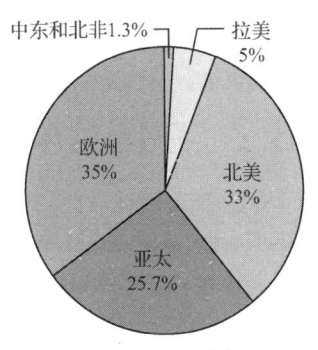

数据来源：欧洲电子商务

图 3-1　全球跨境电子商务市场规模占比

目前美国是世界上最大的电子商务市场之一，拥有超过 1.84 亿的网购用户和超过 2.55 亿的互联网商户。在美国，有超过 50%的互联网商户都在采用跨境电子商务。加拿大有着较为普遍的移动互联网用户，并且约 80%的加拿大人居住在美国边境附近，这也促进了美国电子商务市场的发展。

欧盟地区在 2015 年已经有超过 25%的消费者在线购买了非欧盟国家的商品，其中奥地利有超过 70%的消费者购买了非欧盟国家的商品。在拉美地区，截至 2018 年，巴西跨境电子商务交易人数能够达到约1000万,交易额年增长率能够达到约25%。在亚洲,跨境电子商务交易比例最高的国家是新加坡,马来西亚是跨境电子商务交易中仅次于新加坡的国家,而日本有超过20%的网购交易是采用跨境电子商务方式进行的。

由全球现状可以发现,经济越发达、人口数量越多、互联网技术越普及的国家或地区,跨境电子商务市场规模越大。

3.1.2 全球电子商务分布格局

全球电子商务市场在区域发展上呈现出美国、欧盟、亚洲三足鼎立的局面。美国是世界上最早发展电子商务的国家,也是电子商务发展最成熟的国家,可以说美国引领着全球电子商务的发展。欧盟电子商务的发展起步比美国晚,但发展速度快,很快成为全球电子商务较为领先的区域。亚洲作为电子商务发展的新秀,市场潜力很大,近些年的发展速度和所占份额不断上升,是发展潜力最大的区域。

根据欧洲权威电子商务网站发布的《2014年全球跨境电子商务报告》显示,2013年跨境电子商务出口排在前列的国家和地区依次是美国、英国、德国、斯堪的纳维亚半岛国家、荷兰和法国,跨境电子商务进口排在前6位的国家和地区依次是中国、美国、英国、德国、巴西和澳大利亚。其中,跨境电子商务交易最为频繁的是美国和英国。美国尼尔森公司针对美国、英国、中国、澳大利亚、巴西、德国市场消费者所做的调查报告显示,2013年来自这6大市场的消费者在线跨境采购金额约为1050亿美元。

3.2 中国跨境电子商务发展现状和特点

3.2.1 中国跨境电子商务发展现状

1. 总体市场发展规模

在传统国际贸易增速下滑的背景下,我国开始重视跨境电子商务的发展。从2012年起,我国先后出台多项对跨境电子商务利好的政策,同时在电商行业多方积极推动以及行业产业链的逐步完善下,我国跨境电子商务迎来飞速发展,跨境电子商务企业如雨后春笋般蓬勃发展起来,这与严峻的进出口贸易形势形成了鲜明对比。

2008年,我国跨境电子商务交易额仅为0.8万亿元;而到了2015年,我国跨境电子商务全年交易额为5.4万亿元(如图3-2所示)。随着中国市场经济的开放,2015年跨境电子商务交易额占我国进出口总额的27.96%。借助跨境电子商务实现"走出去"和"买全球"正成为我国外贸发展的新动力,跨境电子商务占我国进出口总额的比例不断增大。

图 3-2 我国跨境电子商务交易规模

数据来源：中国电子商务研究中心.

2．细分市场发展现状

（1）出口交易规模比重大，进口交易规模逐步提升。

据监测数据显示，2015 年我国跨境电子商务出口交易额达 4.5 万亿元，占比约为 85.40%；进口交易额达 0.9 万亿元，占比约为 14.60%。虽然出口跨境电子商务占了极大部分，进口跨境电子商务比重一直较低，但进口跨境电子商务的发展速度迅猛。我国跨境电子商务进出口交易规模如图 3-3 所示，从图中不难看出进口跨境电子商务所占份额正逐年扩大。

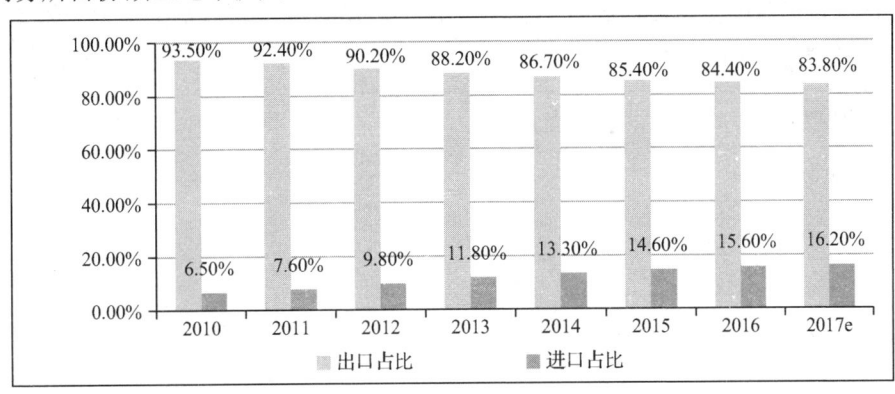

数据来源：中国电子商务研究中心.

图 3-3 我国跨境电子商务进出口交易规模

目前我国进口跨境电子商务还处在起步阶段，但随着中国网购市场的开放、国民收入的提高及购买力的增强，国民对海外商品的需求日益增长，相信未来几年进口跨境电子商务比重将进一步提高。

（2）B2C 模式占比提升，B2B 模式和 B2C 模式协同发展。

在 2015 年我国跨境电子商务各交易模式中，跨境电子商务 B2B 交易占比为 90.80%，依旧具有绝对优势；虽然跨境电子商务 B2C 交易 2015 年占比仅有 9.20%，但比例却在不断提升（跨境电子商务 B2B 与 B2C 占比情况如图 3-4 所示）。B2B 模式的交易量一般较大，且订单有较好的稳定性，所以 B2B 模式仍然会是主流。但随着物流、金融、信息技术等国际贸易基础设施的改善，国际贸易形态也往多元化方向不断演化，产品从工厂到消费者的路径选择更多、环节更简化。跨境贸易主体不再局限于大型进出口商，越来越多的中小企业选择入驻各类跨境电子商务平台，成为跨境电子商务最活跃的群体，跨境交易订单趋于碎片化、小额化。因此，跨境电子商务 B2C 模式逐渐受到企业的重视，并出现了爆发式增长，这与 B2C 模式本身具有的优势有关。首先，与传统外贸模式不同，B2C 模式可以跳过批发商、分销商等中间环节，创造更大的利润空间；其次，随着国内企业发展战略的改变，企业不再满足仅仅作为代工型工厂，而是希望利用跨境电子商务"走出去"，这不仅拓宽了市场，降低了单一市场的竞争压力，同时能有效树立企业品牌形象，将中国制造、中国创造的产品带向全球，开辟新的发展线路；最后，由于通过网络可以直接面对更多的海外商户，甚至是终端消费者，企业对市场需求会有更好的把握，能为客户提供更多个性化的定制服务。

目前跨境电子商务 B2C 模式的被重视程度在各国都有所加强，利好政策也陆续发布，随着互联网技术、国际物流的不断完善，阻碍跨境 B2C 发展的因素正在减弱，因此 B2C 模式在跨境电子商务交易份额的占比将进一步提升。但在跨境电子商务中大宗商品的交易还是需要依靠 B2B 模式达成的，B2B 模式依旧是全球贸易的主流，也是中国企业开拓海外市场的最重要模式，未来 B2B 模式与 B2C 模式将会协同发展。

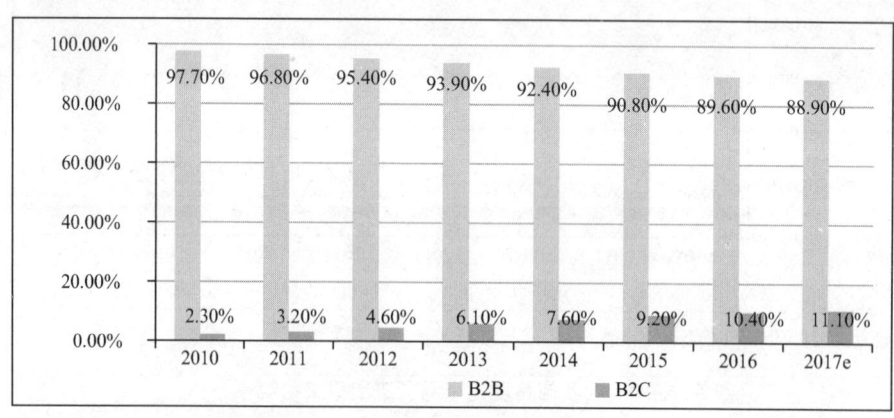

年份	B2B	B2C
2010	97.70%	2.30%
2011	96.80%	3.20%
2012	95.40%	4.60%
2013	93.90%	6.10%
2014	92.40%	7.60%
2015	90.80%	9.20%
2016	89.60%	10.40%
2017e	88.90%	11.10%

数据来源：中国电子商务研究中心。

图 3-4 跨境电子商务 B2B 与 B2C 占比情况

3.2.2 中国跨境电子商务的发展特点

（1）跨境电子商务的交易规模逐年递增。

根据阿里跨境电商研究中心与埃森哲联合发布的《全球跨境 B2C 电商市场展望趋势报告》，2014 年全球跨境 B2C 电子商务市场规模超过 2300 亿美元，并将于 2020 年达到近 1 万亿美元，与整体 B2C 电子商务、消费品进口额和消费品零售额相比，全球跨境 B2C 电子商务市场规模年均增长率高达 27%。届时，跨境 B2C 电子商务消费者总人数也将由 2014 年的 3.09 亿增加到 2020 年的 9 亿多，年均增幅超过 21%。到 2020 年，接近半数的网上消费者会进行跨境网上消费。在全球跨境电子商务迅猛发展的背景下，我国跨境电子商务的规模也呈逐年上升趋势。从历年中国跨境电子商务交易规模和增长率来看，2011 年我国跨境电子商务交易额仅为 1.8 万亿元，2013 年交易额达到了 3.1 万亿元，较 2012 年增长约 50%。2014 年我国跨境电子商务的交易额达到 4.2 万亿元，是 2011 年的 1.3 倍。2015 年我国跨境电子商务交易额达到 5.5 万亿元，2016 年达到 6.3 万亿元，2017 年达到 7.5 万亿元。

（2）跨境电子商务的交易模式以 B2B 为主。

根据弗雷斯特研究公司（Forrester Research）的数据显示，全球 B2B 电子商务交易总额是 B2C 电子商务交易总额的两倍以上。在我国跨境电子商务交易中，B2B 模式的地位与其在全球电商中的地位相似，起到了绝对支柱的作用。2015 年上半年，在中国跨境电子商务的各种交易模式中，跨境电子商务 B2B 交易占比达到 91.9%，跨境电子商务 B2C 交易占比为 8.1%。2010—2015 年上半年，跨境电子商务 B2B 交易所占比例虽然逐年缓慢降低，由 2010 年的 97.9%下降到 2015 年的 91.7%，但中国跨境电子商务 B2B 平台的交易规模一直占整个跨境电子商务市场交易规模的 90%以上，仍在整个跨境电子商务市场中占据主导地位。根据当前的发展形势来看，随着跨境贸易主体越来越小，跨境交易订单逐渐趋向碎片化和小额化，未来我国跨境 B2C 交易占比会逐步提升。

（3）跨境电子商务以出口为主。

根据美国 2013 年的跨境电子商务产业相关发展分析报告显示，美国有 3.15 亿居民，2.55 亿网民，1.84 亿在线买家，全球约 37%的跨境在线买家集中在北美。美国和加拿大在线总销售额达到 3895 亿美元，占全球的 33.1%。在网络零售领域，无论从进口角度还是从出口角度来说，美国都是世界上最大的市场。从我国跨境电子商务的进出口结构来看，我国的跨境电子商务以出口为主。在 2010 年我国跨境电子商务总交易额中，有 93.5%为出口，进口占比仅为 6.5%。到 2014 年，出口占跨境电子商务总交易额的比例略有下降，为 86.7%，进口占比增长为 13.3%。从数据可以看出，虽然进口所占比例逐年增加，但是出口占比仍大幅高于进口占比。随着国内市场对海外商品需求的扩大，预计未来几年跨境电子商务进口的份额将不断提升。

（4）跨境电子商务的产品种类集中。

在美国，电子商务涵盖商品类别众多。目前，服装、电子产品以及家庭用品的增长率较大。在印度，旅行开支占在线支付的大部分，其次是书籍销售。日本和韩国的电子商务成熟度很高，日本顾客线上的旅行支出达到 16 亿美元，化妆品、衣服、小商品的零售额较 10 年前增长了 125%。统计海关数据并计算得出，我国跨境电子商务的主要商品占比分别为：电子产品 23%、日化产品 21%、服装鞋帽 17%、机械零件 12%、建筑材料 10% 和家居产品 6% 等。以 B2B 为主的跨境电子商务排名前五的产品依次为电子产品、机械零件、服装鞋帽、日化产品、建筑材料；以 B2C 为主的跨境电子商务和海淘的产品依次为化妆品、服饰、电子产品、婴幼儿用品等。由此可见，无论是从跨境电子商务市场总体来看，还是分别从 B2B 和 B2C 模式来说，我国跨境电子商务的商品种类都比较集中。

3.3 世界主要国家跨境电子商务相关法律法规

3.3.1 美国跨境电子商务相关法律

美国是全球电子商务发展最早、最快的国家，它不仅是世界上最大的在线零售市场，也是全球最受欢迎的跨境市场。在 2013 年跨境电子商务交易中，美国网站是在线交易的最主要目的地，占全部交易的 45%。美国政府出台了一系列的法律和文件，采用鼓励投资、税收减免等措施，营造促进电子商务发展的便利环境。

美国制定了一系列与电子商务相关的法律和文件，在整体上构成了电子商务的法律基础和框架。主要包括以信息为主要内容的<Privacy Act of 1974>（《隐私权法》和<Freedom of Information Act>（《信息自由法案》）等；以基础设施为主要内容的<Telecommunications Act of 1996> （《1996 年电信法》）；以计算机安全为主要内容的<Computer Security Act of 1987>（《计算机安全法》）和<National Cybersecurity Protection Act of 2014>《国家网络空间安全保护法》等；以商务实践为主要内容的<Uniform Electronic Transactions Act>（《统一电子交易法》）和<Electronic Signatures in Global and National Commerce Act>《全球商务与国家商务中的电子签名法案》；还有属于政策性文件的<The National Information Infrastructure :Agenda for Action>《国家信息基础设施行动议程》和<A Framework for Global Electronic Commerce>《全球电子商务框架》等。

1997 年美国发布的《全球电子商务框架》，强调税收中性原则、国际税收协调原则、电子商务免税原则等，明确了美国对于无形商品或网上服务等经由互联网进行的交易全部免税；对有形商品的网上交易，其税赋则参照现行规定。1998 年美国国会通过的< Internet Tax Freedom Act>（《互联网免税法》）是美国历史上第一个正式的有关网络经济税收方面的法律。该法案明确了"信息不应该被课税"。该法案的有效期由最初的"三年内避免对互联网征新税"几次被延长。2014年7月，众议院通过了一项被称为<Permanent Internet Tax Freedom Act>(《永久性互联网免税法》)的法案，用来替代《互联网免税法》。而与此同时，美国参议院则提出了一项"市场和网络公平税收法案"，允许各州对向其境内消费者销售的境外零售商征税。

美国海关和边境保护局（U.S.Customs and Border Protection，CBP）是监管跨境电子商务的最重要执法机构，主要负责商品安全、食品健康和知识产权侵权等方面的监管。若电子商务交易是通过邮寄渠道完成的，对于申报价值在200美元以下的商品，进口人无须向CBP申报，CBP随机抽检确定价格无误后直接放行；对于价值在2500美元以下的商品，CBP允许以非正式报关的简化形式申报，进口人纳税后可当场放行；对于价值超过2500美元的商品，进口商或其代理必须通过正式报关的方式向海关申报。对于通过快递渠道完成的电子商务交易，快递承运人需要在替收货人完成海关申报手续并缴纳规定的税款后，才能将商品送达收货人。对于通过货运渠道完成且商品申报价值低于2500美元的电子商务交易，购买人可自行向海关进行申报；对商品价值超过2500美元的，一般需通过报关代理正式向海关申报，避免进口人由于不熟悉海关申报程序而造成损失。

3.3.2 欧盟跨境电子商务相关法律

欧洲的8.2亿居民中有5.3亿互联网用户，2.59亿在线购物用户，电子商务为欧洲贡献了大约5%的GDP。从区域上看，欧洲地区已成为全球最大的跨境电子商务市场。

欧盟共同贸易政策是由欧盟成员国统一执行的对外贸易政策、海关税则和法律提醒。其内容最初仅涉及改变关税税率、缔结关税和贸易协定等。1997年，欧盟签署的<Amsterdam Treaty>(《阿姆斯特丹条约》)，将进出口政策覆盖范围从货物贸易扩展到大部分服务贸易。2001年，欧盟签署的<Treaty of Nice>(《尼斯条约》)，又将进出口政策覆盖范围扩展到所有服务贸易以及与贸易相关的知识产权方面。2007年，欧盟又签署了<Treaty of Lisbon>(《里斯本条约》)，进一步扩大了欧盟在FDI（外商直接投资）领域中贸易政策的权限。

跨境电子商务具有跨国流通的特点，但欧盟各国的法律存在很大的差异，这势必成为跨境电子商务发展的法律障碍。为此，欧盟颁布了一系列重要法律文件以保障和促进联盟内部电子商务的发展，并期望建立一个清晰的概括性法律框架，以协调欧盟统一市场内部的电子商务相关法律问题。1997年，欧盟推出了< A European Initiative in Electronic Commerce>(《欧洲电子商务行动方案》)，明确欧盟必须在信息基础设施、管理框架、技术和服务方面做好充分准备，并提出了行动原则。1999年，欧洲议会通过了<Electronic Signatures Directive 1999/93/EC >(《电子签名指令》)，旨在协调欧盟各成员国之间的电子签名法律，将电子签名区分为简单、一般和严格三类，并根据技术的安全级别，给予不同的法律地位，对法律上如证据的效力方面进行区别对待。2000 年，欧盟又通过了< Electronic Commerce Directive 2000/31/EC>（《电子商务指令》），全面规范了关于开放电子商务市场、电子交易、电子商务服务提供者的责任等关键问题。《电子签名指令》和《电子商务指令》这两部法律文件就电子商务立法的基本内容进行了规范协调，成为欧盟国家电子商务立法的核心和基础。

跨境电子商务具有跨国界流通的性质，因此法律的适用性成为一个难点。欧盟不主张建立任何新的冲突法或管辖权规则，但也认为依照原有规则所适用的法律，不应该限制提供信息社会服务的自由。欧盟为了保证法律适用的确定性，规定信息社会服务应当受到服务提供者机构所在国法律的管辖。

在税收方面，欧盟对个人从欧盟境外邮购的商品，其价值在 150 欧元以下的，免征关税；对价值超过 150 欧元的则按照该商品在海关完税目录中规定的税率征收关税，其中关税的税基不仅仅是商品价值，而是商品价值和进口增值税的总额。欧盟对企业通过网络购进的商品则普遍征收增值税。1997 年，欧盟签署了<Bonn Declaration>（《波恩声明》），规定不对国际互联网贸易征收关税和特别税，但对网上交易并不排除要征收商品税。1998 年，欧盟发布了<Interim report on the Implications of electronic commerce for VAT and Customs>（《关于保护增值税收入和促进电子商务发展的报告》），该报告认为征收增值税和发展电子商务并不矛盾，欧盟企业，无论是通过欧盟网站还是国外网站购入商品或劳务，一律须征收 20%的增值税。非欧盟企业在向欧盟企业提供电子商务时也需要缴纳增值税，而向欧盟个人消费者提供电子商务时则不用缴纳增值税。这使欧盟成为世界上第一个对电子商务征收增值税的地区。

2000 年，欧盟委员会就网上交易增值税提出新的议案，规定对欧盟境外的企业，通过互联网向欧盟境内消费者销售货物或提供劳务且金额超过 10 万欧元的，应在欧盟进行增值税纳税登记，并按当地税率缴纳增值税。2002 年，欧盟通过了<Council Directive 2002/38/EC>《欧盟 2002/38/EC 指令》，规定非欧盟企业通过互联网向欧盟境内企业或个人提供电子供应服务（ELECTRONICALLY SUPPLIED SERVICES）时，均应向欧盟成员国申报和缴纳相应增值税。电子商务领域的征税范围包括提供网站服务器空间、远程系统和设备维护，提供软件及相关服务，提供图像、文字、信息等数据服务。税率根据欧盟各国现行增值税税率而定。

在知识产权保护方面，欧盟在< REGULATION (EU) No. 608/2013>（《欧盟 608/2013 条例》）中规定了对假冒和盗版的少量货物采用"特殊销毁程序"，使海关有权以简单快捷的方式迅速销毁侵权货物。该特别程序是权利人在其边境保护申请中已提出请求的条件下，允许各具体案件在不需要权利人个案申请的情况下就可以销毁涉嫌货物，并由权利人承担实施该特殊程序所产生的费用。

3.3.3 韩国跨境电子商务相关法律

韩国的宪法是政治和经济的基本法，从宏观上调整和指导对外贸易政策法律的制定。韩国宪法第 6 条规定了国际法规与国内法具有相同的效力,在国内法院同样适用。

韩国产业资源部于 2001 年发布了《韩国对外贸易法》,以期促进对外贸易,确立公正的交易秩序并谋求国际收支平衡和扩大通商。有关韩国关税制度的基本法律是《关税法》,该法规定了关税的种类和税率,并规定了关税调整的负责机构。韩国财政与经济部是关税政策的制定机构,关税厅及下属机构是关税法的执行机构。

韩国目前征收的关税仅针对进口商品,平均税率为 8%。进口关税的税率主要有基本关税率和在此基础上的临时关税率、弹性关税率、替代退还优惠关税率以及和其他国家协商决定的减让税率。对旅游者随身携带的进口物品、邮寄物品和托运物品等,则可应用简易税率。

韩国于 1999 年颁布的《电子商业基本法》,对电子商务涉及的多方面法律问题进行了原则性的规范,包括电子信息、数字签名、电子认证、电子商务安全保证、消费者权益保护、行业促进政策制定等。其中,对电子商务安全性的规定包括对保护个人信息的规定和对电子交易者保证电子信息交易系统安全的规定;对保障消费者权益的规定,既规定了政府在保护电子交易消费者的合法权益方面的责任,还特别规定了监督电子交易者和网上商店经营者等成立损害赔偿机构的责任;对促进电子商务发展的规定包括政府应制定促进电子商务发展的政策和方案,该法对方案的具体内容做出了规范;采取促进电子商务标准化的措施,加强多方面的信息技术开发、税收优惠和补贴政策。此外,《电子商业基本法》还包括国际合作、机构成立及职责设置等规范。

3.3.4 日本跨境电子商务相关法律

日本在跨境贸易方面制定了一系列的法律法规,包括《外汇及外贸管理法》《进出口交易法》和《贸易保险法》等。根据进出口相关的法律,日本政府还颁布了《输入贸易管理令》和《输出贸易管理令》。日本经济产业省则颁布了具体的《输入贸易管理规则》和《输出贸易管理规则》。

《外汇及外贸管理法》规定日本的对外交易活动可自由进行,政府部门仅在必要时采取最低限度的管理和调控。《进出口交易法》允许日本的贸易商在价格、数量等贸易条件方面进行协同以及结成诸如进出口协会之类的贸易组织,必要时政府可以通过行政命令对外贸进行调控。该法同时确立了对外贸易的秩序,以实现对外贸易的健康发展。在此基础上,日本政府制定的《输入贸易管理令》和《输出贸易管理令》,可对货物进行具体分类并加以管理。

日本政府于 2000 年发布了《数字化日本之发端——行动纲领》。该行动纲领针对电子商务制定了相关的政策,核心是建立高度可靠的互联网商业平台,其中对电子商务的发展趋势、如何构建电子认证系统、界定网络服务提供者的责任、推进跨境电子商务及网络域名等问题进行了细致的分析论述,并对比欧美的做法提出了适合日本国情的建议。该行动纲领指出,为了发展跨境电子商务,除了要解决语言、税收、汇率等问题，还要重点明确电子合同具有法律认可的效力，能够合理解决跨境贸易中的合同纠纷。

3.4 中国跨境电子商务相关法律法规

我国推出了一系列法律法规，从信息、支付、清算、物流、保税等多方面支持、监督跨境电子商务行业，推动跨境电子商务行业的发展和规范。法律法规的直接干预不仅对整体跨境电子商务市场的发展起到了极大的推动作用，也规范了跨境电子商务的市场秩序，让跨境电子商务从运营成本、业务流程、合同税等多方面获得了保障。

当前，我国跨境电子商务主要涉及三类法律法规。第一类是跨境电子商务贸易、商务、运输类的法律法规；第二类是跨境电子商务通关、商检、外汇和税务的法律法规；第三类是与电子商务信息技术相关的法律法规。

（1）跨境电子商务贸易、商务、运输类的法律法规。

首先，关于贸易主体、贸易监管的法律法规，我国出台的最重要的法律是《中华人民共和国对外贸易法》。在修订后的《中华人民共和国对外贸易法》中，规范了贸易经营者、货物进出口、贸易秩序、知识产权和法律责任等，从根本上确立了贸易经营者的备案登记，同时包括了对货物进出口的许可管理、监管及知识产权保护等。与此同时，针对贸易经营者的登记问题，我国又出台了《对外贸易经营者备案登记办法》，规范了登记需要递交的材料和审核细节。针对货物进出口环节，我国还制定了《中华人民共和国货物进出口管理条例》，具体规定了对禁止进出口、限制进出口、自由进出口等的管理措施。

其次，在贸易合同方面，跨境电子商务的合约除了电子合同的属性外，还具有贸易合同的性质。我国的《中华人民共和国合同法》不仅仅规范了销售合同，还对商事代理方面的合同行为提出了专门的条款，对运输过程中的一些问题也做了规定。

在知识产权方面，我国相继出台了《中华人民共和国专利法》《中华人民共和国商标法》和《中华人民共和国著作权法》。我国已经加入了《保护工业产权巴黎公约》和《商标国际注册马德里协定》，在加入WTO之后同时受到《与贸易有关的知识产权协定》的约束。这些法律及国际公约详细规定了知识产权的性质、实施程序和争议解决机制。

最后，在跨境运输方面，我国主要参照《中华人民共和国海商法》《中华人民共和国航空法》和《中华人民共和国国际货物运输代理业管理规定》。这些法律法规对承运人的责任、交货提货、保险等事项做了具体规定，也对国际贸易中的货物运输代理行为进行了规范，理清了代理人作为承运人的责任。同时我国制定的《中华人民共和国合同法》进行了一些必要补充，解决了代理合同当中委托人、代理人、第三人之间的责任划分问题，对货运代理的代理人身份和独立经营人身份/合同当事人的双重身份进行规范。

（2）跨境电子商务通关、商检、外汇和税务的法律法规。

跨境电子商务活动仍然需要受到跨境贸易监管部门的监管，主要涉及通关、商检、外汇、税收方面的法律法规。

首先，关于通关方面的法律法规，我国出台了《中华人民共和国海关法》，并通过《中华人民共和国海关企业分类管理办法》和《中华人民共和国海关行政处罚实施条例》进一步细化。《中华人民共和国海关法》涉及海关的监管职责，包括对进出境运输工具、货物、物品的查验，以及对关税的监管。《中华人民共和国海关企业分类管理办法》对海关管理企业实行分类管理，对信用较高的企业给予便利通关，对信用较低的企业采取严密的监管。我国出台的《中华人民共和国知识产权海关保护条例》及其实施办法，加强了通关环节的海关保护。针对目前空运快件、个人物品邮件增多的情况，我国还出台了《中华人民共和国海关对进出境快件监管办法》和《海关总署公告2010年第43号（关于调整进出境个人邮递物品管理措施有关事宜）》等。

在商检方面，我国制定了《中华人民共和国进出口商品检验法》，对商品检验检疫方面的进口、出口的检验以及监督管理职责进行规范。同时依据《中华人民共和国进出口商品检验法》出台了《中华人民共和国进出口商品检验法实施条例》，对商检法等各个部分拟定了细则。同时还制定了《进出境邮寄物检疫管理办法》和《出入境快件检验检疫管理办法》，对邮递和快件的检验检疫进行监管。

在外汇管理方面，我国制定了《中华人民共和国外汇管理条例》等。《中华人民共和国外汇管理条例》中经常涉及的项目售汇、结汇条文会直接影响跨境电子商务的部分支付问题。

最后是税收方面的法律法规。我国制定了《中华人民共和国进出口关税条例》和涉及退税阶段的各类规章制度。《中华人民共和国进出口关税条例》在《中华人民共和国海关法》和国务院制定的《中华人民共和国进出口税则》的基础上具体规定了关税征收的细则，包括货物关税税率的设置和适用、完税价格确定、进出口货物关税的征收、进境物品进口税的征收等。

（3）与电子商务信息技术相关的法律法规。

首先是与电子商务登记、准入、认定相关的法律制度。我国制定了《中华人民共和国电信条例》和《互联网信息服务管理办法》，对设立网站的个人准入条件进行审批和登记。从参与交易或服务经营的角度出发，我国出台了《网络商品交易及有关服务行为管理的暂行办法》。电子商务各项活动的参与者应符合《电子商务模式规范》中关于成立、注册、身份认定的要求，第三方平台服务商还需要符合《第三方电子商务交易平台服务规范》等其他准入条件。

在电子商务合同、签名、认证相关法律方面，目前电子商务合同主要参照的应该是《中华人民共和国合同法》中的相关条文。电子商务合同中的较多内容可以在《中华人民共和国合同法》中找到对应的等同的条文。另外，我国出台了《中华人民共和国电子签名法》，对电子签名的适用范围、法律效力、法律责任进行了详细规定。

在电子商务支付方面，目前，我国制定的《电子支付指引（第一号）》，对电子支付的原则、安全、差错处理、各方法律关系和权利义务等进行了说明和规范。

最后是知识产权、安全隐私、消费者权益保护方面的相关法律。我国制定了《中华人民共和国商标法》《中华人民共和国著作权法》《中华人民共和国专利法》，对个人的知识产权进行保护，还出台了关于域名管理、网络信息传播管理的相关规定。

3.5 中国跨境电子商务的政策解读

近十年来，跨境电子商务作为我国外贸转型升级的驱动力得到了国家的大力支持。自 2013 年以来，由国务院及其他国家相关部委出台的涉及跨境电子商务的政策层出不穷。这些直接或间接扶持跨境电子商务的政策的主要内容见表 3-1。

表 3-1 2013—2016 年部分中国跨境电子商务的政策及相关文件

政策文件	印发时间	涉及跨境电子商务的内容	发文单位
《支付机构跨境电子商务外汇支付业务试点指导意见》	2013.02	支持跨境电子商务发展，规范支付机构跨境互联网支付业务，防范互联网渠道外汇支付风险	国家外汇管理局
《关于促进进出口稳增长、调结构的若干意见》	2013.07	将发展跨境电子商务作为当前外贸稳增长、调结构的重要手段之一，积极研究以跨境电子商务方式出口货物（B2C、B2B 等方式）所遇到的海关监管、退税、检验、外汇收支、统计等问题，完善相关政策	国务院办公厅
《关于实施支持跨境电子商务零售出口有关政策的意见》	2013.08	在跨境电子商务的快速发展中，针对因现行管理体制、政策、法规等原因造成企业在海关、检验、收付汇、税收等方面遇到的问题，提出 6 项措施	商务部、发展改革委等部委
《关于促进电子商务应用的实施意见》	2013.10	到 2015 年，应用电子商务完成进出口贸易额力争达到我国当年进出口贸易总额的 10% 以上	商务部
《关于开展电商与物流快递协同发展试点有关问题的通知》	2014.9	在天津、石家庄、杭州、福州、贵阳 5 座城市开展电子商务和物流运输同步发展试点工作。工作所需资金由财政部负责划拨，确保试点工作有序开展	财政部、商务部、国家邮政局
《关于大力发展电子商务加快培育经济新动力的意见》	2015.5	逐渐降低进入要求，在发展中有意识地规范经济行为，为企业创造良性竞争环境，最大化地激发出企业的生产积极性，增强电子商务企业的创新意识	国务院
《关于促进快递业发展的若干意见》	2015.10	努力地探索出一种全新的快递公司"一照多址"的工商登记模式，最大化地扩大出口快递清单核实、统一申报通关模式的适用范围，为快运运输车辆的作业提供相应的便利，此类企业可以依照有关要求申请享受省内跨地域运营统一缴纳增值税的优惠政策，为自身的发展谋取福利	国务院

续表

政策文件	印发时间	涉及跨境电子商务的内容	发文单位
《关于同意在天津等12个城市设立跨境电子商务综合试验区的批复》	2016.1	同意在天津市、上海市、重庆市、合肥市、郑州市、广州市、成都市、大连市、宁波市、青岛市、深圳市、苏州市等12个城市设立跨境电子商务综合试验区。借鉴中国（杭州）跨境电子商务综合试验区的经验和做法，因地制宜，突出本地特色和优势	国务院
《关于跨境电子商务零售进出口商品有关监管事宜的公告》	2016.4	明确了过渡期内跨境电子商务零售进口商品新的监管要求	海关总署

表3-1中的这些政策文件，突出了以下几点内容：

（1）为跨境电子商务创造良好的政策环境。

自2013年起，国务院、商务部、财政部、海关总署等接连出台关于税务、金融、监管、外汇、物流、支付等的指导文件，扶持跨境电子商务的发展。由于跨境电子商务相比传统电子商务而言，涉及了国际贸易的诸多议题和较为复杂的环节和程序，因此国家除直接鼓励发展跨境电子商务外，更重要的是创造良好的生态发展环境，使跨境电子商务有持续发展的基础。

（2）施行和推广跨境电子商务试点。

自2014年起，国家陆续在天津、杭州、石家庄、福州、贵阳5座城市开展电子商务和物流运输同步发展试点工作。2016年1月，国家又决定在天津、合肥、上海、郑州、广州、重庆等12座城市新设一批跨境电子商务综合试验区。此次新设的跨境电子商务"综试区"，目的是推广杭州"综试区"的"六体系、两平台"的成功经验。

（3）构建跨境电子商务配套组织机构。

跨境电子商务作为从电子商务衍生出的新型经济业态，传统的政府组织机构已经不能完全服务于跨境电子商务的发展需求了。目前主要通过会议、通知等方式，传达、贯彻中央指示精神，确保能够在省市形成完善的支持体系。在组织构成上，由商务部牵头，在省、市、县三级体系中，构建跨境电子商务组织、服务、管理网络，确保跨境电子商务有序发展。中国跨境电子商务专业委员会就是跟随中央的脚步应运而生的，各地区如广东、杭州、上海、深圳等地的跨境电子商务行业协会也如雨后春笋般地出现。值得注意的是，此类机构并非完全官方性质，而是由大量优秀的民间电子商务企业共同发起的具有第三方性质的组织机构。

现有扶持政策虽然数量众多，但依然存在一些问题：

（1）专项扶持政策缺乏。

纵观当前跨境电子商务的法规体系，不难发现，几乎没有针对跨境电子商务的专项法律文件。与之相关的大部分法律文件是以各部委的身份发布的，不仅存在法律位阶较低的问题，在一定程度上还存在政策和执行偏差的风险，因为各部委分别制定的规范性文件中难免存在内容互相冲突或不一致的情况。为实现对跨境电子商务进行更全面和更有效的规范，建议在各部委所提出的政策文件的基础上，结合发展跨境电子商务的成功经验，制定一部统一的跨境电子商务专项法律及实施条例，促进跨境电子商务的健康和可持续发展。

（2）扶持重点不明确。

电子商务的发展需要网络基础设施、信息技术水平、产业环境等多方面因素的支撑，现有政策虽然数量多、涉及面较广，但并没有表明目前的扶持重点和主要发展方向，甚至没有明确将以何种标准、将哪些行业或企业纳入电子商务发展专项政策扶持范围，这影响了政策的现实针对性和实施效率。

（3）实践性较差。

顶层的规范文件过于宏观，国家提出的各项方针政策虽然具有极为重要的指导作用，但从实际来看，真正从细节上落实并不简单。如果没有配套的实施条例，基本上所有涉及的环节都需要做大量的工作才能够完成。

（4）政策体系不健全。

通过对跨境电子商务政策的研究，容易发现目前我国针对跨境电子商务的扶持政策尚不成体系，呈"碎片化"分布，亟待将各项规范性文件进行统一整合。虽然目前我国跨境电子商务扶持政策在制定层面还存在诸多不成熟的方面，但从近几年密集出台的政策可以看出我国政府大力促进跨境电子商务发展的决心与期望。我们相信，在国家的大力支持下，跨境电子商务在不远的未来必然能够支撑起中国外贸转型升级的重任，引领中国跨境电子商务走向全球。

3.6　本章小结

本章从跨境电子商务发展现状、特点以及当前跨境电子商务相关法律法规等方面对跨境电子商务进行阐释，首先从全球范围对电子商务的发展现状和特点进行了简要说明，然后重点阐述我国跨境电子商务的发展现状和特点。其次在了解国外的跨境电子商务法律法规的同时，也重点介绍了我国的跨境电子商务的法律法规，并对我国的跨境电子商务政策进行了详细阐释，让读者对我国跨境电子商务的法律法规及政策有一个全面的了解。

第二部分

服务管理

第 4 章　跨境电子商务服务管理的重要性

4.1　跨境电子商务服务管理的概念

跨境电子商务服务是指为不同关境的电子商务应用主体提供的服务，即面向不同关境的企业或个人的电子商务应用的服务。常见的跨境电子商务服务有跨境电子商务交易服务、快递服务、仓储服务、运营服务、营销服务等。

跨境电子商务服务按不同的标准分类如下：

按行业的不同，可分为综合性跨境电子商务服务和行业性跨境电子商务服务。前者不区分行业，为所有行业厂商和所有产品提供交易服务，如阿里巴巴、慧聪网等；后者专注于某一行业或产品，如中国化工网等。

按服务对象的不同，可分为面向生产者（企业）和面向消费者（个人）的跨境电子商务服务。前者主要服务于企业之间（B2B）的电子商务交易，后者主要服务于企业与个人（B2C）或者个人与个人（C2C）之间的电子商务交易。

4.2　跨境电子商务服务管理模型

1. 模型的背景

2012 年以前，跨境电子商务的参与者主要以小型的企业、个体商户和网商为主。2013 年以来，传统贸易中的主流参与者，如工厂、外贸企业和品牌商户开始进入这个领域，并逐步走向规模化。例如，截至 2017 年，已经有 40 个品牌商户与京东合作，通过跨境电子商务模式走向海外。高速发展的跨境电子商务面临的问题主要表现在以下 4 点。

（1）商户的基本信息不规范。

部分跨境电子商务交易主体的信息不真实、不规范，增加了对这些信息（包括平台的经营者和拥有自己平台的跨境电子商务企业）的监管难度。

（2）商品质量的优劣不确定。

在我国，很大一部分跨境电子商务企业销售的商品来源于供应商，商品的质量主要由供应商确定，存在一定的风险。同时，由于个人邮寄政策比外贸政策宽松，商品质量也存在一定的风险。另一方面，在跨境电子商务贸易市场中会出现热销的"爆款"，在利益的驱使下，就会有部分不规范的跨境电子商务企业销售仿制品或是劣质品，给顾客带来各种损害。

（3）退/换货较难。

跨境电子商务交易具有小批量、多批次、订单分散、采购周期短、货运路程长、物流环节多等特点，退/换货是困扰跨境电子商务企业的一大难题。

（4）信用问题。

信用是保障买卖双方达成交易的重要前提。由于语言和文化的差异，在跨境电子商务中存在信息不对称的情况，再加上国内外顾客对电子商务服务感知的不同，信用问题成为跨境交易的巨大障碍。

2. 跨境电子商务服务管理模型

随着国家电子商务运营环境的改善和相关扶持政策的出台，跨境电子商务的发展迎来了更大机遇。目前，跨境电子商务的竞争越来越激烈，越来越多的电子商务企业已经认识到"想着顾客"比"只顾竞争"更为重要，"最大限度地为顾客提供满意的服务"成了跨境电子商务企业成功的基本原则。

跨境电子商务服务管理模型从顾客、跨境电子商务平台提供商、主管部门等相关方角度出发，研究跨境电子商务交易服务中显在与潜在问题较为突出的服务过程或服务行为，以及利益相关方的需求。本书应用服务蓝图技术、服务接触和服务补救理论，分析商品交易全过程的管理要求与顾客体验要求、跨境电子商务服务质量的构成、跨境电子商务服务感知质量模型，最终获得跨境电子商务服务管理的基本要求、管理要求和服务要求三大要素，形成跨境电子商务服务管理模型。通过运用这个模型，可有效促进跨境电子商务服务管理的有效性和效率，增强顾客对跨境电子商务企业的信心和忠诚度，通过应用直接判断法和李克特5点式量表相结合的定量评价方法，来判断顾客的服务体验水平，寻求跨境电子商务服务管理持续改进的机会。

跨境电子商务服务管理模型由三部分组成：基本要求、管理要求和服务要求，如图4-1所示。

1）基本要求

跨境电子商务的形象质量体现的是商户在顾客心目中形成的总体印象。基本要求包括经营资质和信用管理，体现跨境电子商务企业的形象质量。跨境电子商务企业提供商品跨境交易服务，经营资质应满足以下要求。

（1）依法设立或注册，取得跨境电子商务企业所在国家或地区的相关资质，如合法经营资质、税务登记等。

（2）在质检总局、海关、检验检疫等政府有关部门监管下合法从事跨境电子商务交易服务，完成对外贸易经营备案、检验检疫局备案、海关备案、电子口岸备案等，备案的内容包括企业基本制度和经营商品名称、品牌、HS编码、规格型号、原产国别、供应商名称等。

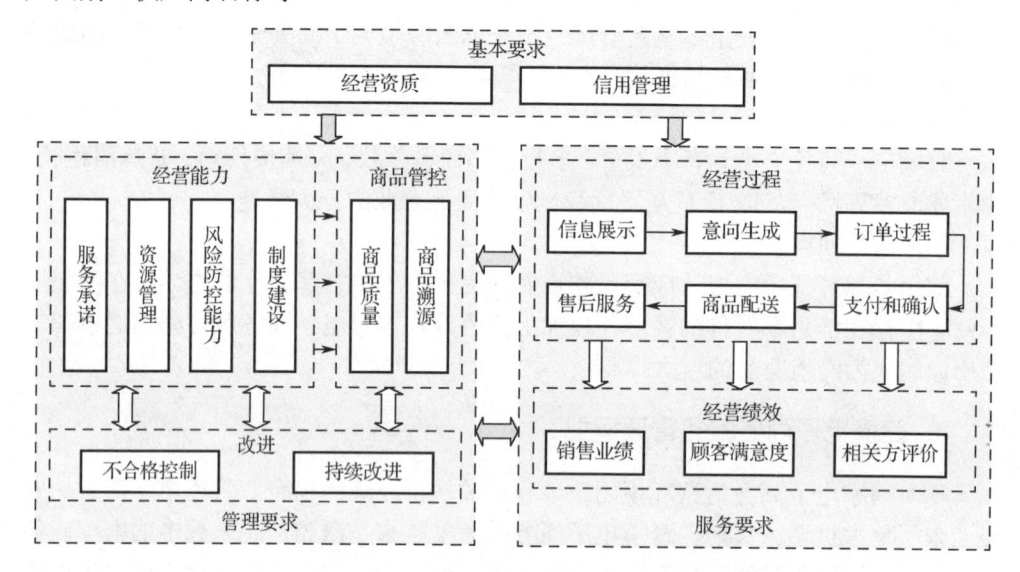

图 4-1 跨境电子商务服务管理模型

（3）保证提供的商品符合《中华人民共和国禁止携带、邮寄进境的动植物及其产品名录》要求。

在信用管理方面，目前，国内外的电子商务企业、管理者和其他相关利益主体无论在理论方面还是实践方面都对电子商务交易中的信用问题进行了积极的探索和尝试。例如：作为第三方的电子商务交易市场，为了建立自身的信誉和品牌，强化信用信息服务和管理，一些网站推出了会员与信用积分制度和信用相互评价制度等，这些制度对提高电子商务交易中交易主体的信用起到了积极的推进作用，已经被 B2C 电子商务网站广泛使用。跨境电子商务企业通过建立交易评价体系，允许顾客对交易主体、商品质量、交易过程、服务水平进行评价，评价可以累计信用度，并作为以后选择交易对象的依据，这是跨境电子商务信用管理中的核心部分。很多时候，网店的信用评价决定了顾客对商品的购买欲望，因此，其他客户的体验信息反馈十分重要。

2）管理要求

跨境电子商务服务质量的技术质量和功能质量体现的是"顾客得到了什么跨境电子商务服务"和"顾客是如何得到跨境电子商务服务的"。对于想购买跨境商品的顾客来说，他们是看不到跨境电子商务的交易管理的，但是他们能看到跨境电子商务的资源和运营方式。

通过对经营能力、商品管控和经营过程的管理，实现对功能质量的控制。其中，经营能力的管理包括服务承诺、资源管理、风险防控能力和制度建设 4 个模块。商品管控包括商品质量和商品溯源 2 个模块。

3）服务要求

经营过程包括信息展示、意向生成、订单过程、支付和确认、商品配送和售后服务。经营绩效体现跨境电子商务的技术质量，也就是最终"顾客得到了什么跨境电子商务服务"。

跨境电子商务企业应当通过规范基本要求、管理要求和服务要求，提升服务管理的效率和效果，同时充分调动全员的积极性和创造性，坚持持续改进，稳定获取企业的竞争优势，实现企业的战略目标。

4.3　本章小结

本章突出了跨境电子商务服务管理的重要性，介绍了跨境电子商务服务的概念以及跨境电子商务服务管理的模型，后续章节将对跨境电子商务服务管理模型中的内容进行详细阐述。

第 5 章 服务

5.1 概述

服务是一种范围非常广泛的活动，通常是指以提供劳动来满足人们某种特殊需要的行为，是社会发展和人们生活必不可少的活动。1960 年，美国市场营销协会（American Marketing Association，AMA）将服务定义为：服务是一种经济活动，是消费者从有偿的活动或从所购买的相关商品中得到的利益和满足感。这一定义在很长时期里被学者们普遍采用，但其缺点是未能将有形产品和无形服务区分开来，因为有形产品也是用于出售并使购买者获得利益和满足感的。1984 年，AMA 把服务的定义修改为：服务是可被区分界定的，主要为不可感知却可使欲望得到满足的活动，而这种活动并不需要与其他产品或服务的出售联系在一起。生产服务时可能需要也可能不需要利用实物，而且即使需要借助某些实物协助生产服务，这些实物也将不涉及所有权转移的问题[6]。

学者们在服务的概念研究方面不断地努力，1983 年，美国著名营销学家菲利浦·科特勒在《市场营销原理》中指出，服务是一方能向另一方提供的任何活动或好处，它属于无形的任何行为或绩效，并且不导致任何所有权的问题。服务的生产既可能与物质产品相关，也可能与之不相关[7]。

格罗鲁斯（Gronroos）对服务的定义为：服务是由一系列或多或少具有无形特性的活动所构成的一种过程，这种过程是在顾客与员工的有形资源互动关系中进行的，这些有形资源（有形产品或有形系统）是作为顾客问题的解决方案而提供给顾客的[8]。

《ISO9000—2015 质量管理体系——基础和术语》里强调：第一，服务的主要特征是无形的；第二，服务包含与顾客在接触层面的活动，除确定顾客的要求以提供服务外，可能还包括与一些机构（如银行、会计师事务所、学校或医院等公共组织）建立持续的关系；第三，服务的提供可能包括在顾客提供的有形产品（如需要维修的汽车）上所完成的活动、在顾客提供的无形产品上所完成的活动、无形产品的交付（如知识传授方面的信息提供）、为顾客创造氛围（如在宾馆和饭店）；第四，服务是由顾客体验[9]的。

5.2 服务的特性

为了更好地了解服务的特性，有必要首先把服务与一般的有形商品区分开来，表 5-1 说明了服务与有形商品的区别。

表 5-1 服务与有形商品的区别

服 务	有 形 商 品
无形	有形
异质	同质
生产、传递和消费过程同时发生	生产、传递和消费过程分离
一种活动或过程	一种物体
核心价值在买与卖的交互过程中实现	核心价值在工厂中生产
顾客参与生产过程	通常顾客不参与生产过程
无法存储	可以存储
不涉及所有权转移	涉及所有权转移

下面主要从服务的无形性、异质性、服务生产和消费的同步性和服务的易逝性四个方面说明。

（1）服务的无形性。

商品和服务之间最基本的，也是最常被提到的区别是服务的无形性，因为服务是由一系列活动所组成的过程，而不是实物，对于服务，我们不能像感觉有形商品那样看到或者触摸到。顾客通常用"经历""信任""感觉""安全"等词汇来形容服务。

对于一般商品来说，购买者可以在购买之前去触摸。例如，顾客在超市买香蕉，可以通过看形状、颜色，摸硬度，闻香味来事先研究商品的好坏。对于大多数服务来说，在销售之前难以预先评估。例如，选择旅游地，可从天气、安全等方面进行考量，而酒店的服务态度、周到程度却无法准确预测。

（2）服务的异质性。

服务的异质性主要是由于员工和顾客之间的相互作用，以及伴随这一过程的所有变化因素所导致的。服务的异质性表现在四个方面：第一，服务不是单一的个体，而是相互作用及与服务相关的全过程要素的集合，服务整个过程的任何一个环节出现问题，都会对服务造成不好的影响，即使是同一服务，因环境、时间点的不同，也会形成不同的服务特色；第二，服务者的多样性，服务通常是人与人的互动过程，即使是同一个服务者，因为工作时间、心情的不同，也会产生不同的服务结果；第三，顾客的多样性，即使是同一种服务规范，面对不同个性的顾客也会导致不同的服务结果；第四，服务的多样性，同一服务规范在不同情况下对不同顾客的重要性可能不同。

服务的异质性导致服务提供商不能完全控制服务质量，由于顾客对其需求的清楚表达能力、员工满足这些需求的能力和意愿、顾客对服务需求的程度等均存在差异，服务提供商无法准确知晓服务是否按照原来的计划和宣传的那样提供给顾客。有时候，服务也可能会由中间商提供，这增加了服务的异质性，因为从顾客的角度来讲，由中间商提供的服务仍代表服务提供商。

（3）服务生产和消费的同步性。

大多数商品是首先生产，然后存储、销售和消费，但大部分的服务却是首先销售，然后同时进行生产和消费。这通常意味着服务生产的时候，顾客是在现场的，而且会观察甚至参加到生产过程中来。有些服务是很多顾客共同消费的，即同一个服务由大量消费者同时分享，如一场音乐会，这也说明了在服务的生产过程中，顾客之间往往会有相互作用，因而会影响彼此的体验。

服务生产和消费的同步性使得服务难以进行大规模的生产，服务不太可能通过集中化来获得显著的规模经济效应，问题顾客（扰乱服务流程的人）会在服务提供过程中给自己和他人造成麻烦，并降低自己或者其他顾客的服务感知满意度。另外，服务生产和消费的同步性要求顾客和服务人员都必须了解整个服务传递的过程。

（4）服务的易逝性。

服务的易逝性又称不可存储性，是指服务不能被存储、转售或者退回的特性。例如，一家酒店有100个房间，今天有客人入住的只有50个房间，酒店不能将剩下的50个房间留到明天出售；一个咨询师提供的咨询也无法退货，无法重新咨询或者转让给他人。

由于服务无法存储和运输，服务分销渠道的结构与性质和有形产品的差异就很大，如何充分利用生产能力，对顾客需求进行预测并制订有创造性的计划成为重要且富有挑战性的决策问题，而且由于服务无法像有形产品一样被退回，因此服务组织必须制订强有力的补救策略以弥补服务失误。例如，尽管咨询师糟糕的咨询没法退回，但是咨询企业可以通过更换咨询师来重拾顾客的信心。

5.3 服务蓝图

顾客常常会希望为之提供服务的企业全面了解他们同企业之间的关系，但是服务过程往往是高度分离的，由一系列分散的活动组成，这些活动又是由许多不同的员工完成的，因此顾客在接受服务的过程中很容易"迷失"，感到没有人知道他们真正需要的是什么。为了使服务企业了解服务过程的性质，有必要按照服务过程的步骤画出流程图来，这就是服务蓝图。

5.3.1 服务蓝图的构成

服务蓝图是详细描绘服务系统的图片或地图，服务过程中涉及的不同人员可以理解并客观使用它。服务蓝图不仅包括横向的客户服务过程，还包括纵向的内部协作过程，是描绘整个服务前、中、后台构成的全景图。与"峰终定律"一样，服务蓝图的核心思想也是"关注客户的服务设计"。

但是，由于服务具有无形性，较难进行量化和说明，这不但使顾客对服务质量的评价在很大程度上依赖于他们的感觉和主观判断，还给服务设计带来了挑战。20世纪80年代，美国学者Gly等人将工业设计、决策学、后勤学和计算机图形学等学科的相关技术应用到服务设计方面，为服务蓝图的发展做出了开创性的贡献。

服务蓝图在直观上从以下几个方面展示服务：描绘服务实施的过程、接待顾客的地点、顾客/雇员的角色以及服务中的可见要素。服务蓝图的构成如图5-1所示。

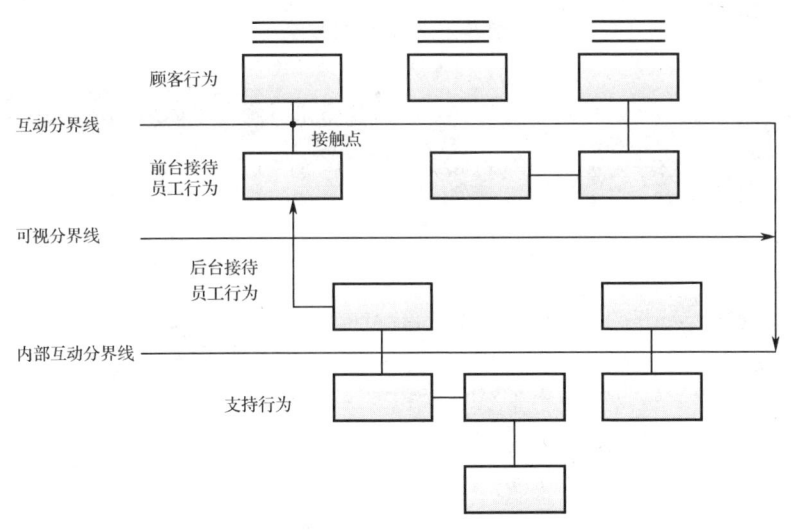

图 5-1　服务蓝图的构成

服务蓝图的基本构成要素包含4种行为、连接行为的流向线、分割行为的3条分界线和设置在顾客行为上方的有形展示。其中，4种行为包括：①顾客行为；②前台接待员工行为；③后台接待员工行为；④支持行为。3条分界线包括：①互动分界线，将顾客行为和前台服务行为分开；②可视分界线，将前台服务和后台服务分开；③内部互动分界线，将一线服务员工和服务行为与二线员工的支持性工作行为分开。

图5-2和图5-3分别以物流服务蓝图和电商服务蓝图（用友公司提供）为例，展示了服务蓝图的部分细节。

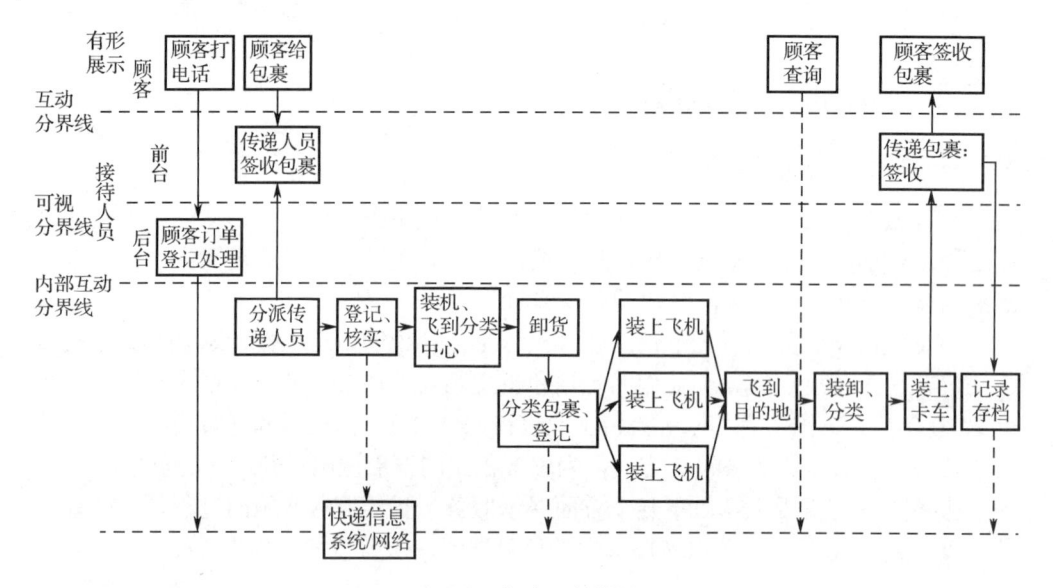

图 5-2　物流服务蓝图

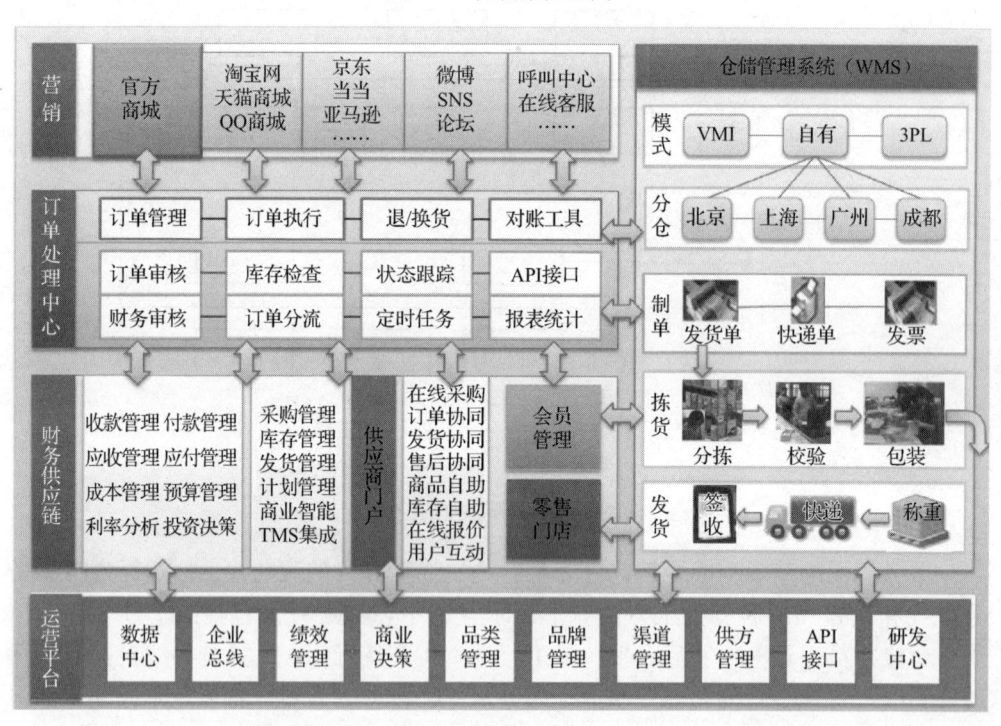

图 5-3　电商服务蓝图（用友公司提供）

5.3.2 服务蓝图的作用

服务蓝图具有直观性强、易于沟通、易于理解的优点，主要表现在以下几个方面。

① 方便企业全面、准确地了解所提供的服务，有针对性地设计服务过程，更好地满足顾客的需要；

② 有助于企业建立完善的服务操作程序，明确服务职责，有针对性地开展员工的培训工作；

③ 有助于理解各部门的角色和作用，增进提供服务过程中的协调性；

④ 有利于企业有效地引导顾客参与服务过程并发挥积极作用，明确质量控制活动的重点，更合理地提供服务；

⑤ 有助于识别服务提供过程中的薄弱环节，改进服务质量。

5.3.3 服务蓝图的开发与绘制

服务蓝图的开发与绘制过程包括以下步骤：
① 识别需要制定蓝图的服务过程；
② 分析目标市场顾客的消费需求；
③ 从顾客的角度描绘服务过程；
④ 描绘服务员工的行为和支持行为；
⑤ 在每个顾客行为步骤上加上有形展示；
⑥ 证实和完善服务蓝图；
⑦ 对服务蓝图进行简短的补充说明。

5.4 服务过程流程图

服务过程流程图实质上就是服务过程的分解细化图，它的目的是要准确地描述服务过程的各个组成部分，使得参与服务过程的员工、顾客和管理者能够客观地认识服务过程，清楚自己在服务过程中的角色，使服务能够顺利完成。跨境电子商务服务过程流程如图 5-4 所示。

由图 5-4 可以看出，服务过程流程图和服务蓝图有许多相似之处，但是服务蓝图更侧重服务管理的宏观实现，服务过程流程图则强调每一过程。

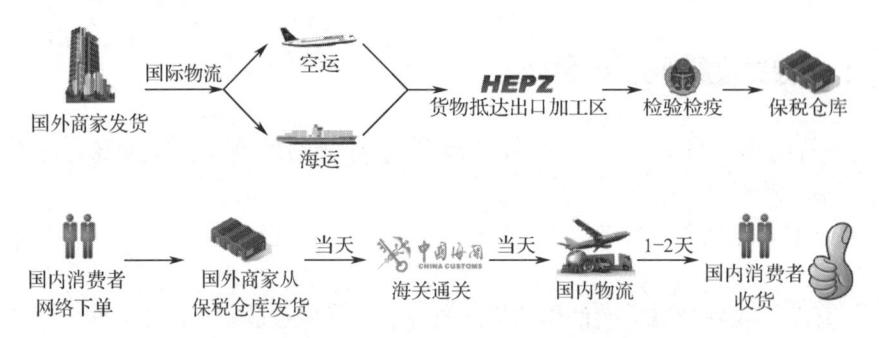

图 5-4　跨境电子商务服务过程流程

5.5　服务接触

5.5.1　服务接触概述

　　服务接触（Service Encounter）一词最早出现于 20 世纪 80 年代初期，它是伴随着服务营销理论的研究而被提出的。有的学者提出服务接触是顾客与一项服务直接相互作用的一段时间，有的学者提出服务接触是顾客与提供服务人员之间的互动。此外，还有一些学者用"真实瞬间"来描述服务接触。真实瞬间，是指在特定的时间和特定的地点，服务企业或服务人员抓住机会向顾客展示其服务质量。所谓瞬间，是指顾客评估所接受服务的特定的时刻。所有真实瞬间加在一起就形成了顾客对服务的总体质量的感知，成为影响客户服务感知的直接来源。例如，顾客在一家鲜花店中所经历的服务接触包括挑选鲜花、询问价格、结账和包装等。在亚马逊网站上购买一件儿童玩具所经历的服务接触包括登录亚马逊网站、根据网页指引挑选玩具、下单、接收快递和确认收货等。这一系列的"真实瞬间"连接起来可以构成一个服务接触层次，如图 5-5 所示。顾客一系列的服务接触最终决定了亚马逊的信誉。

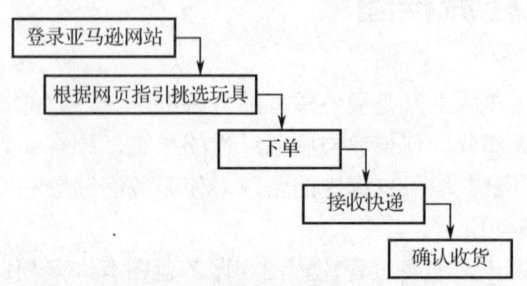

图 5-5　在亚马逊网站购买玩具的服务接触层次

　　在以上服务接触中，任何一次不愉快的接触都可能导致顾客对其整体服务给予否定评价，在服务接触层次比较靠前的几级所发生的错误和问题尤为严重，因为一次接触中不愉快的体验，很可能导致顾客对接下来的各层级接触都予以否定。

服务接触包含顾客在消费过程中发生的所有接触，包括人员、布局、设计、设施等顾客可以感知的服务要素。服务接触形式可分为四大类、面对面接触、电话接触、自助终端服务（远程接触）和互联网接触，如图 5-6 所示。服务质量在很大程度上取决于顾客感知，顾客感知又以服务接触为基础。

图 5-6　服务接触形式

服务接触过程如图 5-7 所示。图 5-7 参照服务蓝图的组成，将服务过程划分为 3 个区域，服务接触区域、内部支持区域和外部协调区域。我们需要通过对服务接触及服务接触能力进行深入分析，明确服务接触的内涵、属性、特点和作用，探明服务接触对顾客感知服务质量的影响关系，确定关键接触点，指出服务改进重点，以达到控制服务质量波动、提高服务运作管理能力、提升顾客满意度的目的。

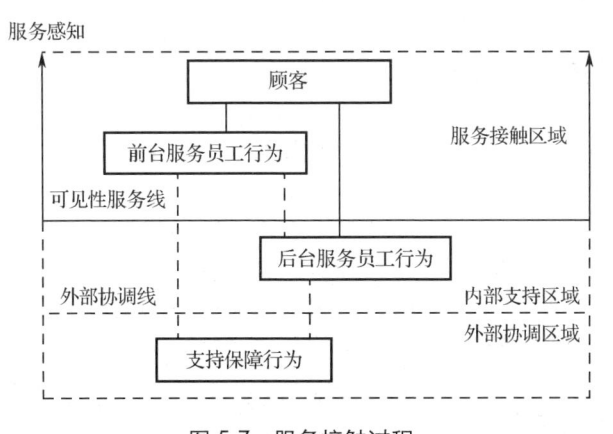

图 5-7　服务接触过程

根据顾客参与程度，可以把服务过程大体分为基本不与顾客发生接触的后台服务支持过程和直接与顾客打交道的前台服务接触过程。前台服务接触过程是影响顾客服务质量感知的主要来源，顾客对服务质量问题的抱怨和不满主要集中在前台服务接触过程中。

5.5.2　服务接触形式分类

如前所述，服务接触形式有面对面接触、电话接触、自助终端服务（远程接触）和互联网接触四大类。

（1）面对面接触。面对面接触是雇员和顾客的直接接触，在跨境电子商务中，有可能与顾客面对面接触的人员是快递人员、安装人员等。

（2）电话接触。电话接触是以打电话的形式接触。例如，用户通过打电话的方式获取所需要的服务。与面对面接触服务相比，电话接触对服务人员的仪态、仪表不做要求，但服务人员接电话时的语气、处理顾客问题的速度和效率成为电话接触中用户判断质量的重要标准。在基于 B2C 的跨境电子商务中，电话接触还会涉及语言障碍、生活习惯、文化差异等方面的问题。

（3）自助终端服务（远程接触）。以自助取款机、自助售票机和互联网为代表的远程接触正在成为当今社会的主流。例如，无人售票公交、航空订票、快递状态跟踪正在改变着我们的生活。在远程接触过程中，虽然不涉及人与人之间的接触，但是对于公司来说，每一次远程接触都是提升顾客对公司服务质量评价的机会。在基于 B2C 的跨境电子商务中，网站界面的便捷性、易操作性和电子商务订单的处理速度都是提升服务质量的核心所在。

（4）互联网接触。基于移动互联网的无形接触，如旅客可以网上值机、网上订房间等，被学者们解释为"以科技介入的服务接触""电子服务接触""科技型服务接触"等，这是网络环境下的现代服务概念。

5.5.3　服务接触理论

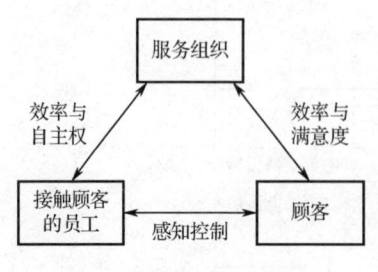

（1）服务接触三元组合。

服务接触三元组合用来描述服务组织、接触顾客的员工和顾客之间的目标平衡三角形。服务的有效特征之一是顾客主动参与服务生产过程，每个关键时刻都涉及顾客和服务提供者之间的交互作用；双方在服务组织所涉及的环境中扮演不同角色。图 5-8 描述的服务接触三元组合反映了三要素之间的关系，并提出了冲突的可能来源[6]。

图 5-8　服务接触三元组合

员工和顾客都希望通过交互过程实现可感知的控制，员工希望通过控制顾客的行为使工作易于管理，而顾客希望控制服务接触的进程以获取更多的利益。

在理想情况下，服务接触中三要素的协作能够创造出更大的利益。然而，在实际工作中，服务组织、员工和顾客中的某个要素常常会为了自身利益而控制整个服务接触过程，引发冲突。

（2）服务组织支配的服务接触。

出于提高效率或者实施成本领先战略的考虑，服务组织可能会通过建立一系列严格的操作规程使服务系统标准化，结果却严重限制了员工与顾客接触时所拥有的自主权。这里举例说明结构化的服务接触导致顾客感到不快的原因，如图5-9所示。

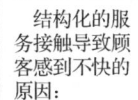

图 5-9 举例说明结构化的服务接触导致顾客感到不快的原因

（3）接触顾客的员工支配的服务接触。

通常，服务人员希望降低其服务接触范围，从而减少在满足顾客需求中所遇到的压力。如果与顾客接触的员工被赋予足够的自主权，他们就会感到自身对顾客具有很大程度的控制权。这里举例说明接触顾客的员工支配的服务接触导致顾客感到不快的原因，如图5-10所示。

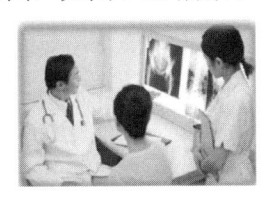

图 5-10 举例说明接触顾客的员工支配的服务接触导致顾客感到不快的原因

（4）顾客支配的服务接触。

极端的标准化服务和定制服务代表了顾客没有控制服务接触的机会。相比标准化服务来说，自主服务可以使顾客自主选择外界提供的有限服务。这里举例说明顾客支配的服务接触导致顾客感到快乐的原因，如图5-11所示。

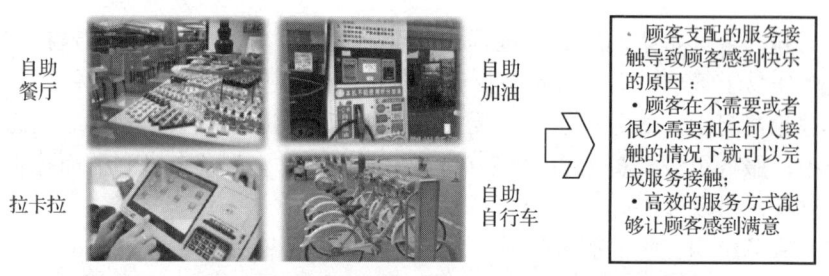

图 5-11　举例说明顾客支配的服务接触导致顾客感到快乐的原因

5.5.4　服务接触中愉快或不愉快的来源

由于服务接触在建立服务质量印象方面非常重要，并会最终影响顾客满意度，因此研究者从多方面广泛分析服务接触，旨在找到服务接触中顾客满意或者不满意的来源。此类研究用关键事件技术让顾客和雇员提供关于其经历的满意或者不满意的服务接触的详细故事，最终总结出顾客满意或者不满意来源的 4 个方面：服务补救、适应能力、自发性和应对，如图 5-12 所示。

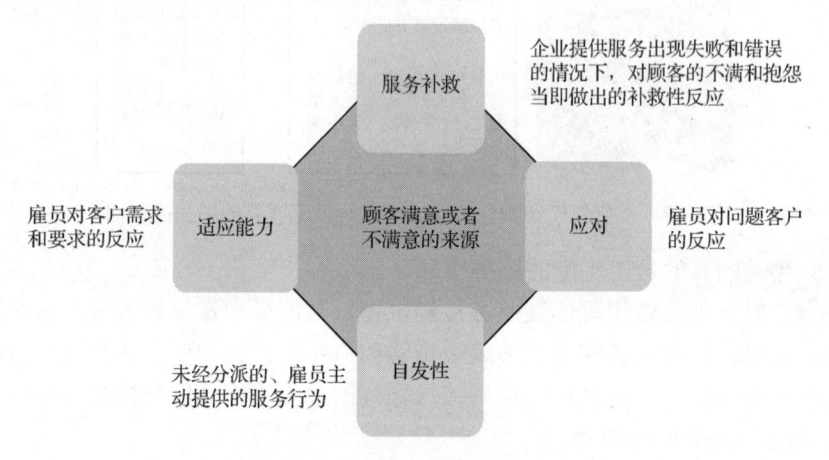

图 5-12　顾客满意或者不满意的来源

（1）服务补救。所谓服务补救，是指服务型企业在对顾客提供服务时出现失败和错误的情况下，对顾客的不满和抱怨当即做出的补救性反应。例如，在跨境电子商务服务过程中出现发货错误，以及顾客收到破损的物品等问题的情况下，销售方给出的解决办法、处理速度及跟踪服务。其目的是通过这种反应，重新建立顾客满意度和忠诚度。

（2）适应能力。适应能力是指员工对顾客需求和要求的反应，也是在服务接触中顾客满意或不满意的主要影响因素。例如，顾客急需打印一批重要资料，但是由于还有一些内容需要修改，打电话问打印店服务员什么时候关门、能否推迟关门，服务员表示理解顾客的处境，愿意留下来加班打印资料。

（3）自发性。自发性是指未经分派的、员工主动提供的服务行为。例如，快递人员为顾客送快递到家里，看到顾客正在搬笨重的东西，提出要帮忙一起搬，这些本是他不必做的，但顾客会因此对服务感觉更加满意。

（4）应对。应对是指员工对问题顾客的反应。例如，一名女士在订房网站上订了一间海景房，入住时发现海景被前方的施工设备阻挡了，她非常生气，老板说这是因为外面区域近期临时施工。该女士要求换房间，但因为旅游黄金周没有多余的房间，老板答应退还部分房钱作为补偿。

5.6 本章小结

本章重点介绍了服务的特性、服务蓝图、服务过程流程图、服务接触的分类以及服务接触中愉快与不愉快的来源。通过了解服务过程的特性和服务接触理论，绘制每一过程的流程图，使服务过程中所涉及的服务人员都能客观地理解客户的需求和不满并及时处理，从而达到控制和改进服务质量的目的。

第 6 章　服务质量

6.1　服务质量概述

服务质量（Service Quality）是指服务能够满足规定和潜在需求的特征和特性的总和，是指服务工作能够满足被服务者需求的程度，是企业为使目标顾客满意而提供的最低服务水平，也是企业保持这一预定服务水平的连贯性程度。判断服务质量高低的五大要素分别为可靠性、响应性、保证性、移情性和有形性。

无论是服务业还是有形产品的生产企业，服务质量都是企业在竞争中制胜的法宝。服务质量的内涵与有形产品质量的内涵有区别，消费者对服务质量的评价不仅要考虑服务的结果，还涉及服务的过程。服务质量应被消费者所识别，被消费者认可的服务才是优质的服务。服务质量的构成要素、形成过程、考核依据、评价标准均有别于有形产品。

预期服务质量即顾客对服务企业所提供服务预期的满意度，感知服务质量则是顾客对服务企业提供的服务水平的实际感知。如果顾客对企业服务水平的感知符合或高于其预期水平，顾客获得较高的满意度，则认为企业具有较高的服务质量；反之，则认为企业的服务质量较低。从这个角度看，服务质量是顾客的预期服务质量同其感知服务质量的比较。服务质量等于体验质量减去预期质量，同时又是交互质量、环境质量和结果质量的总和。

服务质量、产品质量、产品价格、环境因素和个人因素共同决定顾客满意度，顾客对质量的感知和满意度如图 6-1 所示。

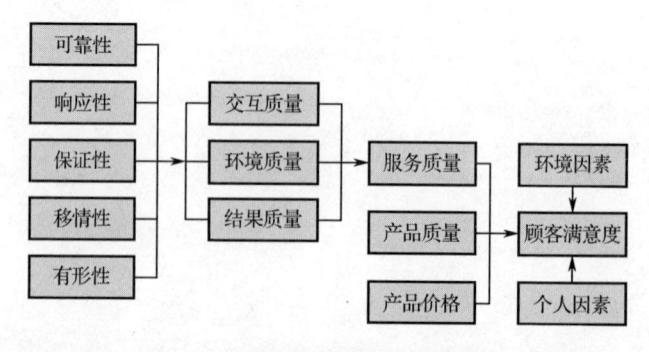

图 6-1　顾客对质量的感知和满意度

6.1.1 服务质量的内涵

鉴于服务交易过程的顾客参与性以及生产与消费的不可分离性，服务质量必须经顾客认可，并被顾客所识别。服务质量是顾客感知的对象；服务质量要用客观方法进行衡量，但更多地要以顾客的主观感知去衡量和检验；服务质量发生在服务生产和交易的过程之中；服务质量是在服务企业与顾客交易的真实瞬间体现的；服务质量的提高需要在内部形成有效管理和支持系统。服务内容包括以下几点。

（1）服务水平。好的服务质量不一定都是最高水平的，管理人员首先要识别公司所要追求的服务水平。当一项服务满足其目标顾客的期望时，服务质量就可认为达到了优良水平。

（2）目标顾客。目标顾客是指那些由于他们的期望或需要而要求得到一定水平服务的人。随着经济的发展和市场的日益成熟，市场的划分越来越细，这导致每项服务都要面对不同的需求。企业应当根据每项产品和服务的特点选择不同的目标顾客。

（3）连贯性。连贯性是服务质量的基本要求之一。它要求服务提供者在任何时候、任何地方都保持同样的优良服务水平。服务标准的执行是服务质量最难管理的问题之一。对于一个企业而言，服务的分销网络越分散，中间环节越多，保持服务水平的一致性就越难，服务质量越依赖于员工的行为，服务水平不一致的可能性也就越大。

6.1.2 质量特性

顾客的需求可分为精神需求和物质需求两部分，从顾客的物质需求和精神需求角度来评价服务质量时，可以将质量特性归纳为以下 6 个方面。

（1）功能性。功能性是企业提供的服务所具备的作用和效能的特性，是服务质量特性中最基本的一个。

（2）经济性。经济性是指顾客为得到一定的服务所需要支付的费用的合理性。这里所说的费用是指在接受服务的全过程中所需的费用，即服务周期费用。经济性是相对于所得到的服务质量而言的，即经济性是与功能性、安全性、时间性、舒适性和文明性密切相关的。

（3）安全性。安全性是指企业保证服务过程中顾客、用户的生命不受到危害，健康和精神不受到伤害，货物不受到损失。安全性也包括物质和精神两方面，改善安全性重点在于物质方面。

（4）时间性。时间性是为了说明服务工作在时间上能否满足被服务者的需求，时间性包含了及时、准时和省时 3 个方面。

（5）舒适性。在满足了功能性、经济性、安全性和时间性等方面需求的情况下，顾客期望服务过程舒适。

（6）文明性。文明性属于服务过程中满足顾客精神需求的质量特性。顾客期望得到一个自由、亲切、受尊重、友好、自然和谅解的气氛，有一个和谐的人际关系。在这样的条件下来满足被服务者的物质需求，这就是文明性。

服务质量的评估是在服务传递过程中进行的。顾客对服务质量感到满意可以概括为：将顾客对服务的感知与其对服务的期望相比较，当感知超出期望时，服务被认为是优质的，顾客会表示满意；当对服务的感知没有达到期望时，服务注定是不可接受的；当感知与期望一致时，顾客对服务质量是满意的。

6.1.3 服务质量的要素

图 6-1 中包含了服务质量的要素。这些要素是用来判断服务质量的，包括 5 个方面：可靠性、响应性、保证性、移情性、有形性。

（1）可靠性。可靠性是指可靠、准确地履行服务承诺的能力。可靠的服务行为是顾客所期望的，它意味着服务以相同的方式、无差错地准时完成。可靠性实际上是要求企业避免在服务过程中出现差错，因为出差错给企业带来的不仅是直接的经济损失，还可能意味着失去很多潜在顾客。

（2）响应性。响应性是指帮助顾客并迅速有效地提供服务，实现顾客的愿望。让顾客等待，特别是无原因的等待，会对顾客的质量感知造成不必要的消极影响。出现服务失败时，迅速解决问题会给顾客的质量感知带来积极的影响。对于顾客的各种要求，企业能否给予及时的回应将表明企业的服务导向，即是否把顾客的利益放在第一位。同时，服务传递的效率还从另一个侧面反映了企业的服务质量。研究表明，在服务传递的过程中，顾客等候服务的时间是关系到顾客的感觉、顾客印象、服务企业形象及顾客满意度的重要因素。因此，尽量缩短顾客等候时间并提高服务传递效率将大大提高企业的服务质量。

（3）保证性。保证性是指员工所具有的知识、礼节和能够使顾客信任的能力。它能够增强顾客对企业服务质量的信心和安全感。当顾客同一位友好、和善并且学识渊博的服务人员打交道时，他会认为自己找对了公司，从而获得信心和安全感。友好的态度和足以胜任的服务能力两者是缺一不可的。服务人员缺乏友善的态度会使顾客感到不快，而如果他们对专业知识懂得太少也同样会令顾客感到失望。保证性包括完成服务的能力、对顾客礼貌的态度、与顾客的有效沟通、将顾客最关心的事放在心上的态度。

（4）移情性。移情性是指服务企业能设身处地地为顾客着想，对顾客给予特别的关注和个性化服务。这就要求服务人员有一种投入的精神，想顾客之所想，急顾客之所急，了解顾客的实际需求乃至特殊需求，并千方百计地予以满足，给予顾客充分的关心和相应的体贴，使服务过程充满人情味，这便是移情性的体现。移情性包括接近顾客的能力、敏感性和对顾客需求的有效理解。

（5）有形性。有形性是指有形的设施、设备、人员和沟通材料的外表。舒适的环境是服务人员对顾客更细致的照顾和关心的有形表现。对这方面的评价可延伸到包括其他正在接受服务的顾客行动。有形性是顾客感知服务质量的一个重要维度。有形性或有形提示能够加深顾客对服务企业其他 4 个方面的质量感知。

顾客从这 5 个方面将服务的期望和实际接受的服务的感知相比较，最终形成自己对服务质量的判断，期望与感知之间的差距就是服务质量的量度。

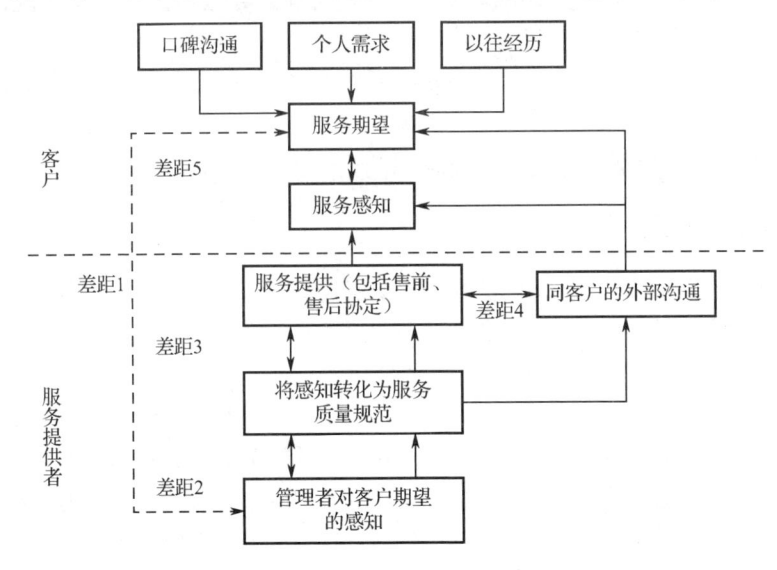

6.2 服务质量差距模型

服务质量差距模型[16]，也称 5GAP 模型，它是由美国营销学家帕拉休拉曼（A. Parasuraman）、赞瑟姆（Valarie A. Zeithamal）和贝利（Leonard L.Berry）等人在 20 世纪 80 年代中期到 20 世纪 90 年代初提出的。该模型专门用来分析服务质量问题的根源，它可以作为服务组织改进服务质量的客观依据，帮助分析服务质量问题产生的原因，并让管理者了解应如何改进服务质量。服务质量差距模型如图 6-2 所示。

图 6-2 服务质量差距模型

该模型上半部分的关联者是顾客，而下半部分的关联者是服务提供者。图中的 5 个差距分别表达的意思如下。

差距 1：管理层对顾客服务预期的感知差距；
差距 2：服务质量标准差距；
差距 3：服务传递差距；

差距4：服务传递与对外沟通之间的差距；

差距5：顾客预期服务与顾客感知服务之间的差距。

其中，差距5是服务质量模型的核心差距，它与服务质量呈现出很明显的负相关关系，即顾客期望与顾客感知的差距越小，服务质量则越高。因此，提升服务质量的关键就在于如何缩小顾客的服务预期与服务感知之间的差距。下文将具体分析服务质量差距产生的原因及缩小差距的对策。

6.2.1 管理层对顾客服务预期的感知差距

1. 差距产生的原因

管理层对顾客服务预期的感知差距是指顾客对企业服务的实际需求和期望与企业管理层对顾客需求和期望的判断之间的差距。即企业管理层不了解顾客需要什么、期望什么，或者对顾客的需求和期望产生错误理解，甚至缺乏理解。导致这种差距产生的原因有：

- 在出售服务产品前，没有进行市场调研和需求分析；
- 市场调研和需求分析不够深入，没有针对性，导致得出的信息不准确、不符合实际；
- 企业管理层观念落后，信息闭塞，对顾客的新需求无法及时了解并做出相应决策；
- 一线员工向管理层传达顾客需求和期望时出现了信息滞后和不完整等情况。

2. 缩小差距的对策

（1）加强市场调研，细分顾客市场，认真准确地了解、分析顾客需求和期望。另外，定期对顾客做回访，掌握顾客对企业服务的评价、要求和建议，有利于及时调整服务，从而提供更加满足顾客需求和期望的服务。

（2）改变管理者传统的经营观念和处事方式，树立以满足顾客需求为第一要务的现代市场营销新观念。随着物质水平的不断提高，顾客对服务的要求更高，更新更加个性化。因此，管理人员不应该继续在幕后操作，应该更多地直接面对顾客，了解和掌握顾客更深层次的需求，这会对企业服务质量的提升给出更明确的指导。

（3）不断改善信息反馈制度，保证顾客、员工、管理者之间信息传递畅通。管理层为了更好、更及时地了解顾客的需求动态和关注焦点，应该制定一系列的奖惩办法来促使员工积极反馈顾客需求，也可以定期组织开展员工—领导交流会议，及时反映和解决平时工作中的信息缺漏问题。

6.2.2 服务质量标准差距

1. 差距产生的原因

服务质量标准差距是指企业管理层对顾客期望的感知与服务质量规范之间的差距。这种差距有以下两种情况。

（1）管理层对顾客期望判断有误，制定的服务质量规格标准必然不能满足顾客的需求。

（2）管理层对顾客期望判断是正确的，但制定规格标准时出现了错误。导致这种差距产生的原因主要有：

- 企业的管理人员没有树立明确的服务质量目标；
- 服务质量管理计划性差，计划失误或计划过程不够充分；
- 计划制订后的实施与管理不利，使计划流于形式。

2. 缩小差距的对策

（1）准确判断顾客的需求和期望。
（2）企业的管理者应该牢固树立服务质量第一的观念。
（3）管理层要有明确的质量目标，才会制定准确的质量规格和标准。
（4）强化质量管理的计划职能，保证质量标准的可实施性。
（5）管理层与员工，即标准规范者和标准实施者上下配合，互相听取意见，共同制定服务质量规格、标准及具体落实措施。

6.2.3 服务传递差距

1. 差距产生的原因

服务传递差距是指企业制定的服务质量规格标准与顾客实际获得的服务之间的差距，即企业的员工提供服务时，没有按照企业所制定的服务质量规格标准去操作。产生这种差距的原因很多，也很复杂，可归纳如下：

- 制定的服务质量规格标准不切合实际，不利于执行和实施；
- 员工对标准有不同意见，从而按照自己的方式提供服务；
- 企业招聘的员工能力不够，缺乏对服务质量规范的学习理解和实践；
- 企业的设备、技术支持系统不能达到服务质量规格的要求；
- 企业的管理、监督、激励系统不力。

2. 缩小差距的对策

(1) 根据顾客的要求和企业实际情况制定和修正服务质量规格，不同的岗位应有不同的服务质量规格标准，保证员工的可操作性。

(2) 对员工的招聘严格把关，尤其是销售人员。销售人员是服务的主要传递者，一个行程的开始和结束，销售人员都会参与，所以确保他们的职业素养和工作能力是必需的。企业可以从专业学院和专业人士中招聘销售人员。

(3) 加强员工的培训，企业可通过组织培训活动，提高员工的沟通交往能力、分析问题和解决问题的能力，增强员工的团队精神，树立服务质量第一的意识，从而更好地实施服务质量标准规范，为顾客提供更全面的服务。

(4) 完善企业线上/线下的硬件、软件设施。硬件设施，如快递公司的选择、供应商货源的挑选等，这些在服务传递中起着重要的作用。能否让顾客拥有方便称心的购物体验，直接影响着顾客对商户服务质量的评价；软件设施，如与电子商务网站业务部门的沟通配合等。能否让顾客拥有方便称心的购物体验，直接影响着顾客对企业服务质量的评价。

(5) 改善企业的管理、监督、激励系统。管理要"全面"，销售前、销售中、销售后的各个环节都应该采取质量保证手段。监督要"全民"，顾客、销售、内部职员、管理人员应相互监督，通过工作日志、顾客评价、顾客回访等方式来加强监督。激励要"全力"，有了满意的员工，才会有满意的服务。如何将员工的价值最大化，是每个管理人员要解决的首要问题之一。做到奖惩分明，提高员工的工作积极性，有力保证服务传递的准确性，便能缩小企业制定的服务质量规格标准与顾客实际获得的服务之间的差距。

6.2.4 服务传递与对外沟通之间的差距

1. 差距产生的原因

服务传递与对外沟通之间的差距是指企业给顾客的承诺与实际提供给顾客的服务之间的差距。企业的对外交流包括广告和公共关系等，顾客从企业所做的广告和其他营销活动中获得了良好的外部信息，同时也就对企业服务质量产生了很高的期望值。如果顾客慕名购买，购买后获得的服务却并非如此，顾客会产生被欺骗、被愚弄的负面情绪，这便严重地破坏了企业的声誉和形象。产生这种差距的原因是：
- 企业给顾客的承诺与内部经营管理、服务质量控制脱节；
- 对外宣传促销没有做到实事求是，夸大宣传或过分承诺；
- 企业的管理者对市场营销活动没有进行严密的计划和监督控制。

2. 缩小差距的对策

（1）适度承诺，保证顾客的期望值不要过高。在进行对外沟通、宣传促销时，应结合企业商品的实际情况，给出的承诺要和企业实际所能提供的商品质量相吻合。

（2）严格履行对顾客的承诺。给了顾客期望，就要使其期望得到满足。例如，不要故意隐瞒商品的保质期、商品适合对象和商品发货时间。甚至，有些顾客对购买的商品不够了解，会自然而然地对商品抱有较高的期望，所以企业服务人员在宣传介绍商品时，可以在一定程度上降低顾客虚拟的期望。例如，告知顾客某一食品为芥末口味，菜的口味不一定适合每一位顾客等。总之，使顾客的期望得到最大程度的实现，是缩小这一差距的关键。

（3）企业管理层要严格把关一切商品卖出后产生的影响，时刻关注卖出的商品对用户或社会产生的影响，必要时采取停售或召回手段消除不良的影响。

6.2.5 顾客服务预期与顾客感知服务之间的差距

顾客服务预期与顾客感知服务之间的差距是服务质量模型的核心差距，它与服务质量呈现很明显的负相关关系，即顾客期望与顾客感知之间的差距越小，服务质量则越高。提升服务质量的关键就在于如何缩小顾客服务预期与顾客感知服务之间的差距。

差距分析模型的应用意义：差距分析模型可以帮助管理者发现引发质量问题的根源，寻找适当的消除差距的措施。差距分析是一种直接有效的工具，它可以发现服务提供者与顾客在服务观念上存在的差异。明确这些差距是制定战略、战术，以及保证期望服务质量和感知服务质量一致的理论基础。用好差距分析模型可以使顾客对服务质量给予积极评价，提高顾客满意度。

6.3 服务补救

俗话说得好，亡羊补牢，为时未晚。随着经济发展重心的转移，以服务作为经营重点的企业所占的比例越来越大；顾客日渐挑剔，企业发生服务失误的可能性也越来越高，甚至就算企业没有失误，顾客也会对企业提出更高的要求，因为"反正提供服务的又不是只有你一家"。在这种情况下，企业应该怎么做才能避免因服务失误而导致的利益损失呢？或者，能否通过成功的服务补救而增加收益？

6.3.1 服务补救概述

所谓服务补救，是指服务型企业在对顾客提供服务的过程中出现失误服务（失败和错误）的情况下，对顾客的不满和抱怨当即做出的补救性反应。其目的是通过这种反应，重新建立顾客满意度和忠诚度。由定义看出，服务补救是一种反应，是企业在出现服务失误时，对顾客的不满和抱怨所做的反应。在提供服务的过程中，即使最优秀的企业也不能避免出现服务的失败和错误，这是因为以下两个原因。

（1）服务具有差异性，即服务产品的构成成分及其质量水平经常变化，很难界定。在大多数情况下，服务过程毫无担保和保证可言，服务产品的质量通常没有统一的标准可以衡量。

（2）服务具有不可分离性，即生产者生产服务的过程就是顾客消费服务的过程，顾客有且只有加入到生产服务的过程中才能最终消费服务。因此，企业服务的失败和错误是很难对顾客隐藏和掩盖的。此外，有的服务失败和错误是由企业自身问题造成的，如由于员工的工作疏忽将一间空房同时租给两位顾客；而有的服务失败和错误则是由不可控因素或顾客自身原因造成的，如飞机因天气恶劣而晚点或寄信人因将地址写错而导致投递错误，这类问题是不可避免的。

顾客对企业提供的服务具有较高期望值，服务的失误会使顾客产生不满和抱怨，虽然他们可将不满归咎于不同对象，如企业或他们自己，但企业必须抱有"顾客始终正确"的观念，对顾客的不满和抱怨当即做出反应——服务补救。"当即"是指服务补救具有现场性和快速性。现场性是指企业必须在服务失误出现的现场，就地进行服务补救。快速性是指企业要尽可能快地进行服务补救，避免由服务失误造成的不良影响扩散和升级。

服务补救也可定义为在第一次服务失误后，企业为留住顾客而立即做出的带有补救性质的第二次服务。第二次服务可以与第一次服务同质，即第二次服务是第一次服务的重复。当然也可与第一次服务异质，即第二次服务是第一次服务的延伸或转变。例如，零售企业无条件地为对产品质量表示不满的顾客所做出的换货服务（同质服务）或退货服务（异质服务）。

6.3.2 服务补救与顾客抱怨管理的区别

服务补救具有实时性特点。这是服务补救与顾客抱怨管理的一个非常重要的区别。顾客抱怨管理一般要等到一个服务过程结束之后进行，而服务补救则必须是在服务失误出现的现场进行。如果等到一个服务过程结束，那么，服务补救的成本会急剧上升，补救的效果也会大打折扣。

服务补救具有主动性的特点。顾客抱怨管理则有一个非常明显的特点，即只有当顾客进行抱怨时，企业才会采取相应的措施，安抚顾客，使顾客满意地离去。但据华盛顿一家名为 TRAP 的调查机构所进行的一项调查显示：只有 4%的有问题的顾客会向公司有关部门进行抱怨或投诉，而另外 96%的顾客不会抱怨，但他们会向 9~10 个人倾诉自己的不满（坏口碑）。顾客抱怨管理"不抱怨不处理"的原则，将严重影响顾客对服务质量的感知和顾客满意度，从而影响顾客忠诚度，使企业在竞争中处于不利的境地。但服务补救则不同，它要求服务提供者主动去发现服务失误并及时采取措施解决失误，这种前瞻性的管理模式无疑更有利于提高顾客满意度和忠诚度。

服务补救是一项全过程的、全员性质的管理工作。而顾客抱怨管理则是由专门的部门来进行的、阶段性的管理工作。一般来说，服务补救具有鲜明的现场性，服务企业授权一线员工在服务失误发生的现场及时采取补救措施，而不是等专门的人员来处理顾客的抱怨。

6.3.3 服务补救不容回避

服务补救直接关系到顾客的满意度和忠诚度。当企业提供了令顾客不满的服务后，这种不满能给顾客留下很深的印象，但随即采取的服务补救会给顾客带来更深的印象。由于服务具有的不可感知性和经验性等特征，顾客在购买产品/服务之前很难通过获得关于产品的信息，了解产品特征。信息越少，购买决策的风险也就越大。

研究表明，品牌忠诚度与风险存在较强的相关关系。因此，在服务行业中，顾客的品牌忠诚度很高，表现为：一方面，满意的顾客愿意成为企业的"回头客"，进行大量重复的购买，对企业服务的价值极度信任；另一方面，顾客把品牌忠诚作为节省购买成本、减少购买风险的手段，绝不会轻易地转换服务产品的品牌，这就使得企业的竞争对手在吸引新顾客方面困难重重。一项研究数据表明，企业吸引新顾客的成本是企业留住老顾客成本的 4~5 倍。正因如此，在首次服务使顾客产生不满和抱怨时，企业应该知道那些抱怨和表示不满的顾客是对企业仍抱有期望的忠诚顾客，企业必须做出及时的服务补救，以期重建顾客满意度和忠诚度。否则，肯定是另外一种情景，企业失去的远远不止现有顾客，还会失去大量的潜在顾客。一项关于服务型企业的调查显示，如果顾客得不到应有的满足，他会把这种不满告诉其他 9~10 个人；相反，如果顾客得到了满足，他只愿把这种满足告诉其他 4~5 个人。由于服务产品具有较高的不可感知性和经验性等特征，顾客在购买服务产品前，更多地依赖人际渠道获得产品信息。顾客认为来自关系可靠的人或专家的信息更为可靠。口头传播是顾客普遍接受和使用的信息收集手段。

可在现实生活中，许多企业有意或无意地忽视了服务补救策略，或认为采用服务补救策略会增加成本，或是部分行业的企业，如零售业、邮电业、交通运输业，认为本行业顾客流通性强、流量大，部分顾客流失对其影响不大。这些企业无疑是患了"营销近视"。

6.3.4 服务补救策略

（1）跟踪并补救良机。企业需要建立一个跟踪并识别服务失误的系统，使其成为挽救和保持顾客与企业关系的良机。有效的服务补救策略需要企业通过听取顾客意见来确定企业服务失误之所在，不能仅被动地听取顾客的抱怨，还要主动地查找那些潜在的服务失误。市场调查是一种有效的方法，如收集顾客批评、监听顾客抱怨、开通投诉热线以听取顾客投诉。有效的服务担保和意见箱也可以使企业发觉系统中不易觉察的问题。

（2）重视顾客问题。顾客认为，最有效的补救就是企业一线服务员工能主动出现在现场，承认问题的存在，向顾客道歉（在恰当的时候可加以解释），并将问题当面解决。解决的方法很多，既可以退款，也可以升级服务。例如，零售业的无条件退货，又如某顾客在租用已预订的 A 车时发现该车已被租出，租车公司将本公司的 B 车（租价高于 A 车）以 A 车的租价租给该顾客。

（3）尽快解决问题。一旦发现服务失误，服务人员必须在失误发生的同时迅速解决失误。否则，没有得到妥善解决的服务失误很快会扩大并升级。在某些情形下，还需要员工能在问题出现之前预见到问题的发生并予以杜绝。例如，某航班因天气恶劣而推迟降落时，服务人员预见到乘客们会感到饥饿，特别是儿童。服务人员会向机上饥饿的乘客们说："非常感激您的合作与耐心，我们正努力安全降落。飞机上有充足的晚餐和饮料。如果您同意，我们将优先给飞机上的儿童准备晚餐。"乘客们点头赞同服务人员的建议，因为他们知道，饥饿、哭喊的儿童会使境况变得更糟。服务人员预见到了问题的发生并在其扩大之前就将其杜绝。

（4）授予一线员工解决问题的权力。对于一线员工，他们真的需要特别的服务补救训练。一线员工需要服务补救的技巧、权力和随机应变的能力。有效的服务补救技巧包括认真倾听顾客抱怨，确定解决办法，以及灵活变通的能力。

员工必须被授予使用服务补救的权力。当然这种权力的使用是受限制的，仅在一定的允许范围内用于解决各种意外情况。一线员工不应因采取补救行动而受到处罚。相反，企业应鼓舞和激励员工们大胆使用服务补救的权力。

（5）从补救中汲取经验教训。服务补救不只是弥补服务裂缝、增强与顾客联系的良机，它还是一种极有价值但常被忽略或未被充分利用的、具有诊断性的、能够帮助企业提高服务质量的信息资源。通过对服务补救整个过程的跟踪，管理者可以发现服务系统中一系列亟待解决的问题，并及时修正服务系统中的某些环节，进而使"服务补救"现象不再发生。

6.4 电子商务服务质量模型

6.4.1 国外电子商务服务质量模型

1. 服务量化——SERVQUAL 质量评价模型

1)SERVQUAL 量表

SERVQUAL 理论是 20 世纪 80 年代末由美国市场营销学家帕拉休拉曼（A. Parasuraman）、来特汉毛尔（Zeithaml）和白瑞（Berry）依据全面质量管理（Total Quality Management，TQM）理论在服务行业中提出的一种新的服务质量评价体系，其理论核心是"服务质量差距模型"，即服务质量取决于用户所感知的服务水平与用户所期望的服务水平之间的差别程度（又称"期望-感知"模型），满足用户的期望是开展优质服务的先决条件。其模型为

SERVQUAL 分数=实际感受分数-期望分数

SERVQUAL 将服务质量分为 5 个层面：有形性、可靠性、响应性、保证性、移情性。每一层面又被细分为若干个问题，通过问卷调查的方式，让用户对每个问题的期望值、实际感受值及最低可接受值进行评分[6]。

SERVQUAL 模型具体内容由两部分构成：第一部分包含 22 个指标项，记录了顾客对特定服务行业中优秀企业的期望；第二部分也包括 22 个指标项，它测量消费者对这一行业中特定企业（被评价的企业）的感受。然后把这两部分中得到的结果进行比较就得到 5 个维度的"差距分值"，见表 6-1。差距越小，服务质量的评价越高；差距越大，服务质量的评价越低。

表 6-1 SERVQUAL 量表

维　　度	指　标　项
有形性	有现代化的服务设施
	在视觉上吸引人的设备
	员工仪表整洁、专业
	视觉上吸引人的相关服务材料
可靠性	提供承诺的服务
	可靠地解决顾客在服务中遇到的困难
	第一次就能履行服务
	在承诺的时间提供服务
	保持无错误的记录

续表

维　度	指　标　项
响应性	使顾客了解何时能够提供服务
	向顾客提示服务
	愿意帮助顾客
	准备好相应顾客的需求
保证性	员工是值得信赖的
	在从事交易时，顾客会感到安全放心
	员工是有礼貌的
	员工可以从企业得到适当的支持，以提供更好的服务
移情性	企业会针对不同的顾客提供个性化服务
	员工以关怀的方式与顾客互动
	员工了解顾客需求
	企业优先考虑顾客的利益
	方便的服务时间

2）计算服务质量的分数

SERVQUAL 是一个包含 44 个项目的量表，它从 5 个服务质量维度来进行测量。顾客从这 5 个维度将期望的服务和感知的服务进行比较，最终形成自己对服务质量的判断。评估整个企业服务质量水平实际就是计算平均 SERVQUAL 分数，假定有 n 个顾客参与问卷调查，根据公式，单个顾客的 SERVQUAL 分数就是对所有问题的 SERVQUAL 分数求和，再除以问题数目；把 n 个顾客的 SERVQUAL 分数加在一起再除以 n，就是企业平均的 SERVQUAL 分数。

在实际应用中，顾客的期望是用从"完全不必要"到"绝对必要"的 7 分制来度量的；顾客的感受是用从"完全同意"到"完全不同意"的 7 分制来度量的。将顾客对被评价企业的感受与顾客对特定服务行业中优秀企业的期望进行比较，就可以得到 5 个维度的"差距分值"。

3）服务质量的测量范围

服务质量范围包括过程、结构、结果和影响。对服务质量的测量是对每个服务质量范围的有形性、可靠性、保证性、响应性和移情性进行测量，可以反映出整体服务质量的优劣[12]。

（1）过程。过程是指将服务传递给顾客的方式，它是由一系列的活动组成的。在服务过程中，基本的原理是利用服务资源完成某项或者某一系列的活动。过程对顾客感知服务质量起着很重要的作用。例如，电商网站是否容易访问，以及电子商务企业客服人员的服务态度和方式，都会对服务印象的形成产生影响。

（2）结构。结构是指服务企业的有形设施和组织设计。人员能力和企业的组织设计也是重要的结构因素。例如，跨境电子商务的人力资源配置和信息化设备设施的运行及维护都会对服务质量产生影响。

（3）结果。结果是指服务过程的输出。服务质量的测量要反映最终结果。通过顾客的满意度及相关方的评价可以监视服务结果的变化。例如，使用顾客好评率来评定电商的服务质量。

（4）影响。影响是指服务过程结束后其对顾客短期或长期的影响。

4）SERVQUAL 模型的局限性

SERVQUAL 模型在服务业中广泛应用于服务质量的评价、顾客需求的理解等方面。可以说，后期的很多服务质量测量模型都是在 SERVQUAL 模型基础上形成的。SERVQUAL 模型建立在服务质量的概念性模型上，是在 5 个不同的维度上建立起来的一套完整的评分系统，根据分值高低对评价对象的服务质量进行量化评判。通过问卷的发放，收集顾客对评价对象的感知服务质量和预期服务质量的差距，最后通过一定的方式加权计分。但它存在一定的局限性。

首先，SERVQUAL 模型的开发者对服务行业的划分是"按照服务接触水平将服务分为高接触度服务、中接触度服务和低接触度服务"。基于这种划分方法的 SERVQUAL 模型必然有其局限性，它无法更好地说明在以上划分行业之外的行业的特性。

其次，SERVQUAL 模型是在有形性、可靠性、响应性、保证性、移情性 5 个维度上进行分析的。在面对不同行业时，5 个维度的重要性有所不同，因此存在问卷设计上不同问题的前后次序问题，这会影响 SERVQUAL 模型的准确性。

最后，SERVQUAL 模型是一种事前研究，即在顾客体验服务产品之前就对问卷做出了回答。顾客对服务具有不可感知性，或要经过一段时间的消费服务之后才能有感知结果。但 SERVQUAL 评价方法在实际运用中的时间是连续的，这也会影响结果的准确性。

2. Dabholkar 模型

虽然 SERVQUAL 模型已经成功地应用于纯服务行业，如银行、长途电话服务、证券和信用卡服务等，但是没有成功应用于零售行业。零售行业作为一个特殊的行业，它提供给顾客的既有产品又有服务。因此，Dabholkar 等人认为要有效衡量零售业的服务质量，必须在 SERVQUAL 的基础上增加一些属性。通过大量研究，Dabholkar 等人在研究零售业时发现，顾客会从整体层、主维度层、子维度层 3 个层次去评价零售服务质量。其中，主维度层包括 5 个因子：实体性、可靠性、人员互动、问题解决和公司政策。在这 5 个主维度层因子之上存在一个整体因子——服务质量。同时，他们通过文献和定性研究发现，5 个主维度层因子中有些因子比较复杂，可以进一步分解为几个子维度层因子，在此基础上，Dabholkar 等人建立了一个针对零售业的服务质量模型，即 Dabholkar 模型，如表 6-2 所示。

表6-2 Dabholkar模型

项目	内容
P1	具有现代化的营运设备
P2	店面内外的装修很好
P3	提供的配件，如购物袋、宣传目录、产品说明书等外观设计很漂亮
P4	室内整洁，有便利的公共设施，如休息处、试衣间等
P5	超市的商品摆放有序，顾客容易找到所需商品
P6	超市的商品摆放不会阻碍顾客行动
P7	超市遵守承诺
P8	超市及时提供承诺的服务
P9	超市能一次性提供良好、正确的服务
P10	超市种类齐全
P11	买卖交易和文件记录不会出错
P12	超市的员工有足够的知识来回答顾客提出的问题
P13	超市员工的行为增加顾客信心
P14	在此超市购物能让顾客有安全感
P15	超市的员工能为顾客提供及时的帮助
P16	超市的员工能告诉顾客享受服务的确切时间
P17	超市的员工不会因为太忙而疏于回应顾客的要求
P18	超市会注意顾客的个性化需求
P19	超市的员工对顾客很礼貌
P20	超市的员工在电话交谈中能保持对顾客的礼貌
P21	超市愿意处理商品的退货和更换
P22	顾客有问题时，超市真诚地愿意帮助解决
P23	超市的员工能直接、迅速地处理顾客的投诉
P24	超市提供高质量的商品
P25	超市提供便利的停车场所
P26	超市的营业时间令顾客感到便利
P27	超市接受多数主流信用卡
P28	超市提供自己的会员卡

3. E-S-QUAL和E-RecS-QUAL模型

1）模型的背景

2005年，美国学者Parasuraman构建了包含E-S-QUAL（简称e-SQ）和

E-RecS-QUAL 两个不同量表的电子商务服务质量评价模型，如表 6-3 所示。E-S-QUAL 模型主要是针对正常购物与付费过程，包括 4 个维度和 22 个指标项。4 个维度分别为效率、履行、系统可用性和隐私。E-RecS-QUAL 模型主要是针对服务补救过程，包括 3 个维度和 11 个指标项。3 个维度分别为响应性、补偿和联系。e-SQ 的前提是有具体的提示，如一键下单、电子信任符号和搜索引擎触发感知属性。感知属性的电子服务质量评估可以合并成更高层次抽象的全面评估（如对 e-SQ 和感知价值的总体评估），从而影响行为意图和实际行为[12]。

  e-SQ 的核心评估过程包括对感知和维度的评估。具体的指标实际上是影响这一过程的前提，而高阶抽象则是过程的后果。因此，与核心评估过程相关的网站特性，特别是感知属性，构成了 e-SQ 量表指标项的维度。感知属性作为量表指标项的维度是适用的，原因如下。

  （1）在评估方面，感知参数比具体的提示更有持续性。尽管与网站有关的具体指标随着技术变化而变化，但触发的抽象感知属性本身却不会改变。例如，网站的一个感知属性是"容易通过网站进行处理"，当前展示出此属性的具体指标可能包括标签结构、站点地图、搜索引擎、信息分层和到达正确位置的点击次数等。虽然这些具体的指标将会随着技术的发展而改变（或被新的指标替代），但是感知属性"容易通过网站进行处理"作为评估标准仍然是适用的。

  （2）由于与网站相关的具体指标通常具有技术性质，并非所有顾客都能意识到这一点，或者能够评估它们有多好。感知属性比技术更具体验性，更容易被顾客评估。此外，感知属性比具体的指标更"可扩展"，也就是说，它们可以根据感知属性连续统一评分。

  （3）与维度评估相比，感知属性评估更具体。当需要维度级的 e-SQ 评估时，可以通过汇总感知属性评级来轻松获得结果。

  （4）e-SQ 评估过程（感知/维度级别评估）及其产物（高阶抽象）之间的理论框架中所暗含的联系构成了"基准"，由感知属性构成的 e-SQ 量表验证其有效性。验证是通过经验检查感知属性级别评级对内在结构的影响的，如对感知价值和忠诚度意图的影响。

  2）E-S-QUAL 和 E-RecS-QUAL 模型的维度

  （1）效率和履行。

  效率和履行是网站服务质量最关键的维度。顾客对这两个维度的评估不仅会影响整体服务质量，还会对感知价值和忠诚度产生很大的影响。电子商务企业需要特别强调与这两个维度相关的网站属性。在这方面值得注意的是，尽管效率属性涉及网站设计和客户界面，但几乎所有的履行属性都与网站基础设施相关。

  （2）系统可用性。

  网站的系统可用性影响着顾客的忠诚度，以及对网站的整体质量和价值的评估。构成系统可用性的 4 个感知属性表明，企业可能无法对此维度上的绩效进行完全控制，客户端设备（如计算机和互联网连接的类型）也可能影响此维度的绩效。在可用性方面，电子商务企业应注意：①复杂的网站设计功能对系统可用性有潜在的负面影响；②积极地确定无法控制的系统可用性因素，并通过适当的措施来安抚投诉顾客。

（3）隐私。

虽然隐私是4个维度中关键性最低的因素，但仍然对网站的服务质量整体评估有着显著的影响。隐私认知也影响到顾客的忠诚度及对网站整体质量的信任。电子商务企业需要通过网站提示和外部沟通来保证顾客的隐私信息，以显示其隐私保护和安全性。

（4）响应性、补偿和联系。

3个恢复服务维度（响应性，补偿和联系）和感知属性反映了传统服务质量的内涵。电子商务企业能够在很少或根本没有人工服务的情况下在常规交易中提供电子商务服务。实际上，4个基本的维度及其相应的属性都可以不需要人工服务，但是卓越的电子商务服务需要电子商务客服人员的参与。

表 6-3　E-S-QUAL 和 E-RecS-QUAL 模型

模型	维度	指标项
E-S-QUAL	效率	很容易找到我需要的东西
		访问网站上的任何地方都很容易
		能够快速完成交易
		本网站的信息组织良好
		加载页面快
		网站使用简单
		能快速地连接网站
		网站组织良好
	履行	承诺交付订单
		商品可以在一个合适的时限内交付
		快速交付订购的商品
		发出订购的商品
		企业声称有的商品，确实在库存里
		商品是真实的
		提供了准确的商品交付承诺
	系统可用性	网站始终可用于业务
		网站立即启动并运行
		网站不会崩溃
		输入订单信息后，网站的页面不会冻结
	隐私	保护有关顾客的网络购物行为的信息
		不与其他网站分享我的个人信息
		保护有关顾客的信用卡信息

续表

模 型	维 度	指 标 项
E-RecS-QUAL	响应性	提供了方便的返回商品选项
		有效处理商品退回
		提供有意义的保证
		告诉顾客如果交易没有被处理,该怎么办
		会及时处理问题
	补偿	补偿顾客由于商户产生的问题
		没有准时送达订购的商品时补偿顾客
		从顾客家提取被退回的物品
	联系	提供一个联系企业的电话号码
		有在线可用的客户服务代表
		如果有问题,可提供与客服人员对话的渠道

6.4.2 国内电子商务服务质量模型

Shostack 提出的"服务交互"（Service Interaction）是指广泛的顾客和服务企业的直接交互，既包括顾客和员工的交互，也包括顾客与设备、顾客与环境的交互。任何服务都是一个交互过程，交互质量对顾客总体感知水平有重要的影响。西安交通大学管理学教授苏秦博士将 Shostack 提出的服务交互的概念应用到电子商务上，得到如图 6-3 所示的 B2C 电子商务交互类型模型，电子商务交互类型的概念界定如表 6-4 所示。人际交互和人机交互的区别在于人际交互过程不能脱离电子商务企业服务者及顾客的参与，而在人机交互过程中，服务者并不需要参与进来。一般情况下，在电子商务服务交互中，人机交互要多于人际交互，而在人际交互中，非面对面的交互（人际交互Ⅰ）多于面对面的交互（人际交互Ⅱ）[13]。

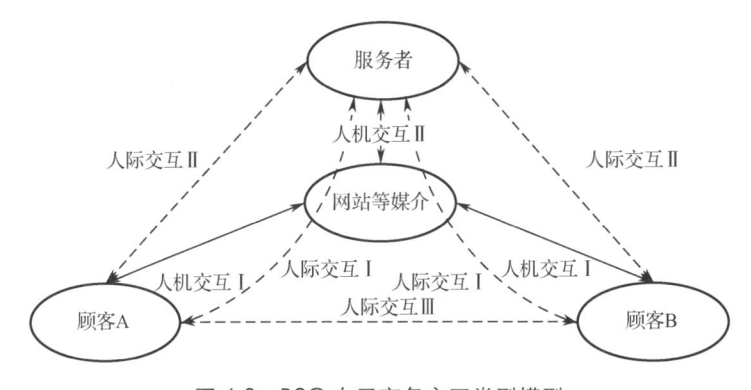

图 6-3 B2C 电子商务交互类型模型

表6-4 电子商务交互类型的概念界定

交互类型	概念界定
人机交互	人机交互Ⅰ：顾客和网站系统的交互（不涉及服务者）
	人机交互Ⅱ：服务者和网站系统的交互
人际交互	人际交互Ⅰ：服务者和顾客通过网络或通信工具的交互（非面对面）
	人际交互Ⅱ：服务者和顾客面对面的交互（面对面）
	人际交互Ⅲ：顾客和顾客的交互

从顾客感知的角度出发，苏秦博士认为B2C电子商务人机交互质量主要由以下6个方面所决定。

（1）技术质量。技术质量主要表现为网站的可靠性、响应速度等，主要由计算机和网络等硬件、软件方面的技术属性所决定。

（2）功能质量。网站需要提供一些功能帮助顾客完成网上购物，如导航工具、检索工具、购物工具、沟通工具、虚拟社区等，这些工具的有无和强弱决定了网站的功能质量。

（3）安全特征。网站应有能力保护顾客的个人信息，保护交易过程的安全。

（4）设计质量。设计质量主要体现在色彩搭配、内容安排、字体大小、图片、动画、视频的配置等影响用户体验感受的各方面。

（5）信息质量。信息质量主要体现在信息的内容质量、表现形式、全面性、个性化及更新速度等方面。

（6）易用性。易用性主要体现在网站的交易流程简单、网站的界面友好等方面。

基于对人际交互的界定，苏秦博士认为在B2C电子商务模式中人际交互的质量主要体现在以下两个方面。

（1）客户服务。客户服务体现在售前、售中、售后各个过程中，具体表现为客服可得性、服务态度、响应性、客户服务人员的技能及售后担保5个方面。

（2）物流配送。物流配送主要包括安全性、及时性、经济性和服务态度4个方面。

苏秦博士基于服务交互构建了电子商务服务质量模型，如表6-5所示。

表6-5 电子商务服务质量模型

维度	指标项
网站质量	该网站系统很少出错
	该网站对顾客操作响应速度很快
	该网站的个性化设计水平适当
	该网站具有足够的安全特征
	该网站具有令人愉悦的外观设计
信息质量	该网站提供准确的信息
	该网站提供详细的信息

续表

维 度	指 标 项
信息质量	该网站采用多种形式表达信息
	该网站提供易于理解的信息
	该网站的商品信息很全面
易用性	顾客很容易找到所需要的商品
	顾客可以随时查询订单状态
	顾客可以方便地修订、取消订单
	在该网站，顾客可以快速地完成一次交易
	该网站的交易流程简单
客户服务	该网站真诚地帮助顾客解决购买过程中遇到的问题
	顾客的询问能得到迅速答复
	该网站及时解决顾客抱怨
	该网站愿意为顾客考虑
	该网站提供完善的售后服务
物流配送	顾客会在该网站承诺的时间内收到订购的商品
	顾客收到的商品得到很好的包装
其他	顾客收到的商品正是其在该网站订购的
	该网站提供便利的付款方式
	收到订购商品后，顾客发现该网站对产品的描述很准确
	顾客可以方便地退/换购买的商品

6.4.3 跨境电子商务相关标准

1. 国际标准

国际标准《ISO10008：2013—Quality management-Customer satisfaction-Guidelines for business-to-consumer electronic commerce transactions》（质量管理·顾客满意·企业对消费者 B2C 电子商务交易）为服务组织策划、设计、开发、实施、保持和改进有效且高效的 B2C 电子商务交易体系提供了方向。该标准涉及服务组织和顾客之间的互联网交易，顾客可采用任何设备（如个人计算机、平板电脑、个人数字辅助设备或能够上网的手机）进行网络连接。该标准可以帮助各服务组织建立一个公平、有效、高效、透明和安全的 B2C 电子商务交易体系，以提高顾客对 B2C 电子商务交易的信心，并增强顾客满意度。

2．国内标准

随着信息技术的发展，我国电子商务的规模逐年扩大，国内发布了不少关于电子商务的相关标准，如表 6-6 所示。

表 6-6　国内电子商务相关标准

序号	标准名称	主要内容/特点	适用范围	类型
1	电子商务供应商评价准则　优质制造商　GB/T 30698—2014	规定作为电子商务交易商品制造方的优质制造商的评价总体框架和评价模块、评审方法和结果表示、评审规则与结论、评审报告及扩展原则与方法	适用于对电子商务优质制造商进行评价或认证，也适用于电子商务制造商进行自评	中国国标
2	电子商务企业管理与服务规范　DB 33/T 932—2014	规定电子商务企业经营管理、服务及等级评定的要求	适用于注册在浙江省并在省内进行网络商品和服务交易、提供第三方电子商务平台服务或提供电子商务配套支撑服务等的法人单位和产业活动单位	中国浙江地方标准
3	电子商务平台服务质量评价与等级划分　GB/T 31526—2015	规定电子商务平台服务体系、服务质量评价指标与评价内容、评价原则与方法及等级划分方法	适用于第三方机构对电子商务平台的服务质量进行评价，也适用于电子商务平台进行自评	中国国标
4	第三方电子商务服务平台服务及服务等级划分规范　第 2 部分：企业间（B2B）、企业与消费者间（B2C）电子商务服务平台　GB/T 24661.2	规定 B2B/B2C 电子商务平台服务体系、服务质量评价指标与评价内容、评价原则与方法及等级划分方法	适用于第三方机构对电子商务平台的服务质量进行评价	中国国标
5	电子商务产品口碑指数测评通则	规定基于电子商务交易产品在线评论的口碑指数测评工作的总则、测评过程及测评结果的应用	适用于电子商务参与方、第三方所开展的电子商务产品口碑指数测评	国标征求意见稿
6	服务质量评价通则　GB/T 36733—2018	规定服务质量评价的原则、内容及程序和方法	适用于对服务组织及相关服务活动的评价活动	中国国标
7	电子商务平台商户入驻审核规范　GB/T 35409—2017	规定电子商务平台商户入驻的基本要求、资质要求、入驻审核流程、实名认证和商户信息更新	适用于内销 B2C 电子商务平台，不适用于跨境 B2C 电子商务平台	中国国标
8	电子商务供应商评价准则　在线销售商	规定电子商务交易中在线销售有形商品的商户的评价总体框架和评价模块、评价方法、扩展原则与方法	适用于电子商务在线销售商的评价和认证	国标报批稿

续表

序号	标准名称	主要内容/特点	适用范围	类型
9	跨境电子商务进口商品信息溯源管理规范 DB33/T 2031—2017	规定跨境电子商务进口商品信息溯源管理要求和信息要求	适用于跨境电子商务进口活动中相关企业和服务提供方实施跨境电子商务进口商品信息溯源管理	中国浙江地方标准
10	质量管理·顾客满意·企业对消费者（B2C）电子商务交易指南 ISO10008：2013	为组织策划、设计、开发、实施、保持和改进有效和高效的 B2C 电子商务交易体系提供方向	适用于从事或计划从事 B2C 电子商务交易的组织，无论其规模、类型和活动	ISO
11	电子商务售后服务评价准则 SB/T 11052—2013	为电子商务的售后服务提供评价准则	适用于中国境内所有的电子商务	商务部标准
12	网络交易服务规范 SB/T 10519—2009	针对电子商务 B2B、B2C 和 C2C 模式的特点，规定各模式中网络交易方、网络交易平台提供商、网络支付平台提供商和网络交易辅助服务提供商的行为服务规范	适用于中国境内所有的网络交易服务行为	商务部标准
13	电子商务平台运营与技术规范 GB/T 31524—2015	规定电子商务平台提供商、在线销售商、配送服务商、支付服务商的运营要求，消费者信息和利益保护要求以及平台运营技术保障要求	适用于电子商务平台建设者、监管者及电子商务平台提供商和平台用户	中国国标

6.5 跨境电子商务服务质量构成及感知服务质量模型

6.5.1 跨境电子商务服务质量构成

互联网的发展为跨境电子商务服务提供了前所未有的理想平台，如何利用这个平台为用户提供简单、实用、可靠、个性化的跨境电子商务服务已经成为众多跨境电子商务企业关注的中心。因此，跨境电子商务的成败取决于服务，电子商务又有助于服务的实现，电子商务时代的顾客对电子商务服务管理提出了新的要求。

顾客感知是影响客户满意度与是否再次光顾网上店铺的重要因素。顾客感知是顾客与跨境电子商务服务系统之间互动过程中的"真实瞬间"。跨境电子商务服务质量在很大程度上取决于顾客感知，顾客感知又以服务接触能力为基础。对跨境电子商务企业而言，服务质量评价是在电子商务交易服务传递过程中进行的。每一次的顾客接触，包括访问网页、询问、交易、退/换货等，都能体现顾客满意或者不满意。

在跨境电子商务服务领域，顾客对跨境电子商务服务质量的感知包括三部分：形象质量、功能质量和技术质量，跨境电子商务服务质量构成如图6-4所示。

（1）形象质量。形象质量是跨境电子商务企业在社会公众心目中形成的总体印象。顾客可以从跨境电子商务企业的资源、组织结构、市场运作、企业行为方式等多个侧面认识企业形象。例如，跨境电子商务企业在网站上公布的服务承诺。

（2）功能质量。顾客接受服务的方式及其在跨境电子商务服务过程中的体验，都会对顾客所感受到的服务质量产生影响，这也是服务质量的另一个组成部分，即在跨境电子商务服务过程中的功能质量，也称为过程质量。通常，顾客对功能质量的衡量是主观的，它说明的是跨境电子商务企业如何为顾客提供服务。

（3）技术质量。技术质量是顾客在跨境电子商务服务过程结束后的"所得"。顾客从他们与跨境电子商务企业的互动关系中所得到的东西对于评价服务质量非常重要。通常，顾客对技术质量的衡量是客观的，因为技术质量牵涉到的主要是技术方面的有形内容。例如，顾客通过跨境电子商务企业购买护肤品或者衣物等商品，这些是服务的结果，是顾客服务体验的一个重要组成部分。

顾客与跨境电子商务企业之间存在着一系列的互动活动，包括不同的关键时刻。所以，技术质量只是顾客感知服务质量的一个组成部分。对顾客而言，除了购买到的商品，购买过程和商品传递给顾客的方式，对顾客感知服务质量也起到很重要的作用。例如，跨境电商的网站加载速度是否快，网站显示的商品信息是否真实直观，顾客下订单的过程是否顺畅，支付过程是否安全，商品配送是否准时，客服人员的服务态度是否友好，以及售后服务响应是否及时等。

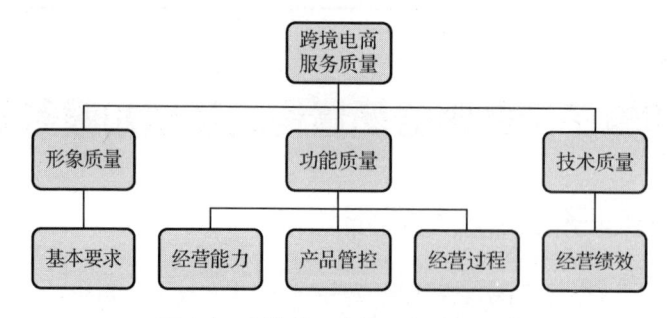

图6-4 跨境电子商务服务质量构成

6.5.2 跨境电子商务感知服务质量模型

跨境电子商务的服务质量由形象质量、技术质量和功能质量构成。服务质量既是服务本身的特性和特征的总和，也是顾客感知的反映。

1）感知服务质量模型

根据北欧学派的格朗鲁斯模型，顾客感知服务质量是顾客对服务质量的期望同实际感知的服务水平的对比。感知服务质量模型如图 6-5 所示，顾客实际感知的服务水平由形象质量、技术质量和功能质量构成[14]。

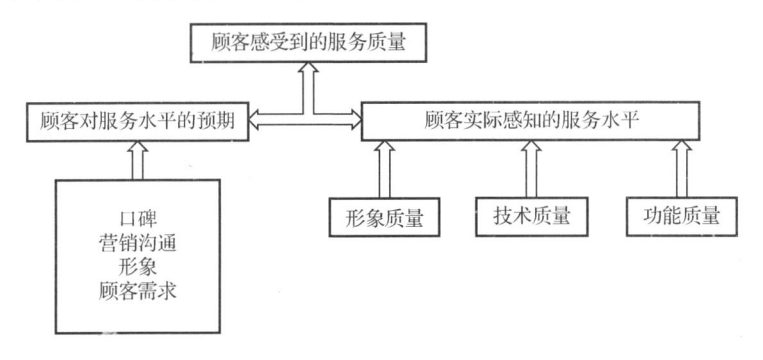

图 6-5　感知服务质量模型

2）跨境电子商务感知服务质量模型

顾客对跨境电子商务的感知评估不仅包括与网站交互过程中的体验，还包括交互服务后的体验，如履行承诺和退货。网站的理想特性包括从具体的提示（如标签结构、搜索引擎、下单方式），到广泛的感知属性（如找到目标货品的难易程度、网站的处理速度）乃至更广泛的维度（如整体导航难易程度、对客户的需求响应性）和高阶抽象（如整体感知的质量和价值）。

因此，跨境电子商务感知服务质量模型可以从 4 个维度进行评估，包括：可靠性、响应性、安全性、移情性。

（1）可靠性。
- 网站操作简单，网页加载速度快，网站稳定；
- 商品与图片描述一致，能完整提供订单跟踪信息，完整保留且公开顾客评价，库存真实；
- 下单后发货及时，商品完整，商品如期到达送货地址。

（2）响应性。

处理问题迅速，及时给顾客提供帮助，退款速度快。

（3）安全性。

顾客网上支付安全，顾客账户安全，会保护顾客的购物行为信息，不会把顾客的个人信息泄露给其他网站。

（4）移情性。
- 提供个性化推荐服务，在线客服人员服务态度好，愿意了解顾客需求；
- 会对造成的问题进行补偿。如不能按时送达商品会对顾客进行补偿，针对短时间内降价商品也会对顾客进行补偿。

顾客主要从这 4 个方面将期望的服务与感受到的实际服务进行比较，最终形成自己对服务的判断。跨境电子商务感知服务质量模型如图 6-6 所示。

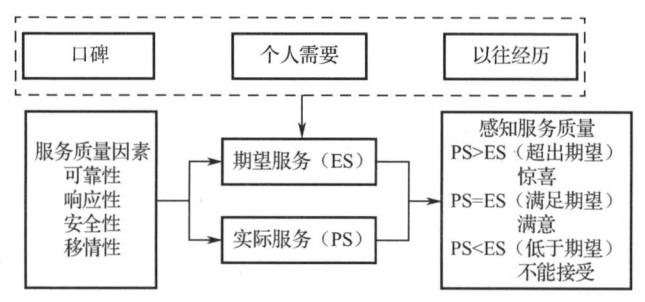

图 6-6　跨境电子商务感知服务质量模型

6.6　本章小结

本章首先对服务质量内涵、服务质量差距模型和服务补救理论进行研究，介绍了国内外电子商务服务模型。其次，本章分析了跨境电子商务服务质量的构成，形成了跨境电子商务服务感知质量模型。

第三部分

跨境电子商务服务管理理论

第 7 章 管理要求

跨境电子商务服务管理模型中的管理要求如图 7-1 所示。

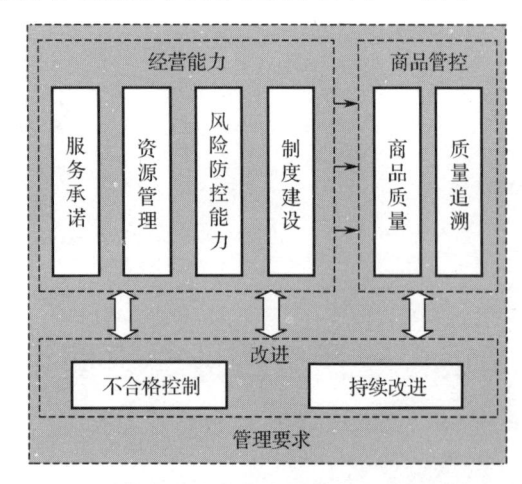

图 7-1 跨境电子商务服务管理模型中的管理要求

7.1 经营能力

7.1.1 服务承诺

伴随互联网科技的迅速发展和消费需求的提升，越来越多的国内消费者通过跨境电子商务选购境外商品，相关消费争议事件也大幅增长。2016 年中国跨境进口电子商务交易规模为 12 000 亿元，同比增长 33.3%。iiMedia Research（艾媒咨询）发布的《2017 年中国网民针对跨境电商售后服务关注度调查报告》数据显示，73.8%的海淘用户会根据品牌知名度决定是否购买该商品，62.1%的用户看重商品评价内容，同时，商品质量和商户信誉也是海淘用户购买商品时主要考虑的因素之一。经调查，网民普遍认为，在跨境消费过程中，商品已有评价能够影响顾客对企业的信任度。随着跨境电子商务的不断扩张，跨境商品日益丰富，顾客对商品质量的信任度还是不高。如何提升顾客消费信任度成为跨境电子商务的主要突破点之一。服务承诺是对顾客的许诺，是提高顾客信任度的有效手段之一，它可以从许多方面影响顾客对服务质量的感知。

1. 服务承诺的定义和形式

服务承诺是一种以顾客满意为导向，在服务产品销售前对顾客许诺若干服务项目以引起顾客的好感和兴趣，吸引顾客积极购买服务产品，并在服务活动中忠实履行承诺的制度和营销行为。它也是将企业自我约束与社会监督相结合的一种新型管理和服务机制[3]。一般来说，服务承诺的内容包括：

- 服务质量的保证；
- 服务时限的保证；
- 服务附加值的保证；
- 服务满意度的保证。

对于跨境电子商务而言，服务承诺是建立规范的跨境电子商务服务体系，高度重视顾客利益，保证自己的商品质量、售后服务，不发布虚假信息，无欺诈消费者的行为，同时具备完善的商户信誉评估体系和健全的用户信息安全保证措施，最大可能保证顾客的利益。服务承诺是对顾客的保证，是对员工的激励，也是企业扩大市场占有率、促进利润持续增长的重要途径。

服务承诺的形式：

- 以企业经营战略和经营目标的形式表现出来；
- 通过传播媒介，树立良好的企业形象；
- 以海报、公告等形式向顾客展示服务承诺；
- 以规定的形式向顾客保证；
- 直接向顾客表达企业的具体承诺。

服务承诺制的实行有利于企业提高服务质量，从而提高顾客的忠诚度。服务承诺还可以极大地增强企业的营销效果，促进企业员工以更大的热情投入到为顾客服务中去，有利于企业营造团结向上的氛围。"汇集全球买手"的电商 HIGO 提出"100%正品，假一赔三"的承诺，同时提出了"七道严选"的标准，将正品化商户认证摆在首位，声明"一件售假，彻底清退，罚没保证金，向全体商户公示，永远不再合作"。严格的服务承诺提高了顾客购买 HIGO 商品的信心。

例如，跨境电子商务网站网易考拉的服务承诺如图 7-2 所示。

2. 给出服务承诺

1）了解外部因素

为了给出适宜的服务承诺，跨境电子商务企业应理解与跨境电子商务发展相关的宏观环境。任何电子商务的运营都会受宏观环境的影响。宏观环境由政治环境、经济环境、法律环境、科技环境、竞争环境、社会文化环境及自然环境构成，是电子商务企业开展经营活动赖以生存的基础。例如，对于跨境电子商务企业而言，宏观环境的因素包括国际、国家和地区的海关、质检、检验检疫、税收、知识产权、外汇管理等。这些宏观因素通过政治的或经济的手段调控电商的经营方向，通过法律手段管控跨境电子商务企业的经营活动，促进电子商务企业间公平合理竞争，保护电子商务企业和顾客的合法权益。另外，竞争环境因素也是跨境电子商务企业需要考虑的一个重要因素。造成跨境电子商务企业竞争激烈的一个很重要的原因就是跨境电子商务企业本身技术含量较低，竞争者可以以很低的成本进入。

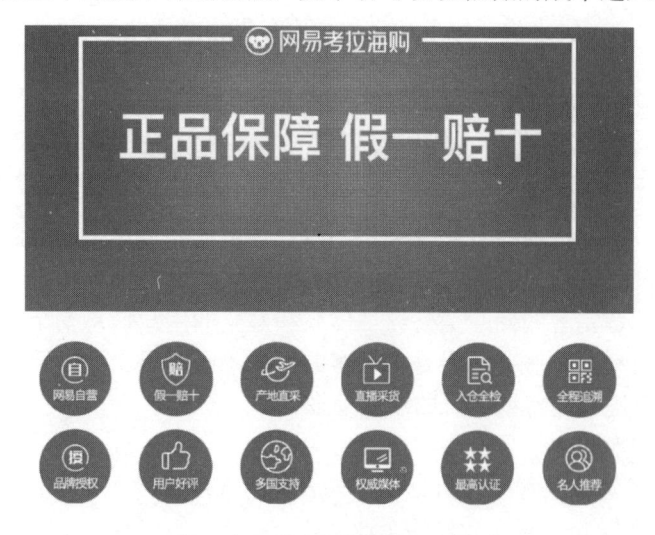

图 7-2　网易考拉的服务承诺

因此，对跨境电子商务企业而言，要使自己的电子商务服务更具有战略性，必须充分了解外部因素，从服务质量入手，制定服务目标，给顾客创造一种与众不同的服务消费感受，吸引目标顾客，获得差异化竞争优势，建立顾客忠诚度。

2）了解顾客需求

跨境电子商务企业提供给顾客商品和服务，顾客用货币回报跨境电子商务企业，双方形成交换关系。因此，跨境电子商务企业是依存于顾客的。在市场经济条件下，这是跨境电子商务企业和顾客之间最基本的关系。跨境电子商务企业的商品只有顾客认可了、购买了，跨境电子商务企业才能生存下去；而跨境电子商务企业又不可能强迫顾客认可和购买，这就决定了跨境电子商务企业应"以顾客为关注焦点"，用优质的商品吸引顾客。

（1）识别顾客需求。

以顾客为关注焦点的本质是以顾客的需求为关注焦点。从跨境电子商务企业的角度看，要把握的是自己的商品针对的是顾客的哪一层次、哪一方面的需求，是当前的需求还是将来的需求。随着社会和经济的发展，顾客对跨境商品的需求已呈现4大趋势：

- 从数量型需求向质量型需求转变；
- 从低层次需求向高层次需求转变；
- 从满足物质需求向满足精神需求转变；
- 从统一化需求向个性化需求转变。

跨境电子商务企业的顾客需求如图 7-3 所示，包括 6 个方面。

（2）满足需求。

跨境电子商务企业应当理解顾客当前和未来的需求，满足顾客需求并争取超越顾客期望，同时以顾客为关注焦点建立起对市场的快速反应机制，增强顾客的满意度并提高顾客的忠诚度，为企业带来更大的效益。可通过以下方式满足顾客需求：

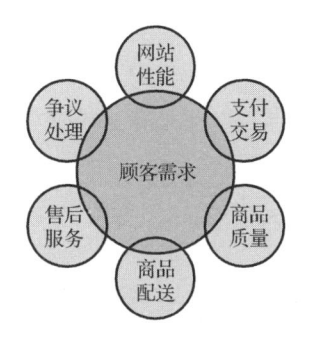

图 7-3 跨境电子商务企业的顾客需求

- 调查、识别并理解顾客的需求和期望。顾客的需求和期望主要表现在商品的特性方面。例如：商品的符合性、可信度、可用性、交付能力、价格和寿命周期内的费用等。有些要求也表现在过程方面，如商品的工艺要求。跨境电子商务企业应该辨别谁是顾客，并判断顾客的需求是什么。
- 确保跨境电子商务企业的目标与顾客的需求和期望相结合。跨境电子商务企业应针对顾客现在和未来的需求和期望，以顾客满意为目标，确保顾客的需求和期望得到确定和满足。
- 确保在跨境电子商务企业内部沟通顾客的需求和期望。跨境电子商务企业的全部活动均应以满足顾客的需求为目标，因此需要加强内部沟通，确保企业内部全体成员能够理解顾客的需求和期望，知道如何为实现这种需求和期望而努力工作。
- 通过顾客满意度调查了解顾客的需求和期望被满足的程度。顾客满意度调查的目的是为了了解顾客的需求和期望是否得到满足。跨境电子商务企业可以借助满意度调查的数据分析，通过纠正和预防措施，达到持续改进顾客满意度的目的。
- 系统地管理好与顾客的关系。良好的顾客关系有助于保持顾客忠诚，提高顾客的满意度。可以通过各种方式和手段建立顾客关系，例如，与顾客良好沟通、爱护顾客财产，获得顾客的信任；提供合格的商品可使顾客满意；进行顾客满意度分析可帮助企业持续改进与顾客的关系。

3．服务承诺的分类

跨境电子商务企业的服务承诺一般通过协议的形式在网站上向顾客展示。协议的内容可以包括但不限于产商品质量、品牌保证、保质期、售后服务、换/退货保证、赔偿保证等。服务承诺对于跨境电子商务企业而言是最重要的提高顾客信任度的方式，它可以从许多方面影响顾客对服务质量的感知。

目前跨境电子商务企业的顾客投诉主要集中在质量、配送、支付、售后、争议处理 5 个方面，下面主要从这 5 方面介绍相关的服务承诺。

1）质量保证承诺

有关跨境商品质量问题的内容频频被媒体曝光，跨境电子商务企业商品的质量不但关系到顾客的切身利益，同时也是跨境电子商务企业保住信誉口碑的关键。

跨境电子商务企业网易考拉的商品质量保证协议如图 7-4 所示。

原产地官方直采

网易考拉海购目前在韩国首尔、日本东京、美国旧金山、德国法兰克福、澳洲悉尼等地成立了办事处，秉持自营直采的理念，直接深入产品原产地，对接品牌商和工厂、大型商超及顶级供应商，从源头杜绝假货，保证商品质量。

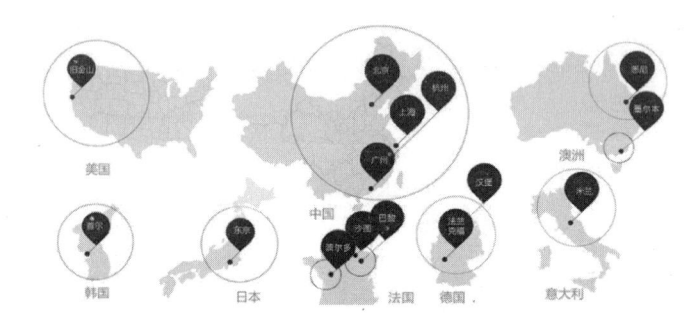

图 7-4　网易考拉的商品质量保证协议

2）商品配送服务承诺

在配送环节中，"海外直邮""保税仓或海外仓发货""转运"是 3 种主要形式，不按约定时间发货、配送周期长、物品丢失是其中的主要问题，并且与普通网购相比，这些问题更易发生。从投诉中我们容易发现，"转运"形式配送引发的物品丢失和事后赔偿解决难等问题更为集中。

商品配送服务承诺的参考模板：

商品配送服务承诺

如果您的订单从保税仓发出，自物流公司接收包裹至包裹派送到您的手中，不同城市的时限不同：

- 长三角地区（江浙沪）重点城市最快 1～2 天送达；
- 部分西部偏远地区、郊县（如喀什、海拉尔等）预计 4～6 天到达；
- 其他地区 2～3 天不等。

具体可至商品详情页查看预计送达时间。如果您的订单从海外直邮回国，自仓库收到您的订单至订单派送到您手中，预计需要 7～15 天。

注意事项：

如遇双十一等大型活动、订单需要实名认证等特殊情况，或者遇台风、暴雨、大雾等不可抗力因素，订单到达时间将根据具体到达情况而定。

海外购物提供的订单物流跟踪功能所查询的信息均来源于合作快递公司官网，部分官网信息由于同步不及时，有可能出现更新延迟，为您带来的不便敬请谅解。

3）商品支付承诺

在支付环节中，资金安全是顾客最为关注的。顾客可以使用国际信用卡直接支付，还可以使用支付宝、快钱、财付通等第三方支付平台。顾客集中反映的问题是交易被取消后资金退还周期过长。

商品支付承诺参考模板：

商品支付承诺		
支付方式		退款方式	退款周期
网银支付	信用卡	退回原支付卡	3～5 个工作日
	储蓄卡	退回原支付卡	
快捷支付	信用卡	退回原支付卡	1 个工作日
	储蓄卡	退回原支付卡	3～5 个工作日

4）商品售后服务承诺

在售后环节，跨境电子商务企业的顾客面临着一些与非跨境电子商务企业的顾客不一样的问题，包括：

（1）退货政策不同。境外商品普遍不支持境内的"七日无理由退货"等规定。

（2）商品质量标准有差异。大部分商品是按照原产国的质量标准生产的，相关标准与境内的标准存在偏差。

（3）保修服务难保障。部分境外商户不提供或仅提供短期的保修服务，使得顾客得不到相应的售后服务。

（4）维权成本高。商品来回运费及税费损失过高、寄送安全缺乏保障、时间周期过长等因素提高了顾客的维权成本。

售后服务承诺通过保证自己的售后服务和不欺诈顾客，最大可能地保证了顾客的利益。

售后服务承诺参考模板：

售后服务承诺

网店所销售的海外商品均采自国外正规供应商，坚持正品保障，承诺售后无忧，帮助广大客户"用更少的钱过更好的生活"。

从网店购买的商品，支持 30 天退货，跨境商品（涉及海关通关手续及时限）支持 7 天无忧退货；个别商品（例如短效期的海外食品、贴身使用的内衣物等）可能不享有退货政策，请留意商品页面上的特殊说明。

退货的期限，从您收到海外购物商品次日起算。经客服人员确认满足退货要求后，会尽快通过退货申请并在完成退货后将商品交易款项退还至您的购买账户。

支持退货的情况及要求主要有：

● 商品有质量问题；

● 商品存在溢漏、损坏或缺发的情况；

● 商品完好无拆封，相关附件齐全。

5）争议处理承诺

iiMedia Research（艾媒咨询）发布的《2017年中国网民针对跨境电商售后服务关注度调查报告》数据显示，无处申诉维权也是海淘用户较为忧虑的问题，其占比为59.1%。这要求跨境电子商务企业在争议处理方面必须对顾客提供特殊的保障机制，增强顾客的信心。

争议处理承诺参考模板：

争议处理承诺

为提高顾客体验和对跨境电子商务企业的信心，我们将积极与顾客协商，尽早达成协议。

当顾客提交争议后，我们承诺在2天内进行处理，并将信息反馈至顾客。如果争议提交至跨境电子商务平台，平台会根据双方提供的证据进行一次性裁决；如果平台发现卖家有违规行为，会同时对卖家给予处罚。

7.1.2 资源管理

1. 人力资源管理

跨境电子商务的一大特征是服务提供者与顾客密不可分。在提供电子商务交易服务的过程中，跨境电子商务企业的员工是一个不可缺少的因素，虽然很多服务是由IT设备来完成的，如商品搜索、支付过程等。但跨境电子商务企业的员工在服务提供过程中仍起着十分重要的作用。

1）人员行为影响服务质量

研究表明，"满意"的员工有助于产生"满意"的顾客，同时顾客在接受服务过程中满意度的提高也能够增强员工工作中的满意度及成就感。如果员工在工作中的感受不愉快，在一种不好的状态下服务顾客，则很难令顾客获得满意的体验。

在对顾客的服务过程中，客服人员能否按照跨境电子商务的服务标准和流程为顾客提供所需的服务，例如售前对合同或订单的咨询，售后对顾客反馈的处理，都影响着顾客对服务可靠性的感知。对跨境电子商务企业来说，虽然电子商务服务依赖于自动化服务系统，但是后台员工的工作也起着重要的作用，例如运维人员也对保证系统的正常运作、保障网站操作简单、保证网页加载速度快、保证网站稳定等起着重要的作用。

2）提高服务质量的人力资源策略

- 招聘优秀的员工；
- 培训人员，保证服务质量；
- 提供所需的支持系统；
- 通过内部营销策略，保留最好的员工。

3）客服人员管理

负责与顾客接触的客服人员对顾客和跨境电子商务企业都起着决定性作用。对于跨境电子商务企业而言，客服人员可以使服务有别于竞争对手，但也可能是失去顾客的原因之所在。而另一方面，他们在顾客眼中代表着跨境电子商务企业，同时客服人员也是营销者，能够直接影响顾客的满意度。客服人员的作用如图 7-5 所示。

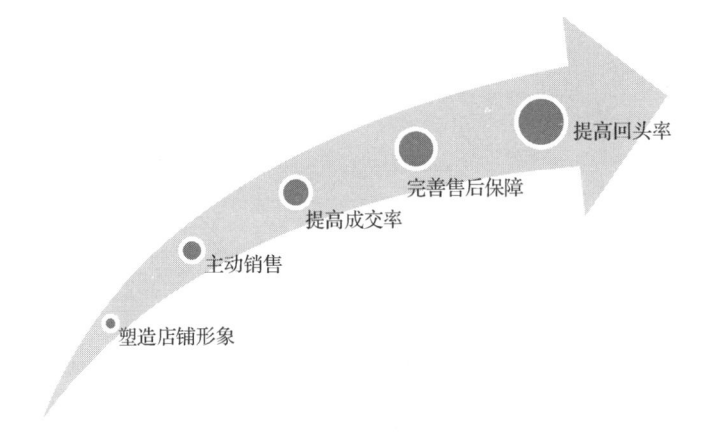

图 7-5　客服人员的作用

（1）客服人员分类。

客服可以分为人工客服和电子客服，又可细分为文字客服、视频客服和语音客服。文字客服是主要以打字聊天的形式进行的客户服务；视频客服是以语音视频的形式进行的客户服务；语音客服是以电话的形式进行的客服服务。例如：目前的微信客服等社交平台，综合了文字客服、视频客服和语音客服的全部功能。

在跨境电子商务交易过程中，客服一般会分为 3 个阶段：售前服务、售中服务、售后服务。售前服务一般是指在交易前为顾客提供的一系列服务活动，如提供咨询服务、提供商品使用说明等。售中服务是指在商品交易过程中向顾客提供的服务，如提供支付说明、配送说明等。售后服务是指提供与已销售商品有连带关系的服务[11]。

（2）客服人员能力。

客服人员应具备的基本素质如图 7-6 所示。

基本知识

● 具备为顾客服务所需的语言能力，包括听、说、读、写能力；

● 具备为顾客服务所需的知识，包括商品、物流、清关、税费、外汇管理等相关知识；

● 熟悉平台交易流程；

● 熟悉交易订单的处理流程；

● 熟悉各种支付工具的支付流程。

物流知识

● 了解不同配送方式的价格、速度、联系方式及查找方式；

● 了解不同物流的运作方式：平邮（国内普通包裹）、快邮（国内快递包裹）、

EMS、国际邮包（包括空运、空运水陆路）、航空快递、汽运快递、铁路运输等；

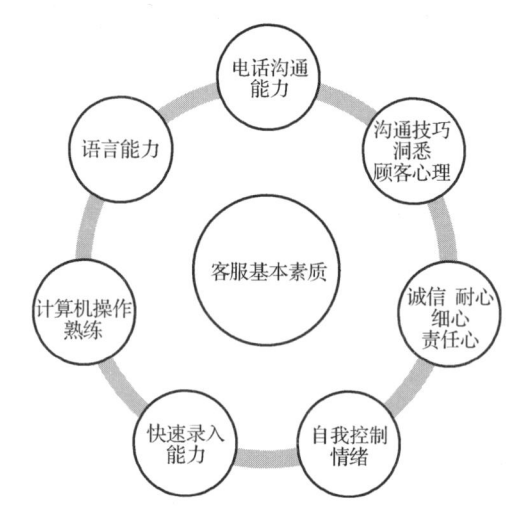

图 7-6 客服人员应具备的基本素质

- 了解不同物流方式的价格，以及如何计价、价格的还价余地等；
- 了解不同物流方式的速度；
- 了解不同物流方式的联系方式，同时了解如何查询各个物流方式的网点情况；
- 了解不同物流方式的包裹撤回、地址更改、状态查询、保价、问题件退回、代收货款、索赔的处理等流程。

（3）客服人员培训。跨境电子商务企业应定期对客服人员进行培训，使员工及时更新知识、掌握最新的信息，提高技能与能力。

2. 资金保障

资金是企业生存和发展的重要基础，被视为企业生产经营的血液，一旦企业资金管理不善、资金链断裂，将导致企业经营困难甚至破产倒闭。对跨境电子商务企业来说，资金链的稳定和顺畅周转比境内电子商务企业更为重要。例如，跨境电子商务企业"奥买家"凭借自身强大的资金和资源等优势，为消费者提供六重保障：一是上市集团，品牌有保障；二是自营直采，货源有保障；三是保险承保，正品有保障；四是"O2O"模式，体验有保障；五是海关监管，发货有保障；六是统一售后，服务有保障。"奥买家"与中华保险达成战略合作，所有进口商品均已投保，确保全部是正品进口商品。"奥买家"实行统一售后服务，承诺7天无忧售后，符合国家法律退/换货范围内的商品，均可以直接退/换货，国内受理，流程简单。

跨境电子商务企业的资金流模型如图 7-7 所示，面临的资金问题主要如下。

（1）大部分跨境电子商务企业通过第三方平台开设网店实现跨境销售，从货物发出到回款之间存在一定周期，第三方平台存在账期长、费用高等问题，而且因为中外金融监管的差异，资金的回收还存在不安全因素。

（2）越来越多的中小企业从业者加入跨境电子商务领域，而跨境 B2C 卖家多数是通过出口电子商务平台将产品销往海外的，采取备货模式，需要提前付款给供应商。随着跨境电子商务产品升级，由低附加值向高附加值过渡，对资金的需求量也越来越大。

（3）跨境电子商务在商品配送周期上时间较长。由于环节众多造成通关不畅，物流配送少则十几天，多则一个月。在成本上，跨境物流在运输、储存和管理上都要比国内普通物流复杂。据统计，跨境电子商务物流费用大约占销售收入的 20%，若涉及退/换货问题，单件商品的物流运送成本则更高。同时，随着海外仓等业态的兴起，跨境电子商务企业销售资金的压力也越来越大。

（4）随着跨境电子商务交易量越来越大，跨境电子商务企业要面对更庞大的外部信息和更快速的变化，就必须紧密结合内部管理与外部的商业运作，这对信息系统提出了更高的要求。一些小型跨境电子商务企业对信息系统开发的资金投入不够，会制约其规模扩张的速度。

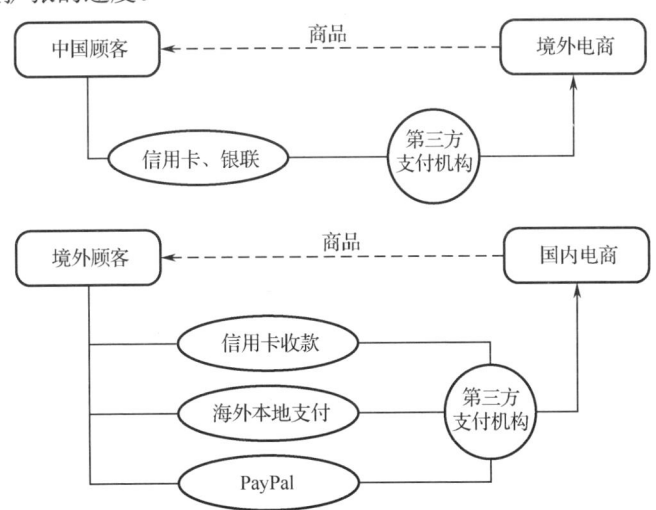

图 7-7 跨境电子商务企业的资金流模型

为提高跨境电子商务资金保障能力，跨境电子商务企业应确定建立、实施并持续改进跨境电子商务服务所需的资金管理制度，确保资金投入与使用的合理性、适度性和及时性，提高顾客满意度。

跨境电子商务企业应建立资金管理的内部控制制度，提高资金利用效率，控制财务风险。制度的规定可以包括以下内容：网店注册审批流程、设立资金管理小组并明确其职责、网店和收款账户密码管理规范、撤资账户绑定审批流程、资金撤资管理审批流程和支付款项审批流程等。

3. 设备设施管理

对跨境电子商务系统维护的目的是保证电子商务系统正常而可靠地运行，保证系统中的各个要素随着环境的变化始终处于最新的、正确的工作状态，使系统功能不断得到改善和提高，以充分发挥系统的作用。按照维护对象的不同，系统维护的内容可以分为：硬件维护、软件维护和数据维护。

（1）硬件维护。硬件维护主要是指对计算机及外接设备的日常维护和管理，例如设备的故障检修、易损部件的更换等，都应由专人负责，定期进行，以保证系统正常有效地运行。主要有两种类型的硬件维护活动：一种是定期的设备保养性维护，维护的主要内容是进行例行的设备检查与保养；另一种是突发性的故障维修，即当设备出现突发性故障时，由专职的维修人员或请厂商来排除故障。

（2）软件维护。软件维护主要是指对系统中应用程序的维护。由于系统是服务于各项管理活动的，而管理活动要随着客观环境和管理需求的变化而变化，因此必然要求应用程序也要随之变化，以满足这种不断变化的需求。而且，由于硬件是不断发展的，相应的软件也要不断地更新，系统的寿命常常取决于软件维护的水平。

（3）数据维护。业务处理对数据的需求是不断发生变化的，除了系统中主体业务数据的定期正常更新外，还有许多数据需要进行不定期的更新，或随环境和业务的变化而进行调整。数据内容的增加，数据结构的调整，数据的备份与恢复等，都是数据维护的工作内容。

数据维护工作一般是由数据库管理员来负责的，主要负责数据库的安全性、完整性以及并发性控制。

在设备设施维护中应明确每个维护人员的维护职责，建立备岗制度，尽量保持维护人员队伍的稳定性。

信息备份制度参考模板：

信息备份制度

1. 目的

为确保所有重要业务数据和软件能在灾难之后或存储媒体损坏之后得到恢复，保证信息处理及生产数据的完整性与可用性，特制定本制度。

2. 范围

本制度适用于本公司重要数据及软件的备份管理。

3. 职责

（1）IT部负责公司信息备份工作的技术指导及对本部门维护的重要信息资产的数据和软件进行备份。

（2）各部门负责对本部门维护的重要信息资产的数据和软件进行备份。

4. 相关文件

《可移动介质控制程序》

5. 程序

（1）各部门应对重要信息资产清单确定的重要业务数据、操作系统、应用系统、数据库等其他重要信息建立备份策略，并进行备份。

（2）信息备份的安全要求包括：

- 根据风险评估的结果，明确备份周期和备份套数；
- 重要信息备份应做到异地（不同房间、不同楼层等）存放，妥善管理；
- 对备份媒体进行标识；
- 备份媒体存放于适宜的环境中。

（3）各部门根据风险评估的结果，制定《重要信息备份周期一览表》，在其中明确规定备份周期、备份方式、备份媒体及备份负责人。

（4）《重要信息备份周期一览表》经部门负责人批准后予以实施；对于人工备份应填写《重要信息备份记录》，信息备份的记录应予以保存。

（5）当软件发生更改时，应进行备份。

（6）各部门应采取适宜的方法对备份信息媒体进行标识，防止备份信息的误用，标识的内容包括：

- 备份信息的名称；
- 备份的日期；
- 版本号；
- 备份/还原工具。

（7）数据备份媒体应保存在适宜的环境中并由专人管理；涉及企业秘密的备份媒体应进行标注，保存在上锁的文件柜或其他安全储存场所，只有授权的人员才可以访问。

（8）重要备份信息使用的媒体管理办法请参见《可移动介质控制程序》。

6. 记录

《重要信息备份周期一览表》

《重要信息备份记录》

7.1.3 风险防控能力

跨境电子商务作为一种新型的国际贸易方式，是通过网络交易平台实现信息流和资金流的流通，并以邮件或快递等物流形式通关进行商品交易的。它具有交易金额较小、交易次数频繁等特点。而且，由于跨境电子商务的服务供应链上参与的实体多，整个服务链条长，使得跨境电子商务企业面临的风险问题非常突出。跨境电子商务需要商品供应商以及各个服务供应商（如物流服务提供商、第三方支付平台等）与跨境电子商务企业的协同合作，才能达到顾客的服务要求。

跨境电子商务服务供应链的实体包含境内顾客、境外商品供应商、跨境电子商务企业、境内和境外的物流企业。其中跨境电子商务企业是商品供应商、顾客和物流企业的连接者，实现了信息流与物流的分离，在整个供应链中居于核心地位。跨境电子商务服务供应链模型如图7-8所示。

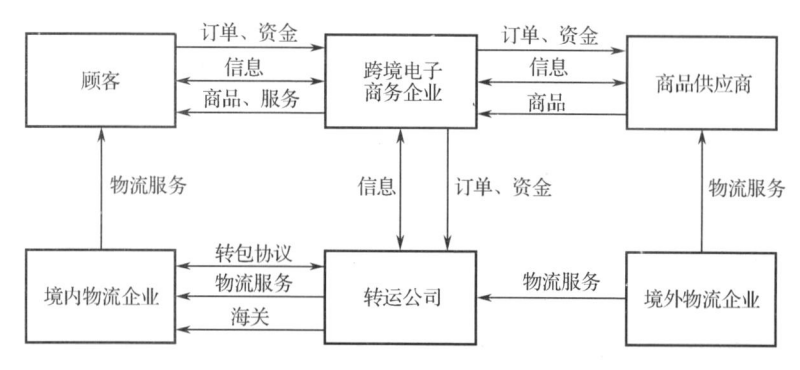

图 7-8　跨境电子商务服务供应链模型

跨境电子商务是一项复杂的系统工程，是互联网信息技术、跨境贸易、跨境电子支付、跨境物流、海关报关报检、法律、外语等多种服务和知识的融合，存在着各种风险。

1. 供应商风险

1）跨境销售商品的特点

跨境电子商务企业销售的商品有以下特点：

（1）产品的数量及种类非常多。传统的电子商务模式，由于受到销售渠道及人们认知等因素的影响，产品的销售受到地域的限制，其交易的产品具有很强的地域性。而跨境电子商务模式，依靠互联网技术打破了关境的限制，以顾客购物为例，跨境电子商务实现了顾客的多样化选择，顾客可以通过网络购买不同国家符合自己预期的产品。

从销售商品的品类来看，跨境电子商务企业热销的商品品类以汽车配件、家居园艺、3C电子商品、计算机及配件、轻奢珠宝等易于清关和跨境物流运输的商品为主，最近几年有逐渐向汽车、大型家居等大件商品扩展的趋势。跨境电子商务企业扩张的重要手段之一就是不断拓展销售商品品类，这有助于跨境电子商务企业抓住更多具有消费力的网购群体。

（2）商品目标市场广泛。从我国跨境电子商务企业的目标市场看，具有旺盛需求同时跨境电子商务交易氛围浓厚的国家有美国、英国、德国、澳大利亚等。与此同时，部分发展中国家因其不断成长的需求，也在寻求机会促进跨境电子商务发展，例如俄罗斯、巴西、印度等，但这些国家的本土电子商务企业并不发达，无法满足国内顾客的网购欲望，而中国制造的产品物美价廉，在这些国家的市场上具有巨大的优势，这也成为我国发展跨境电子商务的一大动力。"一带一路"沿线国家也都具备与我国跨境电子商务企业展开深度合作的基础。与此同时，我国大量跨境电子商务企业还在开拓东南亚市场，与亚马逊和 eBay 等企业展开竞争。

2）跨境电子商务企业对供应商的管理存在的问题

（1）商品质量的优劣不确定。在我国，跨境电子商务企业有很大一部分是小规模外贸企业，他们销售的商品来源于供应商，商品的质量主要由供应商确定。同时，由于个人邮寄政策宽松，缺乏严格的制度要求，企业一般不必经过检验检疫环节就能进行进出口贸易。在这种情况下，产品的质量就容易出现争议。

商品的质量问题是制约跨境电子商务企业持续发展的重要因素之一。2017 年 1 月至 9 月国家监测中心分别以线上神秘购买、保税仓抽检、电商平台共同抽检等多种形式，共抽检 2113 批跨境销售商品，抽检品类包括食品、化妆品、纺织品、电器、日用轻工、玩具等，涵盖 527 个品牌，覆盖了 35 个原产国和地区，共涉及 901 个检测项目，包括安全卫生、品质性能、功效成分等。报告显示：各类商品的安全卫生项目总合格率为 94.66%，其中食品为 96.33%，化妆品为 96.26%，纺织品为 91.51%，电器为 83.33%，日用轻工为 97.25%，玩具为 91.89%。报告表明：根据产品来源国的情况我们可以看到合格率靠前的国家分别是新西兰、澳大利亚、法国、德国、加拿大、荷兰、意大利。在此次抽检中也发现了一些问题，比如在样品中检出了有毒物质，在某款橡皮中检测到有毒物质含量较高，超过玩具标准的 236 倍。在检测中还发现了一些商品的成分与宣传不符，比如某款枕头的乳胶含量不足 100%，又比如某款电烤箱的插头和电源线不符合中国的要求等。

就跨境电子商务企业商品而言，由于销售市场面向全球顾客，具有跨境文化特性，且商品追求个性化和功能化，商品质量需要符合不同地域的强制性规范和标准要求。因而，采用国际标准组织生产和销售的供应商是最好的选择。但是当前，我国出口商品生产企业对于国际标准存在采标滞后、采标盲点和采标率低等问题，迫切需要商品标准升级。因此引导和帮助企业采用先进国际标准有利于商品质量的提升和商品市场的开发。在跨境电子商务企业发展的过程中，为了满足顾客多元化和个性化要求而开发新商品，必须要抢抓机遇，及时制定商品和技术标准，培育和壮大自主知识产权，赢得市场竞争的主动权和发言权。

（2）境内外的供应商服务不一致。由于存在地理隔断、政策差异等诸多不可避免的问题，境内和境外的物流供应商提供的服务标准不一致，例如物流信息系统配置不统一、流程不一致，导致追踪货物物流信息出现差错，顾客难以实时了解货物的状况，同时也可能导致货物损坏、丢件以及后续的退货不便等问题。

（3）参与商品销售的主体比较多。电子商务的销售主体比较多，其交易活动涉及的参与者包括参与交易的双方、电子商务网站、第三方物流公司、海关、银行、认证机构、政府部门等多方主体。

3）加强供应商管理

供应商管理是对为跨境电子商务企业提供物资、产品、设备或服务的供应商进行选择准入、分级分类、绩效考核和风险管理的动态过程。该工作的开展有利于甄别合格的和优秀的供应商，优化采购程序，提高供应链效率，提升与供应商的合作关系，强化企业核心竞争力并有效降低采购成本。

不同环境下供应商管理的主要模式有如下 3 种。

（1）传统的供应商管理模式。

在传统的理念和做法中，采购商与供应商之间没有建立特定的关系，基于业务的合作关系是松散的、随意的。在采购过程中采购商与供应商处于相互对立和竞争的关系，因此合作往往不稳定。供应商管理的职能通常由采购部门承担，供应商管理的焦点在于商品质量和价格，通过鼓励并积极推动供应商之间的竞争来保证公司稳定的货源供应，并从竞争中获得经济利益。供应链上下游企业之间缺乏交流与合作，供应商不知道采购商的需求状况，仅凭经验和主观判断组织生产和准备货源；采购商同样不了解供应商的生产及库存情况。为降低风险，双方都倾向于增加自己的库存，挤占资金的同时还产生了大量仓储费用，对供应链各方都极为不利。

（2）基于供应链的供应商管理模式。

在全球化市场竞争日益激烈的环境下，商品的品类越来越多，顾客对供货周期的要求越来越高，对商品和服务的期望也越来越高。如何满足顾客要求，提高市场占有率、降低成本以获得良好的经营绩效是企业面临的难题。在这种需求下，供应链管理应运而生。

供应链管理是指在满足一定的顾客服务水平的条件下，为了使整个供应链系统成本达到最小而把供应商、制造商、仓库、配送中心和渠道商等有效地组织在一起来进行商品制造、转运、分销及销售的管理方法[15]。

供应链管理的基本思想是横向一体化，其核心是提升企业核心竞争力。在电子商务环境中，供应链中的物流、资金流、信息流贯穿始终，上下游企业之间的协同程度大大提高了。企业与供应商之间有着紧密的关系及有限的合作，与数量有限的关键供应商紧密联系并进行大量和及时的沟通；建立了供应商评估系统，在供应商选择上更加侧重于质量。这种战略倾向于精简和整合供应商，建立相对稳定的战略利益同盟，逐渐减少供应商的数量，集中选择更有优势、更有实力的供应商作为合作伙伴，设计一条更优秀、更有效率的供应链。

供应链管理是一个复杂的系统，其中需要注意的关键问题包括：

① 配送网络的建立。配送网络是指采用一个或几个制造工厂生产的商品来服务一组或几组在地理位置上分散的渠道商而建立的网络。

② 配送战略。考虑直接从供应商运往终端渠道，或者使用仓库充当供应过程的调节者，应选择适宜的配送战略。

③ 供应链集成与战略伙伴。考虑信息共享，利用信息设计供应链，对不同节点的企业进行适宜的集成，建立伙伴关系。

④ 库存控制。根据终端渠道的目标，采用适宜的库存周转率。

⑤ 信息技术和决策支持系统。信息技术是促成有效供应链管理的关键因素。

⑥ 顾客价值的衡量。根据企业提供的商品、服务和无形影响来衡量对顾客的贡献的大小。

（3）基于电子商务的供应商管理模式。

电子商务时代的供应链是一个基于电子商务的，利用互联网进行商品交易、信息变换、企业协作等活动的供应链模式，在这样的集中供应链中，所有的合作者都实现了电子化运作。电子化、网络化的供应链可使所有的合作组织通过互联网协同处理供应链各流程及流程间的事务，为供应链成员快速及时地提供信息，满足市场对企业快速反应的要求，提高供应链的效率和效能。

在电子商务环境下，供应商管理体系的建立可以借鉴先进的手段并直接受益于快速的评估反馈机制。从管理策略上应涵盖供应商的选择准入、分级管理、分类管理、绩效考核和风险管理等内容，将供应商的全生命周期管理理念完整地通过信息技术呈现，从而提高企业的整体供应商管理水平。

① 供应商的选择准入管理。

根据供应商所属性质的不同填写不同的资质调查问卷，从而可获取跨境电子商务企业所关心的供应商完整信息，便于对供应商的资质能力、提供商品的类别、服务的区域等进行判断，为供应商的精细化管理提供充分的信息支持。例如：跨境物流供应商要考虑跨境物流仓储资质和国际配送服务商对配送商品的限制。

对跨境物流商的选择标准可能包括：根据所售商品的特点（尺寸、安全性、通关便利性）选择合适的物流供应商，如大件商品（如家具）不适合采用邮政包裹渠道，更适合海外仓模式。还要考虑在淡、旺季要灵活使用不同物流方式的供应商，如淡季时可以使用邮政小包降低物流成本。

② 供应商的分类管理。

随着在电子商务环境下信息共享渠道更加多样、便捷和及时，跨境电子商务企业可以将供应商分为战略供应商、核心供应商和一般供应商三大类，实现供应商的分类管理。战略供应商可以提供跨境电子商务企业安全稳定运行所必需的关键性物资，应实行合作关系管理：需要与其建立采供高层互访机制、定期合作机制和信息共享机制，签订中长期合作协议或框架采购协议；简化商务流程，利用供应商库存实现联合储备等策略，并培育其适度规模。核心供应商可为跨境电子商务企业提供大宗物资，且业绩较好、具有较强的研发能力和履约能力，应实施伙伴关系管理：培育核心供应商群体，通过业绩引导订货，实施利用供应商库存等策略。对一般供应商可实施竞争关系管理，通过加强竞争、缩减中间商等途径，维护正常的业务合作关系。

跨境电子商务企业也可以按照产品的自然属性、使用范围、功能效用等方式将商品进行类别划分，对供应商进行分类管理。在管理日益精细化的趋势下，供应商的分类管理提供了更为细致的维度，为实现供应商与企业的商品物流信息共享提供了可行的管理方案。在日常经营活动中形成的大量业务数据要能够及时准确地反映在分类体系中，以便通过数据汇总分析跨境电子商务企业对各商品类别的需求，从而制定不同类别供应商的管理策略。

③ 供应商的绩效考核管理。

供应商管理的重要目标之一就是不断提升供应商的绩效状况以降低跨境电子商务企业的经营成本和风险。供应商的绩效评价是对过去一段时间内供应商的表现情况进行定性和定量评价，发现存在的问题并提出解决方案。经典的评价指标包括质量、成本、交货、服务和管理状况。建立动态考核机制，设置各项考核指标的权重，通过不断汇总供应商的绩效状况对供应商的级别进行调整。

2. 交易/支付平台信息安全风险

随着跨境电子商务服务体系的逐渐完善和中国国际地位的不断提升，我国跨境贸易的发展空间进一步变大。作为跨境贸易的关键环节，电子支付起着重要作用。第三方支付公司着手进入跨境支付领域，为跨境参与者提供外汇收支和结售汇的服务。2013年9月底，在国家外汇局的推动下，跨境贸易外汇支付的业务开始试点，财付通、支付宝等17家第三方支付机构获得了首批跨境外汇支付业务的试点资格。跨境电子商务的发展需要多种形式的跨境支付服务。当前的跨境支付模式除非金融机构支付模式、中国银行机构的境外支付模式外，第三方支付机构队伍也在不断扩大，并已成为当前跨境支付的主体。但是第三方支付在跨境支付方面还面临许多问题，由于跨境支付发展时间短、法律制度不完善，还存在着诸多风险。2015年1月初，国家外汇局制定并下发了《支付机构跨境外汇支付业务试点指导意见》，该文件明确指出支付机构应审慎防范互联网渠道的资金流动风险，规范支付机构跨境外汇支付业务，为境内个人和机构提供安全、便利的跨境贸易环境。

根据当前我国跨境商务贸易的业务操作和交易流程，下面从跨境电子商务企业和顾客的角度分析在整个交易环节中可能出现的风险问题，并讨论部分风险可能带来的影响和危害。

1）跨境支付欺诈风险

跨境支付欺诈是很多跨境电子商务企业都遇到过的问题。在跨境电子商务主流消费市场，欧美国家的信用卡普及率非常高，当地消费者也习惯于通过信用卡消费，所以各跨境电子商务企业通常都会接受国际卡组织 Visa 或 MasterCard 发行的信用卡。而目前通行的互联网支付方式大致可以分为凭密支付和无密支付，凭密支付一般需要发卡行、收单行等多方验证及支持，成功授权的失败率比较高，尤其是在美国等习惯于无密支付的国家，授权失败率能高达 50%。为了降低授权失败率、提升用户的支付体验，大多数跨境电子商务企业倾向于无密支付，用户只需输入卡号、有效期及 CVV2（Card Verification Value 2）即可完成支付流程。这虽然提高了支付的成功率，但是也极大方便了犯罪分子进行交易欺诈。

2）跨境支付交易风险

因为跨境支付的整个交易流程涉及各方主体的交互，所以跨境支付的交易风险也一直是跨境支付能否健康发展的一大痛点。跨境支付的交易风险主要分为两类，一类是第三方支付机构本身发生的不合规交易带来的交易风险，另一类是用户遭遇的交易风险。

前者的产生是因为目前跨境电子商务还是跨境贸易的一种新型业态，行业的一系列规则和法规还不成熟。所以第三方支付机构在国家还没有出台具体的法律法规之前，可能会以追求利益最大化为原则，省去没有规定且有一定成本的工作流程，比如放弃成本较高但效果更好的大数据分析方法，而采用成本较低的方式来审核顾客的身份信息。这在一定程度上会造成顾客身份的虚假信息泛滥，增加跨境支付的交易风险。支付机构在信息审核方面应严格按照外汇局及中国人民银行的有关指导意见认真核查跨境支付业务中参与者的身份和交易信息。支付机构应及时并准确地将相关业务信息和数据上报给有关机构，履行交易真实性的审核职责。

用户遭遇的交易风险主要源自跨境支付交易过程中可能遭遇的各类网络支付安全问题。顾客将面对个人隐私信息被窃取、账号被盗、银行卡被盗用、跨境支付资金被转走、支付信息丢失等风险，这些都对跨境支付的系统安全提出了更高的要求。

支付机构处于跨境贸易的核心位置，是跨境交易参与者的中介，为保障交易的安全，应加大技术的研发力度，提升跨境支付的网络安全技术，如开发可以精确验证参与者身份信息的系统、对跨境支付的数据信息进行加密、利用当前先进的大数据以及云技术对跨境交易的参与者进行信用等级划分，并在后续的交易中对等级低的顾客和商户着重考量，为境内外顾客提供更加安全、更加有保障的购物网络环境，赢得更多参与者的信赖。此外，监管机构应定期检查跨境购物的网络环境，加大支付安全的违法处罚力度，为顾客营造一个和谐的跨境消费氛围。

对于采用第三方电子商务交易及支付平台的跨境电子商务企业，宜选择通过相关权威机构认证或定期实施信息安全风险管理的第三方电子商务交易及支付平台提供商，并与之签订相关合同或协议，明确要求其提供的交易及支付平台满足相关的信息安全保障技术要求。

3）跨境交易资金风险

很多从事跨境电子商务的中小卖家由于自身资金实力不足，除了跨境支付交易过程中的安全性、支付成本和放款效率之外，资金的安全也一直是他们非常关心的方面。但因为很多中小卖家对跨境电子商务平台的相关条款并没有完全吃透，对国外的法律法规更不了解，所以经常会在这方面吃亏。

比如 wish 和 eBay 等跨境电子商务平台很多时候都以买家的利益为重，在碰到纠纷的时候往往从买家利益出发，让中国卖家遭受损失，近几年在 wish 和 eBay 平台发生的大规模纠纷事件就直接反映了中国卖家在发生纠纷时的弱势。当发生知识产权纠纷或交易纠纷的时候，卖家资金往往会很快被跨境电子商务平台冻结，然而由于这些平台在中国没有合适的法律主体，中国卖家想要向平台申诉还要赴海外聘请当地律师。从众多中国中小卖家的角度出发，他们既没有时间也没有精力来承担相应的上诉流程，严格来讲这些账户被冻结的跨境电子商务卖家的知识产权管理确实是存在问题的。

跨境电子支付服务涉及境内和境外的支付结算账户,而这些结算账户虽然是合法成立的非金融机构,但它不同于银行的规范管理和国际公信力,存在着较大的风险隐患,可考虑通过风险管理措施,控制跨境交易资金风险。

3. 仓储和配送风险

跨境电子商务的交易磋商、合同签订、支付都可以通过互联网和电子商务平台完成(如图7-9所示),而实现商品从卖方到买方的流转必须通过国际国内物流。由于跨境电子商务的特殊性,它的物流系统构成要素也与一般的电子商务不同[16]。

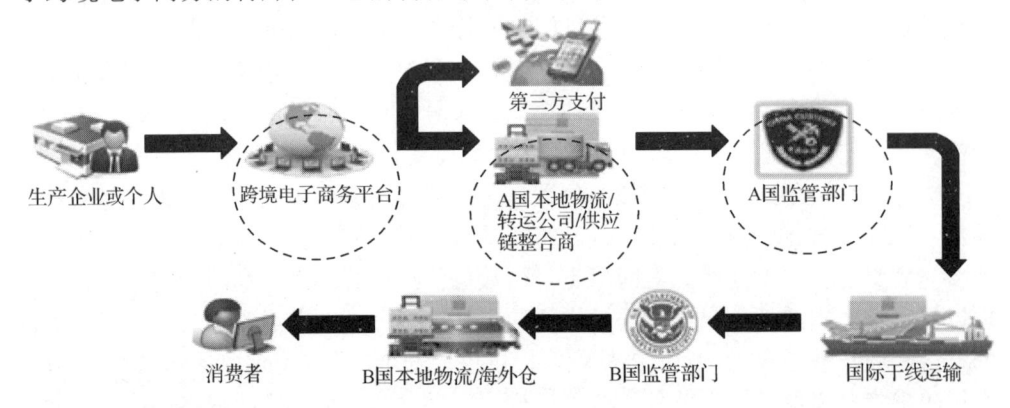

图7-9 跨境电子商务交易过程

跨境电子商务物流的特点:

(1)在物流服务环节上增加了语言和报关服务。跨境电子商务的交易主体分属不同关境,语言不同,并且所交易的商品类型属于对外贸易范畴,需要增加语言和报关服务。

(2)物流系统包括内外两套系统。跨境电子商务同时包括一国的出口贸易和另一国的进口贸易,需要构建国外和国内两套物流系统。

(3)在基础设施上增加了保税设施。无论是进口还是出口跨境电子商务,若要实现对订单的快速响应,需要建立海外仓储、建设保税区和保税库等保税设施。

(4)在物流企业上增加了代理类物流企业。跨境电子商务的交易涉及进出境,需要经由另一国家物流企业的物流系统,因此需要增加海外代理类物流企业。

跨境电子商务的整个配送流程最少经过"三转两关",货物经过层层转手转包,风险不断增加。一旦货物出现丢失损毁,经常会发生纠纷。根据FocalPrice的客户满意度调查发现,客户对跨境电子商务企业最大的抱怨集中在物流方面,而物流周期长又是客户抱怨的重点。跨境贸易自身的特点使得物流的产业链和环节更长,加上清关和商检的周期,导致跨境电子商务物流周期要远远长于国内电子商务物流。在跨境物流上,运输与配送时间问题突出,短则半个月、一个月,长则数月,若遇到清关问题,物流时间会更久。

跨境电子商务的自身特点导致退/换货比例高，如物流周期长、货品质量问题、货品丢失、海关和商检风险、配送地址错误等一系列问题，都导致了退/换货物流的产生。尤其在欧美发达国家，当地"无理由退货"的消费习惯和文化，使得中国跨境电子商务企业的退/换货率呈现持续增长趋势。而且由于涉及跨境通关和物流，退/换货很难通过一个顺畅的通道返回国内，进而导致各种相关成本的增加，甚至出现退/换货本身产生的费用严重超出货品价值的情况，这是中国跨境电子商务企业无法接受的，从而出现难以退/换货的现象。

为了应对诸多物流问题，不少中国跨境电子商务企业纷纷涉足海外仓业务。通过在海外设立仓库，可以有效地解决中国跨境电子商务企业所遇到的诸多物流问题。海外仓有利于缩短运输及配送周期，可以为中国跨境电子商务企业提供仓储、分拣、包装、配送等一站式服务。通过批量运输，大大缩短货品的整体物流时间。海外仓还可以实现从买家所在地本土发货，从而缩短了订单反应周期。当买家下单时，中国跨境电子商务企业能够在第一时间做出快速反应，及时通知海外仓进行货品的分拣和包装，从而提升物流响应时间。此外，结合海外仓所在地的物流特点，将货品准确、及时地配送，缩短了配送周期。另外，海外仓能够实现本地退/换货。当客户需要进行退/换货时，货品可以回流到当地的海外仓，进而规避货品返回国内的跨境通关和物流，不仅使退/换货成为可能，也可以避免二次跨境通关和商检，以及二次长途运输，节省了很多的时间与成本。从海外仓进行配送和发货可以减少物流时间，提高配送的准确率，降低货品在运输过程中的破损率等，从根本上降低退/换货发生的概率。

4．信息风险

跨境电子商务企业应对其销售商品进行描述，包括实物、名称、图片、价格、描述、属性等，对促销等销售信息进行风险管理，确保信息符合相关法律法规的要求，确认公平性、真实性、无二义性，并对风险进行及时的评估和处置。

1）销售信息与实际不符合的情况[17]

出现全网"最高、最低、最优、最热"等最高级的夸大描述，如图7-10所示。

图7-10 "最高级"夸大描述

出现其他夸大描述的词语，如"假一赔百"等，如图 7-11 所示。

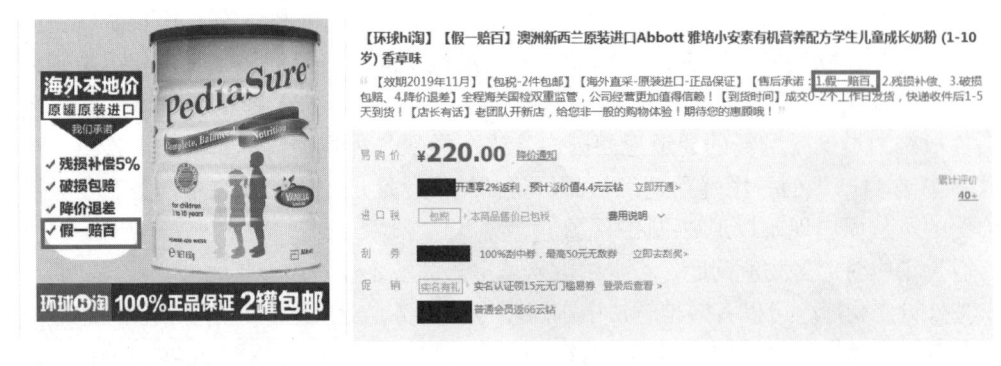

图 7-11 其他夸大描述

伪造好评率及店铺评分指标（DSR）、中差评等信息，如图 7-12 所示。

图 7-12 伪造信息

> **典型案例**：网购消费维权，诉天猫卖家"假一赔万"案。
>
> 【案情简介】廖女士在天猫商城 SOOSIM 旗舰店以 299 元的价格购买了一件标明材质为真丝的裙子，店家的描述为："真丝，面料主成分含量：91%～95%"，同时标明："假一赔万"。收到裙子后，廖女士感觉裙子不像是真丝的，检测机构的报告也证明裙子真丝含量为 0。廖女士和卖家联系无果，就将卖家起诉到浙江省金华市婺城区人民法院。
>
> 2012 年 11 月 21 日，婺城区法院做出一审判决，支持了廖女士的诉求：一、判令被告返还廖女士购买裙子的货款 299 元；二、判令被告于判决生效后十日内支付原告廖女士违约金 10000 元；三、判令被告于判决生效后十日内支付原告服装面料检测费用 200 元。

2）商品信息管理

跨境电子商务商品信息包括实物、名称、图片、价格、描述、属性、促销等信息。对商品信息的管理应遵循以下规则：

- 所有商品和店铺信息由专人按照公司规定进行维护，需要发布的信息内容必须经过相关部门评审和批准。
- 应结合要发布的商品和店铺信息的性质和特点、重要程度和风险大小，制定评审和批准的权限和方式。

- 发布的商品和店铺信息应得到妥善保护，防止非预期的修改和不当的使用。
- 发布的信息内容要求以简单、表述清晰为原则，杜绝过多的修饰语句，避免使用夸大性宣传语和广告语。
- 发布的信息内容应符合相关法律法规以及监管机构和平台等相关方的要求。

商品信息维护及风险管控参考模板：

商品信息维护及风险管控

一、商品信息维护内容

1．品牌：
- 品牌和产品外包装对应，可使用形式为英文/中文、中文、英文，外包装必须与招商授权品牌名称一致；
- 未在天猫独立授权的子品牌，作为母品牌的系列（名中的一部分）发布产品，系列名称写在产品名称前。

2．条形码：条形码通过ERP批量导入店铺商品，确保与实物一致。

3．产品名：品牌+产品类别+产品名称+款号。

4．上传条形码、吊牌、洗标特写，作为产品审核依据，为确保产品信息的准确性、真实性，产品信息证明图必须准确、清晰、规范上传，不得出现图片倾斜、信息模糊的现象，以免影响产品审核通过。

5．重点类别产品可上传合格的质检报告。

6．至少上传5张产品图，从多角度展示产品外观及卖点，标准如下：
- 产品图片第一张又称产品主图，是产品搜索展示图片；
- 必须为白底、无文字说明、无水印的清晰产品实物图，不可包含展示任何营销、店铺、广告口号等文字内容信息，不得出现商户搭配出售的任何赠品或效果图；
- 图片上允许放置品牌LOGO于左上角，占据空间不得超过1/3，注意只能是品牌标志，不得包含标语、口号等字样；
- 不得出现拼接的图片，不得出现多个产品或产品部分，只能展示一个产品主体；
- 要求图片分辨率为500×500以上。

二、商品信息维护流程

1．货品组同事初步维护商品属性。

2．收到实物后维护产品，确保实物有合格证、吊牌齐全（以质检合格的检测报告为准），录入吊牌价、命名、描述、颜色、产品属性，上传尺码表（以最终批核版本为准）和相关图片（必须有吊牌及洗标图）。以上任何内容缺失，系统不能保存。

三、商品信息正确性稽查

1．所有款式生效前需经货品组同事检查审核并填写意见。

2．仓库品控组同事从大货中抽查齐色货品填写信息，并核对商品信息。

四、商品信息错误的风险管控

1．仓库品控组同事核实大货。

2．货品组同事与供应商核实。

3．修改系统信息。

4．即时更新至天猫页面。

5．追究供应商责任，并跟进处理。

5．法律法规风险

跨境电子商务已在全球普及，由于它的全球性特点，任何国家单独制定的国内法规都难以适用于跨境电子交易,因此电子商务的立法一开始是通过国际法规推广到各国的。例如,联合国贸易法委员会(UNCIRAL)1996年发布的《联合国国际贸易法委员会电子商务示范法》(The United Nations Commission on International Trade Law Model Law on Electronic Commerce)确定了确证和认可通过电子手段形成的合同规则和范式,提出了为法律和商业目的而做出的电子签名的可接受程度,以及在法庭上和仲裁过程中可使用的计算机证据;国际商会(ICC)起草的《国际电子贸易和国际电子结算规则》(Uniform Rules for Electronic Trade and Settlement,URETS)对电子支付的安全性、数字签名、加密和数字时间签章做了规定,是电子商务和电子支付的指导性交易规则。

电子商务的迅猛发展和交易方式的改变使得跨境电子商务遇到的法律问题大量涌现。我国也相继出台了跨境电子商务的相关政策法规。2004—2012年,我国陆续发布了电子商务行业监管、支付结算、规范行业等相关的政策法规,如第3章所述。

跨境电子商务的服务供应链上参与的实体多,整个服务链条长,而且跨不同主权国家,其中涉及的许多问题都可能存在法律风险,例如隐私风险、知识产权风险及商务交易风险等。在线跨境销售商应识别出不同主权国家关于这些风险的法律法规和政策的要求,并对其进行评审和分析,制定企业的运行要求,减少跨境电子商务企业和顾客的风险。

(1)商务交易风险。跨境电子商务面临着巨大的虚拟诈骗风险。如果参与境外电子商务的企业没有按照合法的方式来进行贸易交易,将造成企业与顾客之间经济利益的损失。根据实际数据资料显示,大约有1亿的境内顾客受到过虚假信息的侵害,被骗取的金额也相当高。由于跨境电子商务在国际上并没有建立一个统一的信用评判标准,这在一定程度上给许多的不法企业及个人提供了洗钱的可乘之机。由于我国第三方支付平台比较多,给个别机构提供了诈骗和违法违规的机会,从而使得银行和第三方支付平台在跨境消费上存在较大的安全漏洞,境外电子商务交易也因此存在法律风险。

(2)知识产权风险。随着跨境电子商务的发展,中国的知识产权保护制度面临更加复杂的挑战,对版权、专利、商标、域名等知识产权的保护成为跨境电子商务贸易的突出问题。为了在网络环境下保护版权,世界知识产权组织(WIPO)发布了《世界知识产权组织版权条约》(World Intellectual Property Organization Copyright Treaty,WCT)和《世界知识产权组织表演和录音制品条约》(The World Intellectual Property Organization Performances and Phonograms Treaty,WPPT),这两项条约明确了在信息网络环境下对软件、数据库等的版权保护和对信息数字化、网络传输、技术措施、版权信息等的具体要求。

虽已加入世界贸易组织(WTO)十余年,但中国知识产权保护工作和西方国家仍有一些差距,而这正是中国商户进入世界市场必须面临的现实法律问题。中国商户在进行跨境电子商务活动前,应充分认识到中外知识产权保护法律的不同之处,有效规避法律风险。

知识产权案例：

美国享有商标权的品牌商雇人在跨境电子商务平台上购买中国卖家涉嫌侵犯其知识产权的商品，在购买过程中留存买卖双方的聊天记录、商品图片等材料，并获取中国卖家的 PayPal 账户名称。品牌商继而委托知识产权律师，以上述聊天记录、商品图片等作为证据材料，向美国地区法院提起知识产权诉讼，要求法院下达冻结可能侵犯其知识产权的卖家的 PayPal 账户的指令。

从上述 PayPal 账户被冻结事件来看，美国品牌商利用了美国严苛的知识产权法律和支付平台未能有效监管的漏洞，提起知识产权诉讼，以实现其知识产权权益的最大化。由于在美国打官司费用高昂，我国大部分跨境电子商务企业没有选择积极应诉，他们的 PayPal 账户及资金被冻结甚至清零。

中国商户想要顺利参与跨境电子商务的长远之策，还是应当努力提升自身知识产权保护意识。跨境电子商务业务是通过互联网进行的，而互联网具有无国界、跨地域等特点。在开展跨境电子商务的过程中，学习国外的相关法律并善于运用法律维护自身商业利益，是解决问题的关键所在。

（3）个人隐私风险。顾客在进行跨境电子商务交易的过程中，为了确认身份或保证通关和提供服务，跨境电子商务企业会让顾客提供个人信息。虽然国内法律也对电子商务经营者规定了严格的保证信息安全的义务，但因为互联网的特性和各种技术的发展，也发生过个人信息被窃取的个别事件。

在网络环境下，电子商务企业为了增加和稳定顾客，需要对个人数据进行深度挖掘。通过顾客的背景信息和交易数据可以总结出顾客的购物习惯、经济状况及网上采购的经历。同时，点击流数据还包含了顾客经常访问的网站、访问时间等个人信息。电子商务企业通过对这些信息的挖掘和使用为顾客提供服务，同时顾客的个人隐私也面临着被泄露的风险。

西方国家从 20 世纪 60 年代就开始了隐私权的立法，20 世纪 90 年代中后期又开始了数据保护的立法。在跨境电子商务管理的过程中，应关注美国、英国、加拿大、欧盟、日本等国家对个人隐私的法律法规的要求。

（4）纠纷的风险。由于跨境电子商务不受地域限制，如果发生跨国电子商务交易纠纷，就会涉及管辖权与适用准据法的问题。对于涉外民事纠纷，若交易双方没有管辖法院、仲裁地和准据法的约定，在我国原告可以根据民事诉讼法相关规定到有管辖权的法院提起民事诉讼。但是如果与网络交易相关的程序法没有国际协商和相互认同，那么依据本国的法律做出的判决只在本国生效，这使得跨国的判决执行并无实际意义。

2016 年，联合国国际贸易法委员会通过了《跨境电子商务交易网上争议解决：程序规则》，旨在促进跨境电子商务贸易网上纠纷的有效解决，协助网上管理人、平台、中立人及各方当事人高效、公平地解决网上纠纷。

7.1.4 制度建设

1. 制度建设的重要性

规范化管理是跨境电子商务企业一项需要持续改进的工作，它是各项工作正常有效开展的基础，是企业发展的有力保障。

（1）提高运行效率。标准的工作流程是在实践操作中不断进行总结、优化和完善的产物，在这一过程中积累了科学的分析方法和最佳的实践经验，因此能显著提高工作效率。通过提高每个环节的效率，必然会提高整体的运行效率。

（2）为工作提供统一指导。如果跨境电子商务企业在操作上没有一个统一的工作规定，就会导致不同时段不同人员的工作方式不一样，从而影响整体的运作效率和运作质量。而且由于人员变动，新聘用的人员要从头摸索更好的工作方式，这会浪费很多时间和精力。因此这项制度可以为新聘用的员工提供统一的培训和指导。

（3）降低运营成本。由于规范化管理能优化运营，提高和保证质量，从而降低人员雇佣数量，减少服务质量保证成本和资源投入成本，从而降低整体运营成本。

2. 制度的编制

1）基本原则

跨境电子商务企业编制的制度应具有可操作性、系统性、合法性、平等性四大基本原则。制度的可操作性是指在编制制度时应从业务实际需求和管理规律出发，以现有管理水平为基础逐步进行优化和完善，不能脱离当前人员素质和文化习惯，否则这样的制度不但很难具有可操作性，还有可能带来较大的管理风险。系统性是指在编制制度时要坚持全面、统一的原则，要从全局的角度出发，避免出现相互矛盾的情况，保证制度体系整体的协调顺畅。合法性是指制度不能与法律法规发生冲突，否则就会缺少法律效力。平等性是指编制的制度对各级管理层都应该一视同仁，不能因职位等方面的高低而有所区别，应坚持责任、权限、利益相一致的原则。

2）编制制度

（1）全员参与。制度编制是一个"自上而下"和"自下而上"的过程，各项制度的编制都要经过全方位的论证，都要充分考虑和吸收各方面的建议和意见，以形成大家能共同接受、共同遵守的合理制度。编制制度时仅仅靠一个或几个人的苦思冥想是很难达到理想效果的，全员参与，多沟通、多论证是制度编制必须要做好的一个环节。

（2）借鉴引进。每个企业都有自己优秀的管理思想和经验，而这些优秀的管理思想和经验往往都体现在制度或管理模式上，所以在编制时可以借鉴其他跨境电子商务企业成熟的管理经验，结合自己的管理文化和管理体系，形成符合自身需求的管理制度。借鉴引进是跨境电子商务企业制度建设的一条捷径。

（3）调查研究。调查研究就是要运用正确的观点、合理有效的方法，深入企业内部实际了解情况，进行综合分析，制定切合实际、规范有效的制度。调查的方式一般可采用普遍调查、会议调查、访问调查、收集书面材料等，编制时可根据制度类型的需要选取一种或几种调查方式。只有经过调查研究制定的制度才会更科学、更具有可操作性。

（4）有效覆盖。制度的有效覆盖体现了企业管理的充分性。跨境电子商务企业的关键服务管理过程应制度化，使各过程规范有序地进行，以提高工作效率，减少管理成本。制度健全完善的程度也体现出跨境电子商务企业的规范化管理水平的高低。

3）制度的持续优化

跨境电子商务企业的制度不是一成不变的，随着内部和外部环境的变化，制度要被不断地修订、更新、废止，以保持其有效性和适用性，从而适应跨境电子商务企业管理和发展的需要。任何一名员工都可以对制度提出修订、完善的建议。

3．跨境电子商务企业应建立的制度

跨境电子商务企业宜建立文件化制度，可在任何媒介中建立和维护该文件化制度。文件化制度应包括但不限于以下内容：
- 服务承诺；
- 在线服务规范，包括信息展示、意向生成、下单、支付和确认、退/换货、售后、申/投诉等；
- 顾客隐私保护规范，包括顾客信息收集、使用、保密、防止泄露和补救措施等；
- 风险防控机制；
- 其他需要披露的信息，如资质、承诺信息、联系方式、交易量、成交率、平均退货处理时间、最近交易时间、库存信息、配送信息、买方评价信息、交易统计信息等。

文件化制度在发布之前都应被充分评审，无论何时、何处需要这些信息，均可获得并适用。

7.2 商品管控

7.2.1 商品准备

1．跨境电子商务市场分析

市场分析是指为了满足跨境电子商务企业目前及未来发展的需要，针对所采购的商品，系统地进行价格、采购量、供应商、供应风险等基础数据的搜集、整理和

分析，为采购决策提供依据。

1）市场细分的标准

细分市场可以从产品出发，以中、高、低端细分；也可以从品类专业化出发，按消费者年龄层、性别等条件进行具体划分；还可以从风格差异化入手，拥有自己的风格，让人容易记住[14]。

市场细分的标准具体包括：

- 地理环境因素。顾客所处的地理环境、地理位置，包括地理区域、地形、气候、人口密度、交通运输和通信条件；
- 人口和社会经济状况因素。包括顾客的年龄、性别、家庭规模、收入、职业、受教育程度、宗教信仰、民族、家庭生命周期、社会阶层等；
- 购买行为。主要对顾客购买行为方面的特性进行分析。如购买动机、购买频率、偏爱程度及敏感因素（质量、价格、服务、广告、促销方式、包装）等方面区分不同的顾客群体。

2）市场定位

市场定位，也就是商品定位，是根据市场的竞争情况和本企业的条件，确保销售商品在目标市场上处于有利的竞争地位，并制定一套详细的市场营销策略。跨境电子商务企业的市场定位是根据竞争者现有商品在市场上所处的位置，针对顾客对商品的某种特征、属性和核心利益的重视程度，强有力地塑造出本企业商品与众不同的、给人印象深刻的、鲜明的个性或形象，并通过一套特定的市场营销组合把这种形象迅速、准确地传递给顾客，影响顾客对该产品的总体感觉[11]。

市场定位最重要的就是满足需求，跨境电子商务企业的市场定位一般包括3个步骤：

（1）调查研究影响定位的因素。首先要了解竞争者正在提供何种商品，在顾客心目中的形象如何，并估测其商品成本和经营情况。大部分从事跨境电子商务的中型和小型企业所提供的商品和服务与竞争对手基本雷同，存在很大的同质性。所以及时获取竞争对手的情报成为营销竞争的关键要素。在跨境电子商务中，可以利用大数据来完成对竞争对手情报的分析[14]。

其次要了解购买者对其欲购商品的最大偏好和愿望，以及他们对商品优劣的评价标准是什么，以此作为定位决策的依据。由于语言和文化等因素的差别，不同地区顾客的购物喜好存在差异。

（2）选择竞争优势。跨境电子商务企业要确认目标市场的潜在竞争优势是什么，然后才能准确地选择竞争优势。跨境电子商务企业可通过与竞争对手在商品、促销、成本、服务等方面的对比分析，了解自己的长处和短处，从而认定自己的竞争优势，进行恰当的市场定位。在定位商品时，卖家可以想想自己的品牌、店铺、商品的记忆点是什么，而不是千篇一律地卖同质化产品。找对了方向和市场定位，就可以增加商品的附加值，提高客单价。

（3）准确地传播企业的定位观念。跨境电子商务企业在做出市场定位决策后，还必须大力开展广告宣传，把企业的定位观念准确地传播给潜在购买者。

2. 顾客行为分析

互联网的发展促进了顾客主权地位的提高，网络营销系统巨大的信息处理能力为境内外的顾客提供了前所未有的选择空间。目前跨境电子商务顾客需求的主要特点包括：

（1）顾客消费个性的回归。跨境电子商务市场的商品越来越丰富，顾客选择商品的范围覆盖全球，商品的设计也越来越多样化，顾客开始制定自己的消费准则，个性化消费成为消费的主流。

随着居民收入的增长和中高收入群体的扩大，顾客的购买力日益增强，对优质生活有了更高的需求。"海淘"使顾客可以花更少的钱买到更优质的商品，这一特性使它迅速成为引领消费升级的新型购物方式。另外我国已进入个性化、定制化消费的新阶段，尤其是"80后""90后"已成为市场消费主体，他们更加追求个性化、时尚化和高品质，对品牌的崇尚已超越国别和地域的限制，求购境外商品成为一种平常的选择。

（2）顾客需求的差异。跨境电子商务企业的顾客来自世界各地，有不同的民族、信仰和生活习惯，因此会产生明显的需求差异。跨境电子商务企业必须认真思考这些差异，从商品的设计、制造、销售到商品的包装、运输，针对不同顾客的特点，采取相应的措施和方法。

（3）追求消费过程的方便和享受。顾客在网上购买商品，可以利用生活中的碎片时间，节省时间和劳动成本。另外还能获得在线下商店没有的乐趣。

（4）顾客选择商品趋于理性化。跨境电子商务系统巨大的信息处理能力为顾客挑选商品提供了很大的选择空间。顾客会利用在网上得到的信息对商品进行反复比较，以决定是否购买。

（5）价格是重要因素。对顾客来说，价格虽然不是顾客决定购买商品的唯一因素，但也是顾客购买商品时要考虑的重要因素。跨境电子商务之所以具有生命力，是因为它省略了从批发到零售过程中的多个环节，有效降低了商业成本，商品价格比传统外贸低。同时，跨境电子商务依托网络将商品研发设计、采购、生产、仓储、物流配送与顾客需求信息建立关联，有效缩短了供货周期。与传统外贸模式相比，跨境电子商务具有运营高效、成本节约的优点。

3. 选择商品的原则和标准

对于跨境电子商务企业来说，成功的第一步就是选择合适的商品。正确的选品需要了解自己企业真实的商品优势、目标客户群体、目标市场群体、竞争对手的市场竞争力、产品的盈利能力和商品的售后服务等一系列问题。一般来说我们可以根据下面几点来进行跨境商品的选择。

1）选择商品的原则和标准

（1）持续盈利。虽然现在跨境电子商务市场的利润率已经远远不如前几年，但是只有持续赢利才可以带来持续发展。

（2）易于国际物流运输。跨境电子商务企业对于商品品类选择的一个重要的核心点就是容易清关、适合国际物流运输，一些体积巨大、容易破碎的产品品类做跨境远程国际运输是不合适的。应该选择一些产品体积相对小、适合国际物流的产品品类。

（3）售后成本少。跨境电子商务企业遇到顾客需要售后服务时，因为物流成本高，一般都是卖家花钱买顾客的满意，但是这样的频率不可能太高，因为频率高就意味着巨大的市场成本。所以在选择跨境电子商务产品品类时，应该选择一些售后成本比较低，或者基本上不需要售后服务的产品。

（4）爆款产品。爆款产品是一个跨境电子商务企业吸引流量的核心，也是未来跨境电子商务企业品牌之路的基础。可通过运营数据工具调研出行业最热、成长最迅猛的商品，并通过对商品的市场调研、对竞争对手的市场分析和对目标市场客户的消费热度等数据的分析，最终确定爆款的品类选择。

2013年，在线支付平台PayPal发布了全球跨境电子商务报告。报告显示，美国、英国、德国、澳大利亚和巴西这五大跨境电子商务目标市场对中国商品的网购需求在2013年达到约679亿人民币，报告中预计到2018年，这一数字将翻两倍，激增至1440亿人民币。在海外，各个市场的热门消费类别显现出地域特点，例如德国消费者偏向于购买家庭电子产品，而巴西消费者热衷于购买电脑硬件。

据中国电子商务研究中心（100EC.CN）的监测显示，2016年国内顾客跨境网购最爱购买的是美妆护理、母婴、鞋服、食品、饰品箱包，其中美妆护理及母婴是消费占比最高的品类。根据跨境网购顾客的属性分类，年轻的消费者、奶爸奶妈成为消费主体，"脸面"消费与家庭消费成为跨境网购的主流。美妆护理产品及母婴产品也自然成为消费热点。随着商品品类越来越多，进口电器、进口家居、进口轻奢品等也将逐渐成为中国跨境网购顾客的选择。

2）选择商品的注意事项

跨境电子商务企业应保证销售的商品符合《中华人民共和国禁止携带、邮寄进境的动植物及其产品名录》要求，不销售以下商品：

- 《中华人民共和国进出境动植物检疫法》规定的禁止进境商品；
- 未获得检验检疫准入的动植物源性食品；
- 除生物制品以外的微生物、人体组织、生物制品、血液及其制品等特殊商品；
- 可能危及公共安全的核生化、涉恐及放射性商品；
- 废旧物品；
- 法律法规禁止进境的其他商品和国家质检总局公告禁止进境的商品。

7.2.2 商品质量

2016年国家市场监督管理总局针对风险问题总共检测了26273批跨境电子商务食品和化妆品，其中检测出来不合格的有1210批，不合格率为4.6%，是正常贸易渠道不合格率的5倍多。国家市场监督管理总局还抽查了电子商务渠道进口的玩具、纸尿裤、服装和厨房用具等，总共抽检了1013批，发现不合格的有415批，不合格率达到了40%多。屡遭曝光的跨境网购商品质量事件开始动摇顾客对这个市场的信心。为维护商品质量，保护顾客的合法权益，各跨境电子商务企业加大了对商品的监管力度。除了质量问题，热爱购买海外商品的顾客还关心自己购买的商品能否保证是正品。关于正品保证，质疑的声音一直没有消失过，相关问题也频频被媒体曝光。因此，跨境电子商务商品质量问题不但关系到顾客的切身利益，同样也是跨境电子商务企业保住信誉口碑的关键。iiMedia Research（艾媒咨询）的数据显示，73.8%的海淘顾客会根据品牌知名度决定是否购买该商品，62.1%的用户看重商品评价内容，商品质量和商户信誉是顾客购买时主要考虑的因素。

跨境电子商务企业可考虑从以下几方面管控商品质量：

（1）选择供应商，从采购上保证跨境商品质量。首先，应制定对供应商的控制和管理规则，确保销售商品的货源和商品质量。由于跨境电子商务商品的销售市场面向全球消费者，具有跨关、跨境文化特性，且商品追求个性化和功能化，商品质量需要符合不同地域的强制性规范和标准要求。因此，选择采用国际标准组织生产和销售的供应商是最好的选择。

案例分享：跨境电子商务企业洋葱海外仓所售产品均保证100%海外品牌原产地直采，是品牌方的一手货源，并且所有产品经大宗采买后存放于洋葱海外仓5大海外仓及1个香港中转仓中，均为海外直邮。客户通过洋葱海外仓商城下单后，这个订单便通过后台系统同步传送至此订单货品所放置的海外仓，而后便与其他成千上万的用户订单里的相同货品一起集货，由海外仓空运至香港中转仓，再经由国外海关清关、香港中转仓分拣、香港海关清关、中国海关清关、国内物流，最终到达客户手里。在这个过程中，洋葱海外仓所售的商品前后经历了国外海关、中国香港海关、中国内地海关多重海关的监管，中国香港海关严格检验商品准入资格、原产地、集货来源；中国内地海关严格查验、征税、抽检，对所售商品进行备案核实，确保了洋葱海外仓商品的质量和品质。

（2）建立商品质量内部检测制度，及时发现并清理问题商。为保障商品质量安全，跨境电子商务企业应全面导入商品的质量管理理念，建立独立于营销管理的质量管理制度，加强商品的质量检查和质量监督。商品的质量管理应由事后质量检验把关控制转变为"预防式"的事前控制和事中控制。由商品的质量问题责任追究和结果考核向原因分析、持续推行质量改进转变。质量问题的发生必然有其产生的原因，如果一味追究责任和进行经济处罚，只会隐瞒小问题，最终积累成大的质量事故，为此应对发现的问题进行商讨改进并提出预防措施，避免同样的问题重复发生。

> **案例分享**：云集品平台巧用顾客监督制度实时"监控"商品质量，对于商品的价格、质量、宣传点启动用户自纠自查，只要顾客发现假冒伪劣产品，投诉到公司，公司会立即着手调查，如事情属实，会让该商品下架；如果是假货，那么将永久下架；如果是以次充好，就会要求商户整改，通过审核后才能上架。并且云集品已经成立质量监督管理部门，专门对所有商品进行品质控制。

（3）做好售后保障，增强顾客信赖感。跨境商品的售后服务也直接影响企业在顾客心中的认可度。2017年4月14日，iiMedia Research（艾媒咨询）发布了《2017年中国网民针对跨境电商售后服务关注度调查报告》。艾媒咨询的数据显示，超过三成的海淘顾客表示对海淘经历不满意；67.2%的网民对跨境电子商务企业消极对待售后服务表示担忧；此外，无处申诉维权也是海淘顾客较为忧虑的因素，其占比为59.1%。海淘市场顾客规模庞大，为跨境电子商务企业的发展提供了巨大的市场空间，但有效减少商品退还时间、保障海淘顾客消费权益，已经成为所有跨境电子商务企业亟待解决的关键问题。

跨境电子商务售后服务的重要性主要体现在服务营销、企业竞争力、品牌知名度和创造价值4个方面，如图7-13所示。

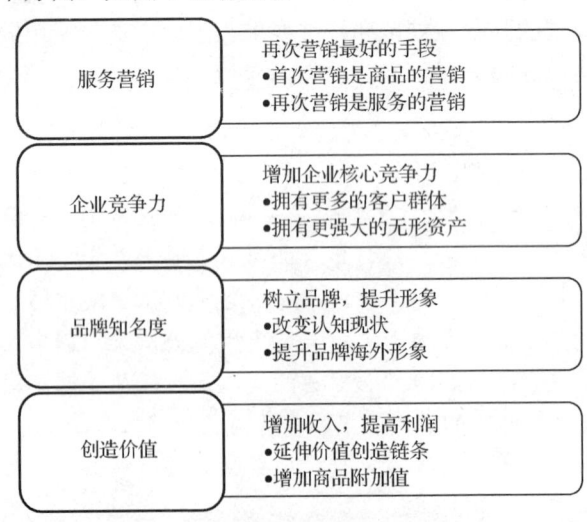

服务营销	再次营销最好的手段 ·首次营销是商品的营销 ·再次营销是服务的营销
企业竞争力	增加企业核心竞争力 ·拥有更多的客户群体 ·拥有更强大的无形资产
品牌知名度	树立品牌，提升形象 ·改变认知现状 ·提升品牌海外形象
创造价值	增加收入，提高利润 ·延伸价值创造链条 ·增加商品附加值

图7-13 跨境电子商务售后服务的重要性

在售后服务过程中，跨境电子商务企业客服人员的服务占有非常重要的地位。客服人员通过沟通技巧可以及时化解纠纷，增加顾客的忠诚度。客服人员的沟通需要注意以下几点：

- 主动联系顾客。客服人员在交易过程中要多主动联系顾客。顾客付款以后，还有发货、物流、清关、收货和评价等诸多过程，卖家需要将发货、清关以及物流信息及时告知顾客，提醒顾客注意收货，这些沟通既能让顾客及时掌握交易动向，也能够让顾客感觉受到卖家的重视，促进双方的信任与合作，从而提高顾客的购物满意度。
- 注意沟通方式。客服人员尽量以书面沟通的方式为主，应该避免与国外顾客进行语音对话。用书面的形式沟通不仅能让买卖双方的信息交流更加清晰、准确，也能够留下交流的证据，利于后期可能出现的纠纷处理。客服人员要保持在线，经常关注收到的信息，对于顾客的询盘要及时回复。否则，顾客很容易失去等待的耐心，跨境电子商务企业也很可能错失买家再次购买的机会。
- 注意沟通时间。由于时差的缘故，跨境电子商务企业客服人员日常工作（北京时间8点～17点）时会发现大部分国外顾客的即时通信都是离线的。当然，即使国外顾客不在线，卖家也可以通过留言联系顾客。客服人员应尽量选择顾客在线的时候联系，沟通效果更好。

（4）引入保险机制，增加顾客信心。跨境电子商务企业可引入保险机制，控制商品质量风险，增强顾客信心。如洋葱海外仓为广大海淘用户投保了6大针对性险种，包括正品险、本土版本险、货损险、丢件险、有效期险和延时险，确保商品全程合法，来源正规，遇假即赔。中华联合财产保险股份有限公司承保，豆沙包科技（上海）有限公司提供全方位的保险解决方案技术支持。

7.3 质量追溯

跨境商品由于供应链长、中间环节把关困难，商品质量问题成为不少顾客的心结。跨境电子商务企业应了解国家对跨境电子商务商品质量监管要求和质量追溯机制的建设情况，了解电子商务平台的第三方产品质量追溯系统，各方密切协作，提高质量追溯能力。

1. 国家层面

在国家层面上，质检总局在质量安全追溯体系制度建设方面取得了一些进展，在《质检总局关于进一步发挥检验检疫职能作用促进跨境电子商务发展的意见》中明确提出，"要构建跨境电子商务质量追溯体系，充分运用信息化手段，建立以组织机构代码和商品条码为基础的电子商务产品质量追溯制度"；下发了《跨境电子商务经营主体和商品备案管理工作规范》，要求跨境电子商务经营主体和商品必须在检验检疫机构备案，为构建跨境电子商务质量安全追溯体系建设奠定了一个坚实的基础[18]。

目前国家追溯标准尚未建立,追溯体系建设主要通过试点方式开展。广东检验检疫局建立了"智检口岸""单一窗口"服务平台,消费者既可快速查询跨境电子商务商品18项信息,也可进行质量反馈、投诉举报和咨询;南沙、鄞州、天津等检验检疫局采取在跨境电子商务商品上加贴防伪溯源标识、二维码、条形码等手段,让顾客只要通过智能手机扫码,即可查询到商品相关信息。

2. 企业层面

国家市场监督管理总局明确要求跨境电子商务企业通过"企业备案"和"商品备案"明确跨境电子商务商品质量安全被追溯的主体责任。建议建立一套互通互用的跨境电子商务质量安全追溯标准体系,比如追溯信息采集和交换标准、追溯标准体系构架、检验检疫业务流程等,追溯要素应包含企业备案信息、产品备案信息、保税货物入区信息、小包裹出区信息及其"三单"信息;同时确定全国通用的 CIQ 溯源码名称,并适时将部分推荐性标准提升为强制性标准。

为了给顾客提供更好的商品质量保障,跨境电子商务企业在商品质量保障上也采取了相应的措施。例如,亚马逊依托全球网络覆盖及与品牌方或其授权的一级供货商直接合作,拿到一手货源,确保真正的原装进口,亚马逊海外购商品全部由欧美日直发中国;京东提出了"跨境溯源"的概念,成立了"跨境溯源联盟";天猫国际则升级全球原产地溯源计划,利用区块链等先进技术及大数据技术跟踪进口商品全链路[19]。

跨境电子商务企业应充分发挥现代信息管理技术的作用,收集和更新监管机构的要求,建立跨境商品质量安全追溯机制。可参考以下措施:

- 采用统一的进口商品编码和溯源标识;
- 建立和管理商品流转溯源信息,如商品进货、入库、销售、出库等环节的溯源信息,追踪商品流向;
- 在商品包装或随附文件上附加商品溯源的标识。

7.4 持续改进

持续改进是实现跨境电子商务企业目标、不断增加商品或服务价值和增强企业活力的有效手段,是打造优秀的管理团队和改善、优化、整合资源的先进方法,是实现跨境电子商务企业持续发展的活力源泉和不竭动力,是在全员目标管理基础上的不断创新。

一般说来,持续改进有如下环节:查找问题、提出改进措施、实施改进、评估有效性。这是一个螺旋上升的过程,跨境电子商务企业正是在不断发现问题和解决问题中前进的。为了确保持续改进活动的有效实施,跨境电子商务企业应注意以下几个问题：
- 管理层要切实重视；
- 企业内部应紧密协作；
- 全员参与。

> **案例分享：** 亚马逊针对国内卖家改善了一项"销售建议"服务。亚马逊具有强大的大数据分析能力，能随时给卖家提供销售提示，比如何时应该增加库存，或者某个产品在亚马逊卖得特别好，建议有类似产品的商户介入等。这部分工作通过自动发送邮件给所有卖家完成。但由于邮件内容全部都是英文，很多中国卖家看了之后反馈邮件难以阅读。亚马逊中国及时将邮件全部中文化，方便中国卖家更好地使用。

7.5 本章小结

本章对跨境电子商务服务管理模型的管理要求进行了研究，分析了对跨境电子商务企业经营能力和产品管控能力的具体要求，包括服务承诺、资源管理、风险防控能力、制度建设、商品准备、商品质量、质量追溯和持续改进等。只有规范化管理要求，才能增加跨境电子商务服务管理的效率和效果，提升服务质量，提高顾客的信赖度和忠诚度。

第 8 章　服务要求

跨境电子商务服务管理模型中的服务要求如图 8-1 所示。

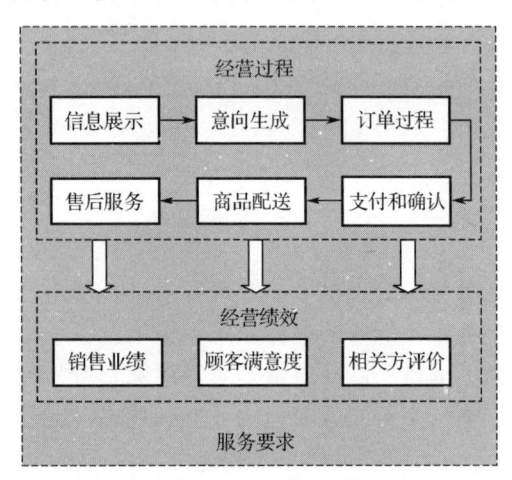

图 8-1　跨境电子商务服务管理模型中的服务要求

8.1　经营过程

8.1.1　信息展示

1. 页面感知

1）页面感知服务内容

良好的页面感知是营造良好顾客体验的第一步。跨境电子商务网站的页面设计包括符合顾客习惯的页面和简约清晰的导航，满足顾客搜索便捷以及得到快速响应的要求，具体要求有以下 4 点。

（1）根据顾客的语言、审美习惯和访问习惯确定页面的设计风格和版式。
- 页面风格辨识度高，风格独特；
- 可选择不同的语言；
- 页面布局合理；
- 页面信息展示形式丰富；

第 8 章 ■服务要求■

- 页面长度合适。

（2）导航结构和名称清晰。

- 直观而简单的导航；
- 导航工具能使顾客完整和快速地访问页面的信息和各个区域；
- 新手指南包括购物流程、支付方式、通关税费和常见问题。

（3）提供搜索内容的各种排序机制。

- 提供好评排序机制；
- 提供价格（从高到低或从低到高）排序机制；
- 提供销量排序机制；
- 提供人气商品排序机制；
- 提供好评、价格、销量和人气商品综合排序机制。

（4）页面加载快速和准确。

- 页面加载快速，不会掉线；
- 页面信息下载等待时间短；
- 及时的纠错和帮助功能。

快速响应强调的是速度，包括页面的访问速度和现在越来越多的电商 App 的访问速度，以及顾客能通过页面轻松快捷地实现操作。顾客在访问或操作商品页面的时候，如果反应速度慢，很多人就会离开访问的页面。一般顾客都会有一个忍耐度，超过了这个忍耐的极限，就会选择放弃。最佳的是能做到即时响应，但这主要取决于网络环境。当页面的加载时间能够达到 1 秒以下时，对于一般顾客来说已经和即时响应差不多了。根据主流电商网站的评测报告显示，目前只有易讯和 1 号店的页面加载时间是低于 1 秒的，其余的都或多或少超过了 1 秒。页面的访问速度会对顾客的浏览操作体验产生很大影响，所以要从技术的角度对网站页面加载速度做优化，减少加载时间，提升响应速度，以保证顾客流畅的购物体验。

同时，在商品的页面上还会有新手简单易学的操作指南，提供便捷渠道指示，帮助顾客轻松简单地找到各种功能。

2）网页设计

跨境电子商务企业设计网页时要根据顾客的审美和操作习惯进行布局和排版，需遵循以下原则。

（1）设计网页需要符合顾客的习惯。一般来说，顾客首次浏览网页通常不会详细阅读内容，而是会快速滑动页面，大致浏览一遍，如果看到感兴趣的信息便停下仔细阅读。

顾客的这种习惯意味着什么？这意味着网页的设计必须具有高度一致性，顾客看到前面的网页布局，对后面的网页布局会有一致的"预期"：他会认为后面的网页布局也应该如此，所以不要破坏顾客的阅读节奏感。

109

同一网页的各个元素及各个子网页之间必须要具备一致的联系性，也就是说，设计模式应该统一。再举个简单的例子，如果主页的导航栏布置在上方，子页面的导航栏布置在侧边，你认为顾客会高兴吗？这就是不符合顾客的访问习惯。

（2）网页内容需简约和完整。网页的设计必须简约，任何无用的特质都必须移除；与此同时，网页的设计必须能够满足顾客需求，提供所有顾客想了解的商品信息。

太简单的网页如果没有内容支撑，那么从里到外就真的是"空洞无物"了；太复杂的网页如果缺少简约的收束，那么便会让顾客感到阅读困难。

"言简意赅"的网页设计才是好设计。

总结起来就是，一个布局、风格具有简约美，同时又能提供大量有价值信息的网页必定受顾客欢迎。

（3）信息层级要清晰，加载速度要快。每个人都想通过简单的操作便能从互联网获取所需的信息。互联网的信息浩瀚如海，我们并不是唯一的信息提供者，因此如何在最短的时间内吸引顾客的注意力和兴趣，是设计网页时需要重点考虑的内容。

这其中亘古不变的是，顾客时间宝贵，缺乏耐心。如果你不能提供便捷的信息，那么他们会选择离开，进而寻找其他网站来谋求信息。

想要做好这一点？简单来说，就是信息层级要清晰，加载速度要快。

但其实也不简单，就加载而言，举一个网页加载进度示例，如图8-2所示。

图8-2　网页加载进度示例

图8-2中的3种加载方式，中间的方式最迂腐。顾客会想："这等到什么时候会是个头啊！"右面的方式会不会好一点？答案是不会，想想你一直盯着这个进度条，会不会感觉越来越急躁，越会有"怎么这么慢"的感觉。

左边好不好？也不好，旋转指示条转得快，顾客会认为加载速度很快，顾客会想："加载得这么快还没有完全载入，这是设计的问题吗？"转得慢，顾客会认为"这是网络问题，加载得居然这么慢。"

上面这3种方式都是为了告诉顾客："请等待！"所谓的旋转读取、进度读取只不过是一种心理骗局：无论多快、进度条多充盈，在没有完成加载前，顾客还是看不到页面信息。顾客心中没有"等待"一说，他们要的是即时响应速度。

（4）将导航菜单作为交互的"核心"。交互式导航菜单示例如图8-3所示，各个网页的导航栏必须具备一致性。有时候，好的网页设计和差的网页设计的差距就在导航菜单上，好的导航菜单可以成就一款设计，坏的导航菜单可以毁灭一个网页。

第 8 章 ■服务要求■

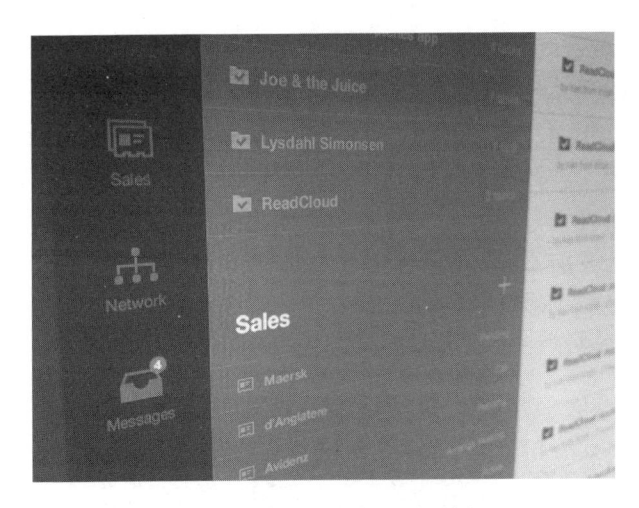

图 8-3　交互式导航菜单示例

每当顾客有问题时，都会习惯性地翻阅导航菜单，这也是顾客的习惯。导航是网页设计的核心元素，会直接影响到网页的交互性。

（5）提供多种搜索排序机制。商业推广的结果是改变过去以价格为主的排序机制，改为以信誉度为主、价格为辅的排序机制；控制商业推广结果数量，对搜索结果页面，特别是首页的商业推广信息数量进行严格限制，每个页面商业推广信息条数所占比例不超过 30%；对所有搜索结果中的商业推广信息进行醒目标识。

（6）用心的设计都有清晰的视觉层级。明智的设计师不仅会创造内容，还知道如何高效组织内容、传递信息。视觉层级对于信息传递来说异常重要。优秀的视觉层级还能帮助设计师强化设计理念。

从图 8-4 所示的视觉层级设计示例可以看出，空间排布、间距使用、整体布局，归根结底，都是为了打造优秀的视觉层级。

图 8-4　视觉层级设计示例

111

3）首页导航设计

这里重点介绍一下首页导航设计的注意事项。

（1）符合网站内容结构。在设计电子商务网站的导航之前，应该对网站的整体内容有一个全面的了解，并且将网站内容进行归类。这里涉及的一个问题就是，不需要把所有的板块都在导航上完完整整地展现出来。电商网站普遍有两个导航，分别是网站头部的总导航和侧边的分类导航。一般来说，总导航会比较笼统地展示网站商品，而分类导航则会比较详细。无论在体验还是视觉上，总导航的内容过多都会给人拖泥带水的感觉。如图8-5所示，当当网的首页导航分类就显得比较复杂琐碎。

图8-5　当当网的首页导航

另一方面，导航中显示的内容应该是与网站内容紧密相关的，这也体现了导航与内容的匹配度。正如当当网的首页导航，在导航周边融入一些广告无可厚非，运用得恰当不仅不会遭到顾客的反感，相反还能提升顾客的满意度，但需要注意的是应该尽量避免与本站内容无关且广告成分过于明显的一些内容，过量的无关广告势必会让顾客感觉在购物时受到干扰。

（2）结合网站业务目标。首页中的导航就是网站当下情况的一个缩影，顾客通过导航就能大概了解网站销售的是哪些商品。因此，导航很有必要随着网站主营商品的变更或是根据商品销量的变化而变化，让呈现在顾客面前的导航始终与网站本身内容及时下的热门贴合。在网站的运营过程中，许多问题会逐渐浮现出来，所以网站的改版也是无法避免的过程之一，但在改版之前，应该先列出所有的问题，再思考这些改动能否真正解决问题。

图8-6所示的是唯品会改版前的首页导航。

图8-6　唯品会改版前的首页导航

图 8-7 所示的是唯品会改版后的首页导航。

图 8-7　唯品会改版后的首页导航

不同的网站项目设计过程，单从过程本身来说基本上是大同小异的。至关重要的是，每一次网站的设计都应根据顾客不同的业务需求制定不同的设计目标，一旦你心中有了这个目标，就应该时刻提醒自己，你的设计无论多么花哨或是简单，都必须把这一目标完完整整地体现出来。在图 8-7 中，唯品会在目标的体现上还是比较明显的，把自家主营的商品栏目种类，包括近期的活动用最清楚的方式展现出来，很有效地减少了顾客思考的时间，让顾客在最短的时间内做出决定。

（3）遵从顾客的使用习惯。根据顾客的使用体验和感受来设计网站是必要的，但往往有很多设计师会用周围同事的意见代替大部分顾客的意见，这一点是非常不可取的。在做导航设计的时候，设计师应该把使用对象都看成新顾客或是没有耐心的顾客，尤其对于电子商务网站，在第一时间就要满足顾客的需求，尽量削弱导航的学习性，如鼠标悬停的分类打开方式就可以在很大程度上降低顾客的学习成本。

顾客在页面停留的时间都是按秒来计算的，因此导航必须一目了然，让顾客产生依赖感。当顾客的鼠标从一级导航移动到二级导航的瞬间，有时会因为移动角度和时间上的偏差无意悬停在下面的一级分类中。虽然这只是一个不经意的小细节，但会让一些不耐心的顾客非常恼火。根据 AnyForWeb 的初步调查，目前市面上比较主流的电子商务网站在这一点上都做得比较合格。

另外，亚马逊的网站导航有些过于"简洁"。亚马逊导航示例如图 8-8 和图 8-9 所示，导航的底色和网页底色、导航的字体和网页的字体都过于相近，这在查看的某一瞬间会造成顾客的视觉混淆。

113

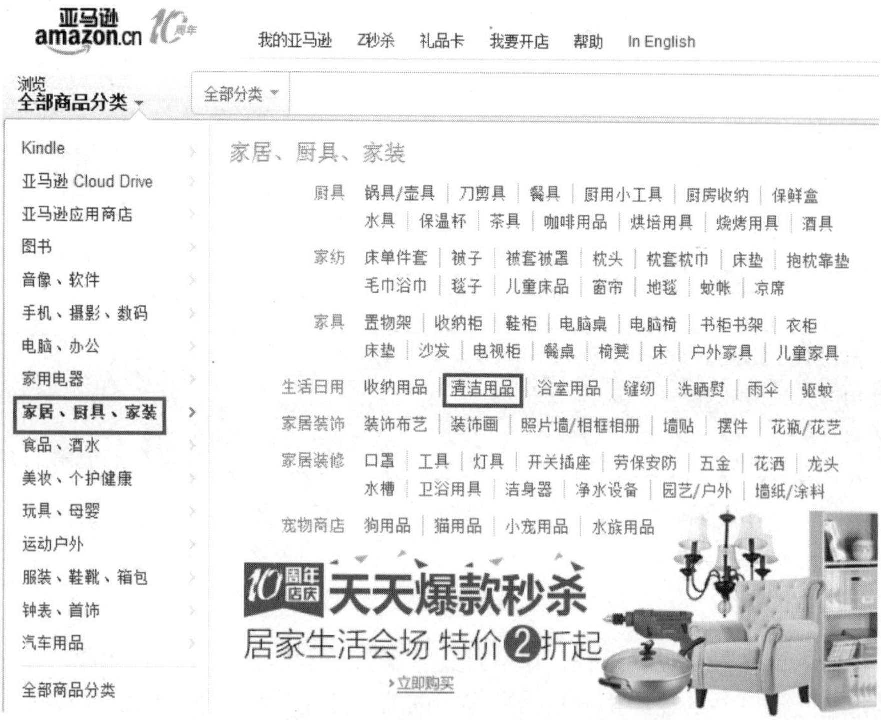

图 8-8 亚马逊导航示例一

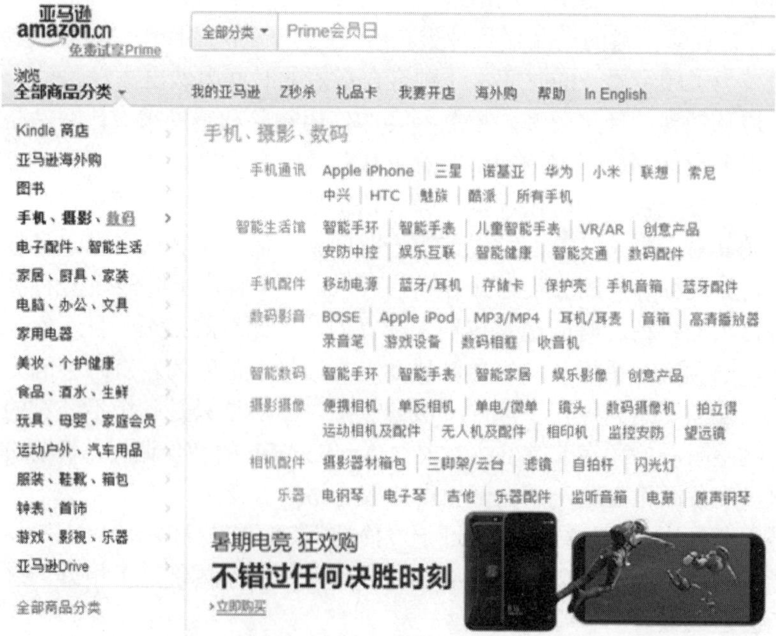

图 8-9 亚马逊导航示例二

（4）避免重复的分类。上文中已经提到，在导航的设计过程中首先要对网站的整体运营内容有一个全面的了解，了解之后才能拟订具体的板块，而首页导航的作用就是将这些板块做出详细的分类，在清楚导航的目的和重要性之后，把类似的板块拼凑在一起，形成一个整体，这就是主导航了。在主导航的左下方或右下方会有一个比较全面完整的分类导航。在一些较为知名的电子商务网站中，分类导航的使用率可能高于主导航。这两者之间其实有一种微妙的递进关系，要尽量避免内容重复。

无论是文字还是图片，重复性的内容会很容易让顾客产生倦怠感。图 8-10 所示的是天猫网商品服务分类，图中"医药保健"和"医药馆"在字意上有相似之处，而且单击后的确进入了同一个页面，这样的重复性内容会明显降低有针对性需求的顾客的购物体验。

图 8-10 天猫网商品服务分类

（5）使用合适的文案。为了迎合顾客在导航上只愿意停留短短几秒钟的习惯，导航文字内容的可用性就变得至关重要。文字标签是传达信息最有力的途径。因此，导航中出现的文案应该避免使用一些顾客很难理解的词汇，如专业术语、缩写和个性化语言等。其中最常见的就是缩写，很多电子商务网站会因排版美观，或文字长度的限制而选用缩写,从而牺牲顾客体验,增加顾客对导航的理解难度,这点也是不可取的。

在电子商务网站导航设计中,文案的首要任务就是让每个顾客都能准确快速地理解相关信息。如果花费过多时间一味地专注于视觉美学,会偏离导航设计的目的。苏宁易购官网商品分类如图 8-11 所示,可见清晰明了的表达是美观的前提,任何交互项目的最佳状态就是实现透明化。

图 8-11　苏宁易购商品分类

（6）清晰的视觉体验。从视觉角度上来说,顾客只会用几秒钟的时间扫视网站,所以导航的视觉设计必须符合逻辑,可以用色彩给顾客提供一种指引,成为顾客点击的向导;可点击的部分尽可能明显一些,减少顾客对它的猜测;在色彩的使用上应避免大片亮色,这会间接地降低导航文字的可识别度。与此同时,电子商务网站面向的是所有的顾客,因此在导航与导航文字内容的色彩搭配上还要考虑到一些颜色障碍者。

京东网站商品分类如图 8-12 所示,京东网站在这一点上做得还是比较好的,每一个层级的导航颜色由深至浅,让顾客有一种循序渐进的感觉。整个导航区域的色彩搭配也很恰当,无论鼠标悬停在任何地方,所在的位置都能呈现一个比较舒适的页面。

（7）为顾客提供反馈。当顾客对导航中的某一个元素有了动作之后,导航项都应该对此做出相应的反馈。比如，当顾客在分类导航上悬停或单击某些文字内容后，文字应该有一些改变，可以是字体的大小、颜色的变化或任何其他合适的效果。关于这一点，国内的大部分电子商务网站都做得比较到位。

图 8-12 京东网站商品分类

1号店的二级导航如图 8-13 所示，由图可知 1号店的二级导航就有很恰当的反馈信息，被选中的板块会被不刺眼的色彩填充，可让顾客很清楚地知道自己目前所在的位置，但展开的三级导航被选中后，颜色与其原本标出热门商品的字体颜色有些重复，比较容易混淆。

（8）导航符合网站整体风格。导航与网站整体风格的搭配分为视觉和内容两个部分。在视觉上，大多数网站基本不会出现大问题，因为大家都懂得导航基本上占据了整个页面的主视觉这个道理，在电子商务首页中的导航既需要迎合网站的整体，同时又主导网站风格。从内容上来说，导航的内容与网站的点击量，甚至商品的销量都有密切的关系。一旦顾客无法通过导航找到自己想要的商品，就意味着丢失了一位顾客。如果能在导航中推荐一些商品给顾客，也许能促进网站商品的销售。

117

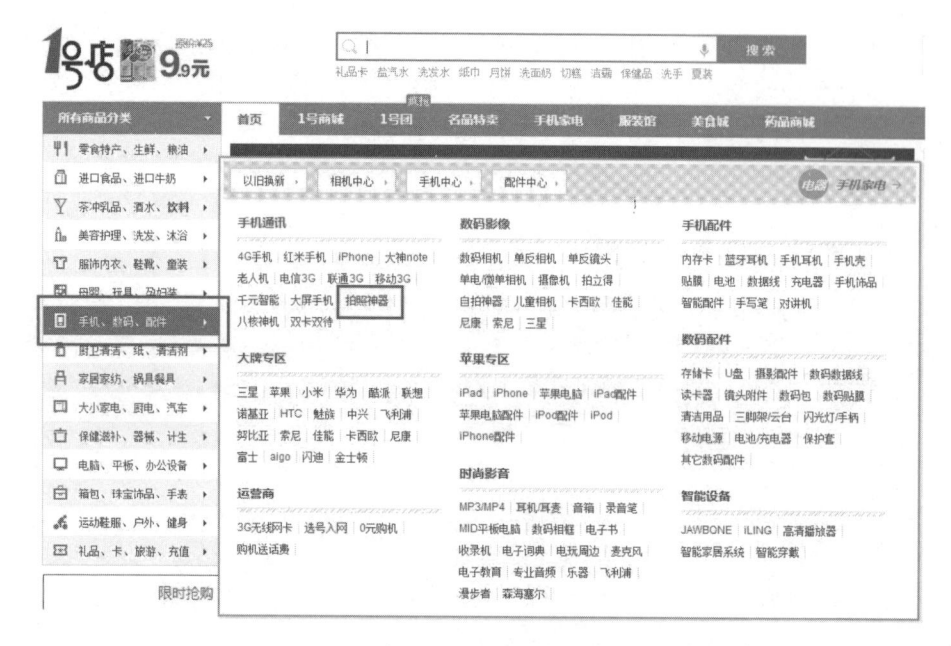

图 8-13　1号店的二级导航

优衣库的首页导航如图 8-14 所示，导航要符合网站整体的风格，可以严谨到每一个小细节，甚至于线框字体。这样做的目的主要是减少顾客的页面跳跃感，尽量避免顾客因为页面跳转的原因而产生的思考和反应，同时对网站的整体美观也有一定的好处。

图 8-14　优衣库的首页导航

（9）利于搜索引擎优化。导航是电子商务网站最主要的入口，然而有很多栏目的导航并不利于搜索引擎的抓取，在内容的设置上，应该将主要内容一目了然地展现出来，这样的设计不仅利于顾客查看，也让搜索引擎能顺着导航目录层层深入。所以，应在导航栏中尽量使用文本，这样可以减少顾客思考时间，同时还有利于搜索引擎的优化，而按钮和图片会阻碍搜索引擎的访问和抓取。

图 8-15 所示的拍拍的首页导航就显得特别简洁，主导航上只有几个主要的模块，既让顾客能快速了解网站的主营项目，也利于搜索引擎的优化。

图 8-15　拍拍的首页导航

2．销售商的基本信息

顾客浏览跨境电子商务企业的网站能获得跨境销售商的基本信息，包括：
- 资质信息，如营业执照、经营许可授权；
- 服务承诺。

在线销售商应在网页上明确标识以下服务承诺：
- 货源地；
- 商品质量；
- 支付安全政策；
- 配送方式和配送时限；
- 退/换货政策；
- 退款政策；
- 顾客权益保障；
- 售后服务政策；
- 争议处理机制；

- 个人信息保护；
- 服务承诺容易查阅。

（3）其他信息，如经营地址或联系方式等。

必要时，电子商务企业需要在页面上提供政策上的操作指引，如支付、退/换货、退款、纠纷处理等的操作流程指引。

跨境电子商务企业的网页需明确展示相关资质、服务承诺等信息。这些信息可直接反映跨境电子商务企业的资质和诚信，以此获取顾客的初步信任。但这些对于国内诸多跨境电子商务平台而言，这显然很难。

根据 2017 年中国海淘用户对跨境电子商务企业满意度调查及海淘售后服务主要存在问题数据可知（见图 8-16），目前跨境电子商务企业的资质审查存在空缺，海淘用户维权难。2015 年 12 月 11 日，《IT 时报》刊登了《跨境电商调查："直采"却无厂商授权，"海淘"却无进出口资质》一文，直接指出部分海淘平台缺少经营进口业务的一些必要资质，工作人员在全国企业信用信息公示系统、对外贸易经营者备案登记系统、中国海关总署等公开渠道进行查询，都没有查询到这些海淘平台的经营范围，包括进口业务、拥有对外贸易经营者备案信息及海关编码等开展海淘直营业务所需的资质信息。没有这些信息，顾客很难判断商户售卖的商品是否为正品。

图 8-16　2017 年中国海淘用户对跨境电子商务企业满意度调查及海淘售后服务主要存在问题

日本花王株式会社向《IT时报》的记者回应，目前花王日本进口产品的官方授权电子商务渠道只有天猫花王（中国）官方旗舰店和天猫国际上的花王官方海外旗舰店，其他平台均未获授权。记者在德国铁元中国总经销商"北京端娜尔商贸有限公司"的官方网站上查询，发现在京东27家销售德国铁元的商户中，只有一家名为"五洲会海购"的商户拿到了经销商授权，也只有它在京东全球购上公示了相关授权书。

以直营为主的网易考拉海购和蜜芽宝贝是目前较为主流的跨境电子商务平台。据了解，网易考拉海购和蜜芽宝贝都拿到了Herobaby（美素）的授权书。此外，网易考拉在网站上展示的授权书还有美赞臣、亨氏、惠氏等母婴品牌。蜜芽宝贝也曾对外公开表示已与达能、雀巢、亨氏、惠氏、美赞臣、Herobaby 6家奶粉巨头签订授权直供协议。不过，除了奶粉，其他诸如鞋包、化妆品的授权很难确认。从官网公布的授权书来看，网易考拉海购有25家品牌的授权书，蜜芽宝贝有18家品牌的授权书。虽然两家都表示没有展示全部的授权书，但是跟平台售卖商品的体量相比，已公布的授权品牌还较少。

没有这些资质信息和服务承诺，顾客很容易买到假货，即使买到真货，可能也没有办法获得售后服务，因此平台和商户资格审核还有待规范，平台应保证对入驻商户资质进行仔细核查，并在平台页面上显著的位置展示这些信息。这也是有效保障海淘顾客的消费权益、切实提升平台服务水平的重要举措。

3．商品信息

1）商品信息服务内容

顾客在浏览跨境电子商务的网站时应能获得真实、准确的商品直观信息，包括以下内容。

- 符合出售地及顾客所在国家和地区的法律法规、技术规范等相关表述要求的商品信息；
- 商品通关税费要求；
- 商品信息准确并能及时更新，包括但不限于产地、价格、库存、包装、促销信息、入境及出境要求等；
- 安装和（或）调试适用的国家和区域；
- 符合出售地和顾客所在国家的法律法规、技术规范等相关表述要求的安全注意事项和风险警示。

网站应给出商品的详细信息，展示的商品信息应尽可能直观，这里需要注意本土化问题。

- 当地语言：要把语言翻译成本地语言，包括商品详情、账单、条款、隐私政策和网站内容；
- 当地货币和支付方式：用当地货币显示价格，提高顾客的信任感；

- 当地法规：按照目标市场的规定制定条款、隐私政策、保障条例及退货政策；
- 当地语言风格：使用当地常用的语言风格，从而吸引顾客并建立信任；
- 当地联系方式&支持：提供本地服务，最大化提高店铺的信誉，可以在本地申请电话号码，提供当地语言的客服支持。

网易考拉的排序和筛选功能如图 8-17 所示，网易考拉的搜索结果和附属功能十分丰富，排序和筛选功能能够帮助顾客更快、更便捷地找到所需要的商品；网易考拉的商品详情页介绍如图 8-18 所示，由图可知网易考拉的商品详情页介绍非常丰富，原价、现价、折扣及满减活动的展示更有助于激励顾客，促进顾客消费或进行下一步操作，提升转化率。

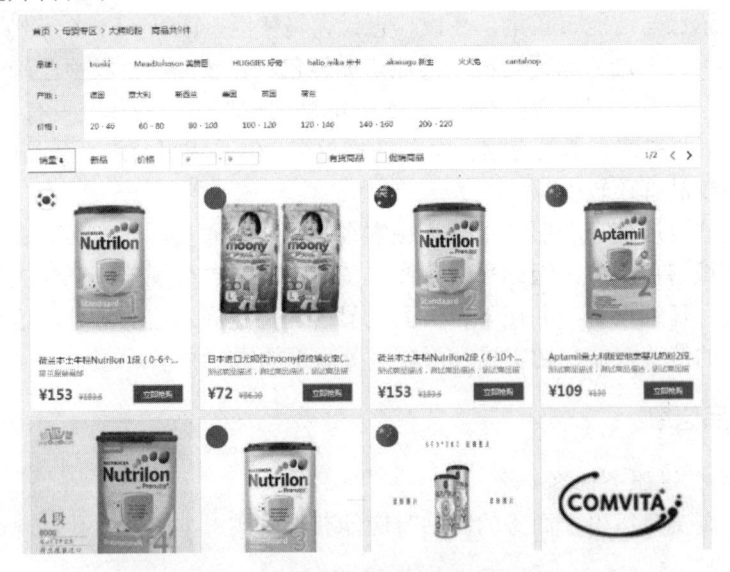

图 8-17　网易考拉的排序和筛选功能

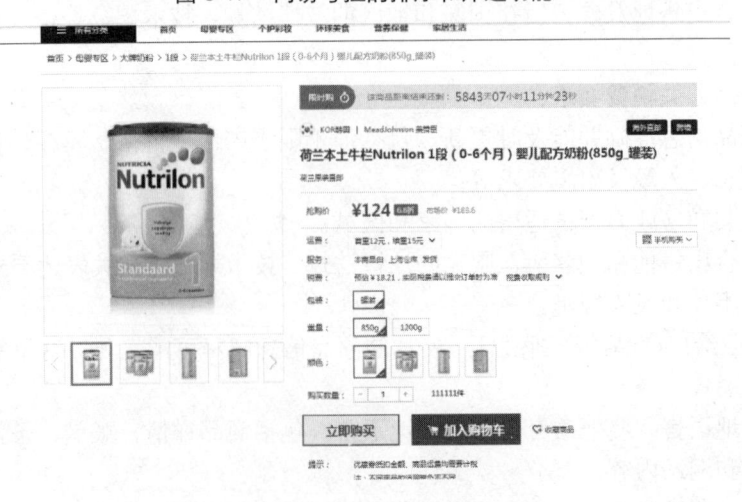

图 8-18　网易考拉的商品详情页介绍

2）商品详情页的设计

商品信息的展示主要依靠网站中的商品详情页设计。商品详情页的设计体现的不仅仅是单纯的视觉效果，无论构思还是排版都是一个引导顾客的过程，目的是打动顾客、刺激购买。详情页的设计极有可能会对顾客的购买行为产生直接的影响。商品详情页是网站中最容易与顾客产生交集共鸣的页面。因此，商品详情页面的设计应在美观实用的基础上，将要表达的信息尽可能用直观的视角展现出来。下面对商品详情页的设计提出八点建议。

（1）商品展示图不宜过大，鼠标悬停展示细节。商品详情页中的图片展示是顾客进入该页面后的第一个视觉点。有人可能会因此认为这张图片的尺寸应该尽可能放大，让顾客对商品概况一目了然。但设计时也应该考虑到右侧文字信息对于顾客的重要性，文字和展示图之间的比例要避免存在很大的偏差，以减轻顾客在视觉上的不适。

IKEA 网站商品展示示例如图 8-19 所示，IKEA 网站就是因为图片与文字之间的比例存在问题，使得页面整体看起来轻重不明确，图片周围的留白更是与右边拥挤的文字形成了鲜明的对比。

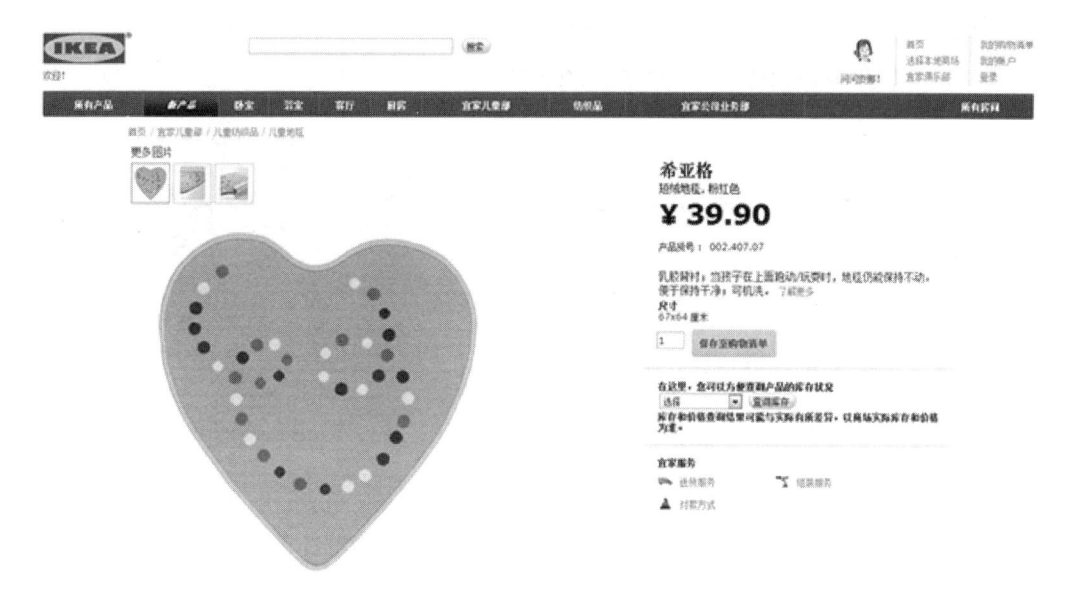

图 8-19 IKEA 网站商品展示示例一

鼠标在图片上悬停时，图片右侧会出现关于商品的细节展示，这是一个在商品详情页中很常见的功能，但在使用过程中会发现，就算顾客的鼠标无意识地划过图片，细节展示依然会马上呈现，这或多或少会影响顾客的体验。IKEA 网站意识到了这一点并很快解决了这一问题，如图 8-20 所示。

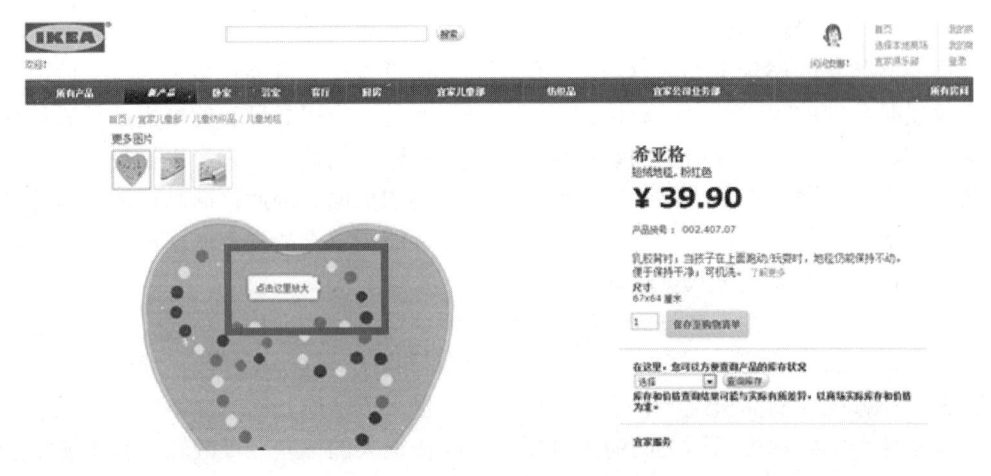

图 8-20　IKEA 网站商品展示示例二

IKEA 的细节展示在单击后才会体现，不让"说来就来"的图片打扰顾客的浏览体验，如图 8-21 所示。

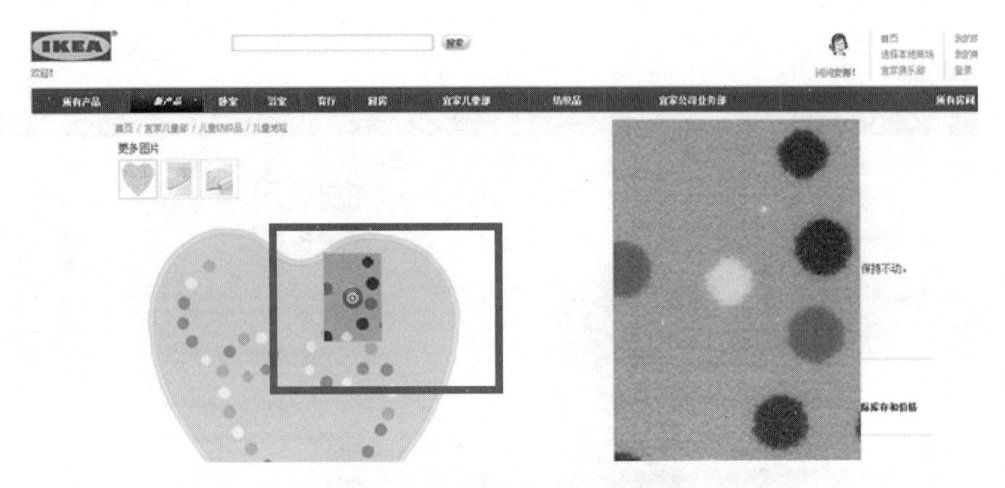

图 8-21　IKEA 网站商品展示示例三

（2）满足顾客的比价心理。"价比三家"是网络购物群体的消费习惯。因此，商品详情页的设计也应该融入并满足顾客比价的心理状态。在消费心理学中会提到，顾客在买东西时对于价格的感知大多基于个人感受，顾客青睐的商品可能并不是真正价格上的便宜，而是能让顾客觉得便宜。因此，商品详情页应在适宜的页面上以显著位置标识出折扣后的价格及优惠力度，加强顾客对价格的感知度。

折扣或优惠额度的显示能让顾客心理产生微妙的变化，正如当当网的做法（当当网商品折扣示例如图 8-22 所示），让原价和折后价产生对比，再直接标明折扣。这种重复表达能加深顾客对优惠力度的感受。

图 8-22　当当网商品折扣示例

（3）增加分享按钮。社交媒体的力量在如今的营销中绝对不容小觑，所以分享按钮就变得必不可少。这在大多数电子商务网站中都可以看到，淘宝网商品分享按钮示例如图 8-23 所示。

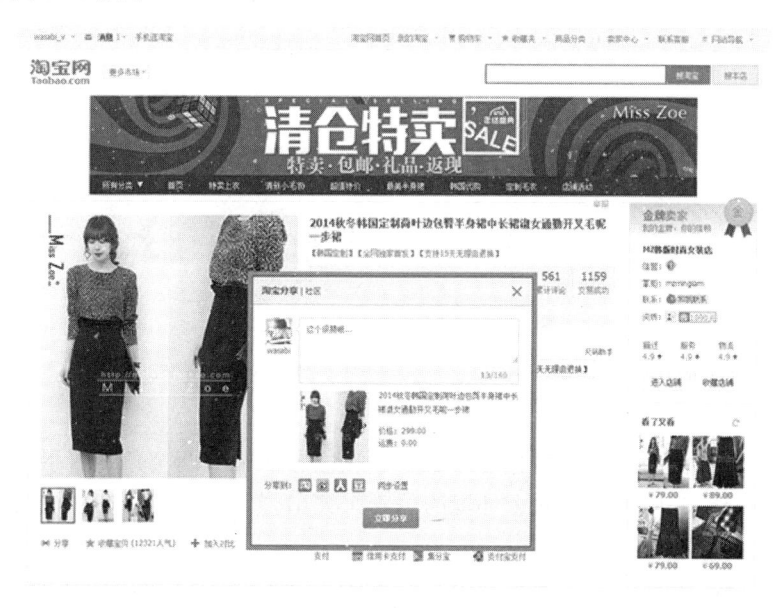

图 8-23　淘宝网商品分享按钮示例

分享按钮被设置在展示图片或文字的下方，主要用于分享当前页面的商品。其实真正用于营销推广的分享并不应该仅限于商品本身，还可以是订单信息的分享，淘宝网订单信息分享示例如图 8-24 所示。又比如成功购买的记录，又或是买家和卖家之间的有趣互动评价（淘宝网商品互动评价示例如图 8-25 所示），这些都可以成为分享的内容。这也许比商品本身更有吸引力。

图 8-24　淘宝网订单信息分享示例

图 8-25　淘宝网商品互动评价示例

（4）顾客行为号召。顾客行为号召一般从色彩和文案两个角度着手。色彩是最直观的表现形式，用区别页面大环境的色彩来突出强调，在吸引顾客视线的同时可使其更乐于点击。

唯品会商品展示示例如图 8-26 所示。在图 8-26 中，价格、标签及"加入购物袋"按钮都使用了鲜艳的玫红色；"购物袋"相较于"购物车"也更加生活化。

图 8-26　唯品会商品展示示例

（5）评价意见是必需的板块。对网络缺乏信任感是大多数顾客共同的心理，而他人的评价和建议能对当时的购买行为产生很大的影响。因此，顾客评价在电子商务中不是可选项，而是必选项。

天猫网站商品评价示例如图 8-27 所示，天猫将顾客的评价进行了自动汇总统计，让顾客可在查看的时候更直观便捷。

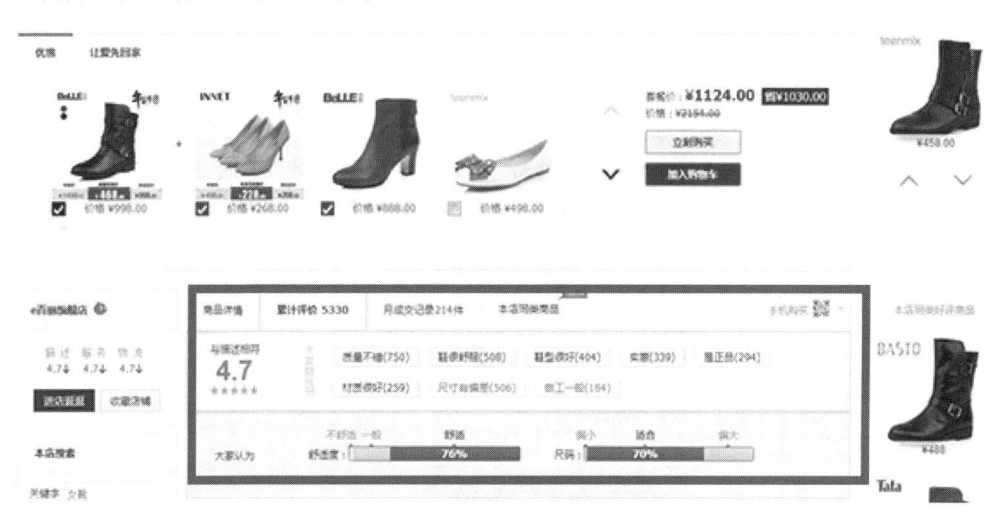

图 8-27　天猫网站商品评价示例

无印良品网站的商品详情页示例如图 8-28 所示，该网站在这方面做得有所欠缺，顾客不能在页面上参考其他顾客的评价。

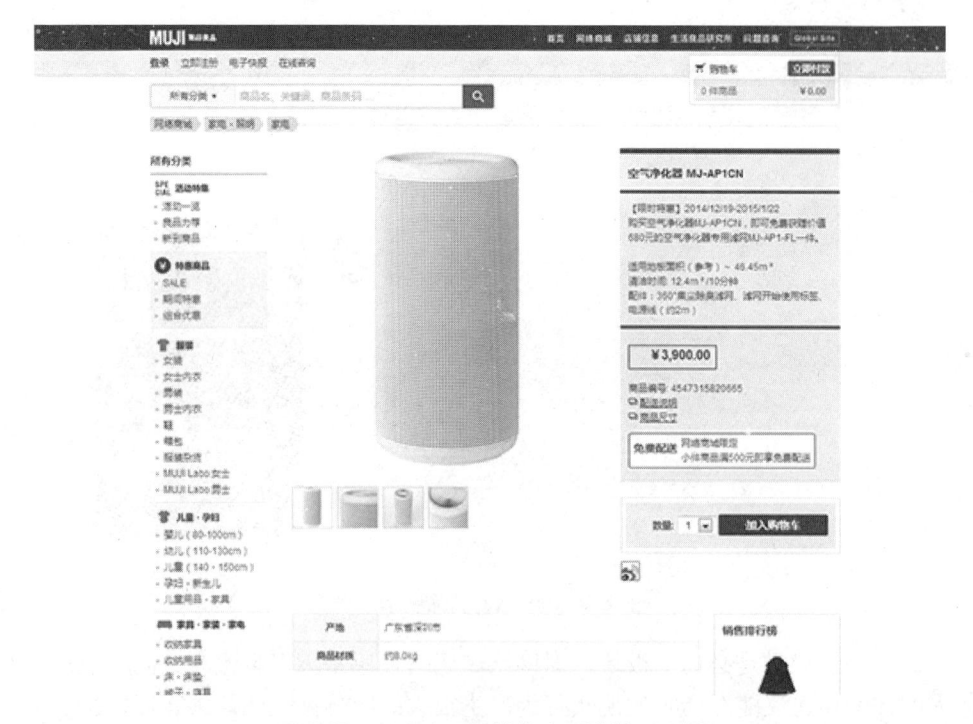

图 8-28　无印良品网站的商品详情页示例

（6）跟随导航。商品详情页的内容比较多，故跟随性的导航设计很有必要。跟随性的导航设计示例如图 8-29 所示，跟随导航在商品详情页的出现能为顾客提供很大的便利，但在其图标大小上还需要设计师来掌握，隐形、全面的导航才是顾客真正喜欢的导航。

图 8-29　跟随性的导航设计示例

京东的商品详情页示例如图 8-30 所示,该页面无论在导航的颜色还是大小上都比较符合顾客体验,既能让顾客在浏览时更方便,也不影响顾客的视觉体验。

图 8-30 京东的商品详情页示例

美丽说跟随导航示例如图 8-31 所示,美丽说跟随导航以两种形式出现。一开始是网站的主导航,翻阅到一定区域后,导航自动变为商品详情导航,当顾客已经在翻阅一个页面的时候,其实很少会出现跳转的需求。另外,在跟随导航中设计二级导航也没有什么必要,这样只会让顾客的视线范围变狭窄。

图 8-31 美丽说跟随导航示例

（7）优先功能用途的描述。很多商品详情页的品牌情结过于明显，这会让顾客觉得商业色彩太过浓重，缺乏亲切感。有些商品详情页描述的第一屏通常会有新品或热门推荐，这种做法与顾客体验背道而驰，会让顾客反感。

GAP 商品详情页示例如图 8-32 所示，GAP 商品详情页几乎没有任何多余的部分。页面中的内容都围绕着一个商品而展开，为顾客营造出良好、舒适的购物环境。

图 8-32　GAP 商品详情页示例

（8）减少文案说明，突出关键词。有研究表明，互联网上 60%的文字信息是顾客不会阅读的。由此可以看出，互联网上出现的文案必须做到精简，应该善于抓取和突出关键字。

国美在线商品详情页设计示例如图 8-33 所示，国美在线在商品详情页上首先列出一系列顾客真正需要了解的关键点。

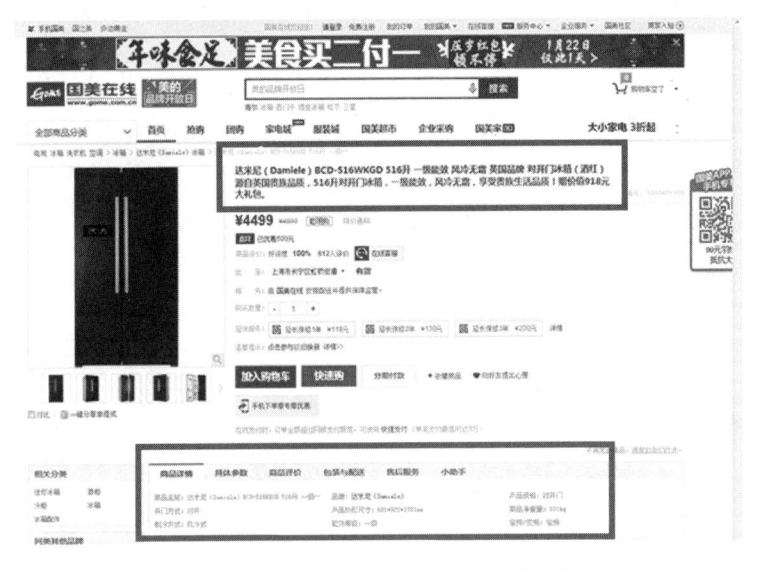

图 8-33　国美在线商品详情页设计示例

8.1.2　意向生成

1. 意向生成服务内容

在意向生成的过程中，跨境电子商务网站应能够提供以下服务：
- 在购物车中能添加商品、浏览商品信息，顾客点击购物车中的商品后能够重新回到商品详情页；
- 能显示出包括单价、总价、优惠、运费和商品税费等在内的金额信息，方便顾客进行购物决策；
- 在购物车中可自由对所选商品进行多选、变更数量、删除和结算等操作；
- 顾客能与跨境电子商务企业客服人员进行咨询和沟通，及时获得帮助。

购物车功能示例如图 8-34 所示。

2. 与客服人员的沟通

在意向生成的过程中，顾客与跨境电子商务企业的客服人员进行有效的咨询或沟通并及时获得反馈和帮助，是在线访客流量成功转化为订单的关键因素。在与顾客沟通的过程中，跨境电子商务企业客服人员要遵循以下原则：
- 时效性；
- 完整性；

131

图 8-34　购物车功能示例

- 人文化。

以人为本是电子商务交易沟通的"生命线"。随着竞争的日趋激烈，跨境电子商务企业之间往往不是拼价格、拼质量，而更多的是拼服务，所以要提供最人性化的服务，从最初的询盘到最后的下单，每一步都需关注顾客的心情、要求和顾虑。

在这里为跨境电子商务企业的在线客服人员提供以下沟通技巧：

- 无论生意有没有谈成，都要让顾客成为你的朋友，真诚交谈，询问顾客真实的需求，提出可行的购物建议；
- 对商品的专业度是吸引顾客向你询问的最重要武器；
- 善于发现顾客的关注点、弱点和突破口；
- 要让顾客感觉到客服人员真诚、热情的服务态度，语气要缓和，态度要坚决；
- 在讨价还价的过程中，客服人员的随机应变最重要，要让顾客觉得自己永远是胜利者；
- 客服人员要清楚地认识到自己商品的缺点，在沟通的过程中才能更好地将其回避；
- 不要怕难缠的顾客，一般而言，越是难缠的顾客，购买能力越强；
- 不要只看表面文字，要去判断顾客的潜在意图；
- 永远不要跟顾客说不知道，碰到不知道的问题可以去帮顾客确认，如新员工对商品不熟悉，就要等了解所有的细节之后再回答顾客；
- 用电话或其他方式回访顾客时，要把握好时机，不能让顾客觉得烦；
- 客服人员尽可能用幽默的方式与顾客沟通。

8.1.3 订单过程

1. 订单过程服务内容

顾客在订单填写、配送方式选择及下单过程中应能获得以下服务：
- 便捷填写和修改订单信息，包括收货人或代收人信息，如身份证、电话、地址、邮编、可选择支付方式、配送方式、商品清单等信息；
- 可供顾客选择的快递配送方式；
- 在订单中能显示出顾客所选择商品的单价、总价、优惠、运费、税费及汇率等在内的金额信息，以及商品出关或入关的要求；
- 明确告知订单的受理状态，网站提示顾客订单是否接受及不可接受的原因，如订购数量超出现有库存、配送区域超出快递服务范围等；
- 在一定的时限内，顾客有权自行修改订单；
- 与客服人员沟通订单过程信息，及时获得关于订单过程的信息；
- 保护顾客的网上购物行为记录和客户信息，不得私自泄露，如用于清关过程中的个人信息等资料。

2. 相关示例

收货人信息的填写示例如图 8-35 所示。

图 8-35 收货人信息的填写示例

■跨境电子商务服务管理实施指南■

用于清关的个人信息录入示例如图 8-36 所示：

图 8-36　用于清关的个人信息录入示例

订单状态信息及订单详细信息示例如图 8-37 和图 8-38 所示。订单列表示例如图 8-39 所示。

图 8-37　订单状态信息示例

第 8 章 ■服务要求■

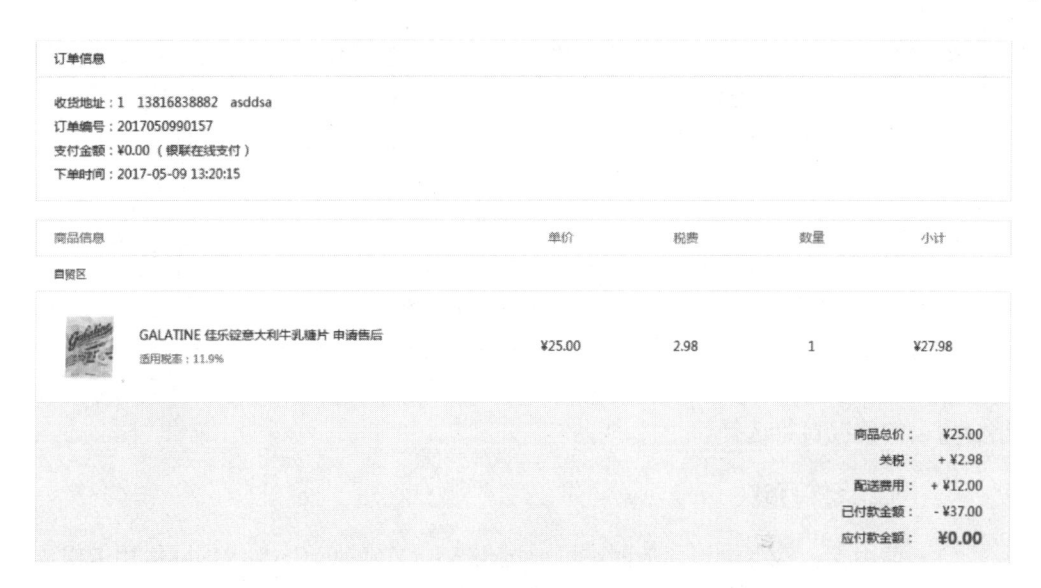

订单信息

收货地址：1　13816838882　asddsa
订单编号：2017050990157
支付金额：¥0.00（银联在线支付）
下单时间：2017-05-09 13:20:15

商品信息	单价	税费	数量	小计
自贸区				
GALATINE 佳乐锭意大利牛乳糖片 申请售后 适用税率：11.9%	¥25.00	2.98	1	¥27.98

商品总价：　¥25.00
关税：　+ ¥2.98
配送费用：　+ ¥12.00
已付款金额：　- ¥37.00
应付款金额：　¥0.00

图 8-38　订单详细信息示例

我的订单

商品	售价（元）	数量	总计（元）	订单状态	操作
订单号：2017071869143　下单时间：2017-07-18 17:04:23					
美国直邮 免税商品 有市场价	600.00 500.00	1			
台湾 奋葉 黄金凤梨酥礼盒 3入 中秋送礼礼盒	11.88 9.90	1	51.5 （含税/运费）	等待买家付款 订单详情	请在1时53分52秒 内付款 立即付款 取消订单
a2 白金婴儿配方奶粉三段 900克/罐 2罐 新老包装随机发货	144.00 120.00	1			
Boots 博姿 天然小黄瓜面霜 100毫升 让肌肤喝饱水	70.00 51.50	1			

图 8-39　订单列表示例

8.1.4　支付和确认

1. 支付和确认的服务内容

顾客在支付和确认的过程中应能获得以下服务：

135

- 考虑到顾客的习惯和当地的法律等要求，可提供各种付款方式和详细的操作说明供顾客自行选择，如支付宝、信用卡、PayPal 等及付款方式的操作说明；
- 在跨境电子商务交易中，顾客应能获得在线支付或第三方支付的安全保障措施，必要时，在合适的页面展示跨境支付牌照等跨境支付平台需要的资质要求；
- 在线支付时应承诺保护顾客的个人支付信息，避免个人信息泄露。

目前主要的跨境电子商务支付方式有两大类：网上支付和线下跨境支付。其中，网上支付包括电子账户支付和国际信用卡支付，适合小额的跨境零售；银行汇款模式适合大金额的跨境交易。下面主要列举和比较两类支付方式供跨境电子商务企业结合自己的情况自行选择。

2．网上支付方式

（1）信用卡。跨境电子商务网站可通过与 Visa、MasterCard 等国际信用卡组织合作或直接与海外银行合作，开通接收海外银行信用卡支付的端口。

优点：欧美最流行的支付方式，信用卡的顾客人群非常庞大。

缺点：接入方式麻烦；需预存保证金；收费高昂；付款额度偏小；存在拒付风险。

适用范围：从事跨境电子商务零售的平台和独立 B2C。目前国际上有五大信用卡品牌，即 Visa、MasterCard、America Express、JCB 及 Diners Club。其中前两种被大家广泛使用。

（2）PayPal。PayPal 是一个国际第三方在线支付平台，在线付款方便快捷，是小额支付的首选。PayPal 在欧美地区覆盖广，只需要一个邮箱便能注册，开户免费。它可以解除顾客付款收不到货的担忧。国外顾客的使用率占 80%以上。作为一个第三方工具，像支付宝一样，顾客有什么问题都可以向 PayPal 投诉。

优点：资金安全，收/付双方必须都是 PayPal 顾客，以此形成闭环交易，风险控制好；快速，基本上跟国内支付宝一样，顾客付款后，立刻显示 PayPal 余额；方便，可以使用各种工具管理交易，提高效率；全球市场接受度高，目前在 190 个市场和 6 种货币中使用，是小额跨境贸易中最主流的支付方式。

缺点：顾客（买家）利益大于卖家（商户）的利益，交易费用主要由跨境电子商务企业提供，对买家过度保护；电汇费用高，每笔交易除手续费，还需要支付交易处理费；账户容易被冻结，企业利益易受损失。

适用范围：跨境电子商务零售行业，几十到几百美元的小额交易更划算。

费率：eBay 平台为 2.9%～3.9%；其他平台或传统外贸 1.4%～3.4%。

费用：无开户费及使用费；每笔收取$0.3 的银行系统占用费；以美元形式提现至国内银行每笔收取手续费$35；以人民币形式提现至国内银行每笔收 1.2%的手续费。

(3) CashPay。CashPay 安全，快速，费率合理，PCIDSS 规范，是一种多渠道集成的支付网关。

优点：加快偿付速度（2～3 天），结算快；支持购物车通道集成；提供更多支付网关的选择，支持跨境电子商务企业喜欢的币种提现。

缺点：在中国市场知名度不高。

安全性：有专门的风险控制防欺诈系统 CashShield，一旦出现欺诈，可 100%赔付。使用 CashPay 可以降低退款率，专注企业盈利，资料数据更安全。

费率：2.5%。

费用：无开户费及使用费；无提现手续费及附加费。

（4）Moneybookers。

优点：安全，因为是以 E-Mail 为支付标识的，付款人将不再需要暴露信用卡等个人信息，只需要电子邮箱地址就可以转账；顾客必须激活认证后才可以进行交易；可以通过网络实时进行收/付费。

缺点：不允许顾客拥有多账户，一个顾客只能注册一个账户；目前不支持未成年人注册，必须年满 18 岁才可以注册。

安全性：登录时，以变形的数字作为登录手续，以防止自动登录程序账户的攻击；只支持高的安全 128 位加密的行业标准。

费用：免手续费，提现会收取少量费用。

（5）Payoneer。Payoneer 是一家总部位于纽约的在线支付公司，主要业务是帮助合作伙伴将资金下发到全球，同时也为全球顾客提供美国银行/欧洲银行收款账户，用于接收欧美电商平台和企业的贸易款项。

优点：便捷，中国身份证即可完成 Payoneer 账户在线注册，并自动绑定美国银行账户和欧洲银行账户；合规，像欧美企业一样接收欧美公司的汇款，并通过 Payoneer 和中国支付公司合作完成线上的外汇申报和结汇；便宜，电汇设置单笔封顶价，人民币结汇最多不超过 2%。

适用范围：单笔资金额度小、顾客群分布广的跨境电子商务网站或商户。

（6）ClickandBuy。ClickandBuy 是独立的第三方支付公司，收到 ClickandBuy 的汇款确认后，在 3～4 个工作日内会收到货款。每次交易金额最低为$100，每天最高交易金额为$10000。如果顾客选择通过 ClickandBuy 汇款，则可以通过 ClickandBuy 提款。

（7）Paysafecard。Paysafecard 主要是欧洲游戏玩家的网游支付手段，是一种银行汇票，购买手续简单且安全。Paysafecard 在大多数国家可以用在报摊、加油站等场所。顾客用 16 位账户数字完成付款。要开通 Paysafecard 支付，需要有企业营业执照。

（8）WebMoney。WebMoney 是俄罗斯最主流的电子支付方式。俄罗斯各大银行均可自主充值取款。

（9）CashU。CashU 主要用于支付在线游戏、VoIP 技术、电信和 IT 服务及实现外汇交易。CashU 允许使用任何货币进行支付,但该账户始终以美元显示资金。CashU 现已为中东和独联体成员国广大网民所使用,是中东和北非地区运用最广泛的电子支付方式之一。

（10）LiqPAY。LiqPAY 是一个小额支付系统。一次性付款不超过 2500 美元,且立即到账,无交易次数限制。 LiqPAY 用顾客的移动电话号码作为标识。

（11）Qiwi wallet。Qiwi wallet 是俄罗斯最大的第三方支付工具。它使顾客能够快速、方便地在线支付水电费、手机话费及网购费用,还能用来偿付银行贷款。

（12）NETeller。NETeller（在线支付方式或电子钱包）可免费开通,全世界有数以百万计的会员选择了 NETeller 的网上转账服务。

3. 线下跨境支付方式

（1）电汇。

优点：收款迅速,几分钟就到账；先付款后发货,保证跨境电子商务企业利益不受损失。

缺点：先付款后发货,顾客容易产生不信任；顾客量少,限制企业的交易量；买/卖双方都要支付手续费,数额较大的手续费高；对银行信息要求非常高。

适用范围：电汇是传统的 B2B 付款模式,适合大额的交易付款。

费用：买/卖双方各自承担所在地的银行费用,具体费用应根据银行的实际费率计算。

（2）西联汇款。西联汇款是世界上领先的特快汇款方式,可以在全球大多数国家的西联代理所在地汇出和提款。西联手续费由顾客承担。

优点：到账速度快；手续费由顾客承担；对于跨境电子商务企业来说最划算,可先提钱再发货,安全性好。

缺点：对顾客来说风险极高,顾客不易接受；买/卖双方需要去西联线下柜台操作,手续费较高。

适用范围：1 万美元以下的中等额度支付。

费用：西联手续费由顾客承担,需要买/卖双方到当地银行实地操作。在企业未收款时,顾客随时可以撤回资金。

（3）MoneyGram。MoneyGram 又称速汇金汇款,是一种快捷、可靠的国际汇款方式。收款人凭汇款人提供的编号即可收款。

优点：汇款速度快,十几分钟即可到账；汇款金额不高时,费用相对较低,无中间行费,无电报费；手续简单。

缺点：汇款人和收款人都必须是个人；必须是境外汇款；如果顾客持现钞账户汇款,还需交纳一定的现钞变汇手续费。

（4）香港离岸公司银行账户。商户通过在香港开设离岸银行账户,接收海外顾客的汇款，再从香港账户汇往内地账户。

优点：接收电汇无额度限制，不需要像内地银行一样受 5 万美元的年汇额度限制；不同货币可自由兑换。

缺点：香港银行账户的钱还需要转到内地账户，较为麻烦；部分顾客选择地下钱庄的方式，有资金风险和法律风险。

适用范围：传统外贸及跨境电子商务都适用，适合已有一定交易规模的商户。

在顾客完成订单的支付环节后，在跨境电子商务企业开始准备发货环节需要先验证顾客的货运地址，只有确认无误后才能有效避免不必要的麻烦。下面以 eBay 美国站点为例。企业按照下面的步骤可验证顾客的货运地址：

第一步：完成登录，进入"My eBay"页面，单击"My eBay"页面左侧边栏中的"Sold"，进入"已卖出"页面。

第二步：在"已卖出"页面找到"已卖出物品"，若交易栏中的"$"符号亮起表明买家已付款，也可直接单击左侧边栏中的"Awaiting Shipment"进入"等待发货"页面，页面会显示已付款但未发货的订单，如图 8-40 所示。

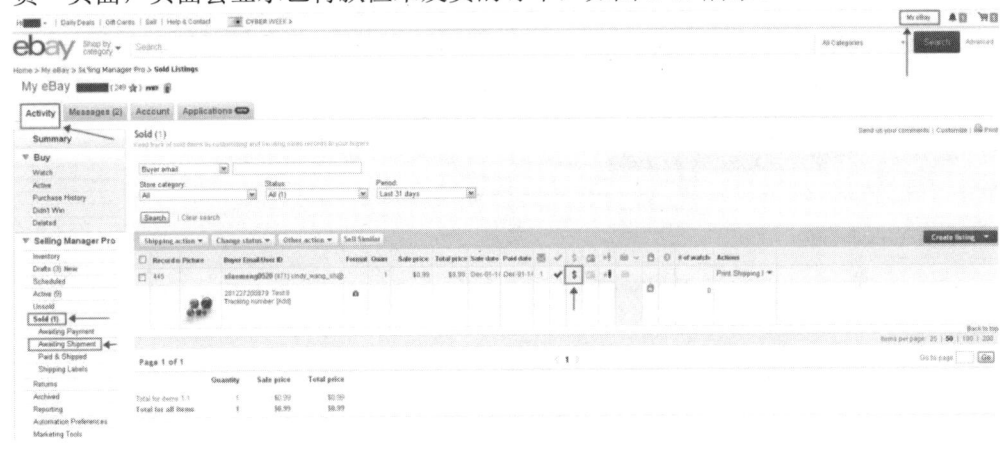

图 8-40 eBay 已付款未发货的订单示例

第三步：单击需要发货订单右侧对应的"Print Shipping Label"，在下拉菜单中选择"View Sales Record"，可查看交易细节，如图 8-41 所示。

图 8-41 在 eBay 中查看交易细节

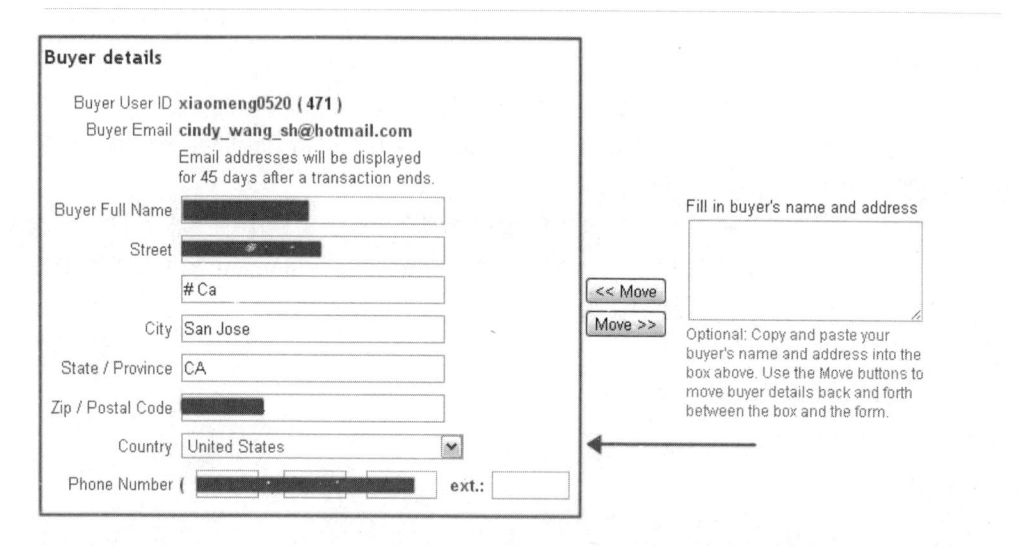

第四步：在"交易细节"页面中的"Buyer details"模块可查看顾客收货信息。提示：请特别注意顾客填写的地址中是否包含电话号码，如未包含，请与顾客联系获取号码，因为电话号码对于物品能否顺利送达非常重要，如图 8-42 所示。

图 8-42　在 eBay 中查看买家信息

在国际快递中，单据非常重要。单据填写是否正确、贴单是否规范，对于货物的派送及分拣、清关、入关等都有重大影响，商户需谨慎对待，以免因为运输问题影响顾客的评价。

国际快递单据需整洁干净、不折叠/破损/模糊、字体清晰、内容完整、粘贴位置无误。不同国际快递单据填写和贴单的位置不同，卖家可按实际情况进行贴单。下面以国际 e 邮宝为例：在 eBa 亚太物流平台中打印发货标签后，将发货标签的两个模块分别剪下备用，如图 8-43 所示。

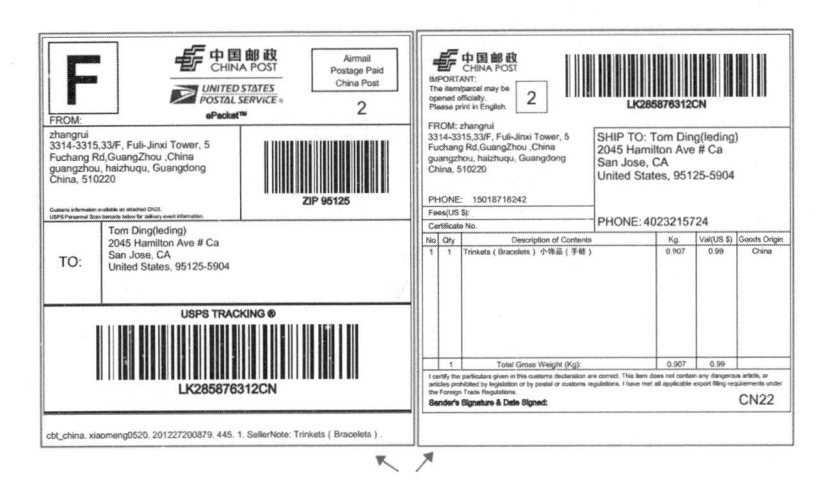

图 8-43　eBay 国际快递单据示例

8.1.5　商品配送

1. 商品配送服务内容

在商品的配送过程中，顾客应能够实时追踪订单信息，包括是否及时发出商品、物流信息、通关信息及相关的变更信息等。其中，

（1）是否及时发出商品，需要给出具体的发货时间；

（2）实时更新商品物流信息，不仅要求在商品订单生成、包装、发货完成时，实时更新商品物流信息，还要求在配送过程中实现对承诺时间内的物流订单的跟踪，并提供国际、国内配送相关服务商的联系方式；

（3）及时告知相关变更信息，如由于通关原因造成的物流延迟；

（4）在物流派送中，跨境电子商务企业应能在承诺的时间内，按照顾客选定的日期进行派送；

（5）跨境电子商务企业应在一定的配送时间范围内允许顾客自行取消订单。

2. 跨境物流方式比较

跨境电子商务企业应尽量选择可靠的第三方物流快递服务，避免在物流过程中产生商品丢失和破损等情况。在筛选第三方物流快递公司服务时，下面给出了几种分类和比较建议。

国际小包：如中邮、EUB、荷兰邮政、新加坡邮政、比利时邮政、马来西亚小包等。小包适合低值、轻小物品。邮寄到美国的话，EUB 是最便宜的，服务质量也稳定。邮政小包一般有平邮和挂号两种。挂号可以查询派送的轨迹。平邮没办法知道小包是否妥投。挂号服务要多缴纳挂号费，价格略贵。中邮的挂号费最便宜。国际小包只能发 2 kg 内的包裹，体积限制最长边不超过 60 cm，三边之和不超过 90 cm。国际邮政网络基本覆盖全球，比其他物流渠道都要广。国际邮政小包具有成本低、通关容易等优势，但丢包率高、时效性不强等劣势也较为突出。此外，在一定程度上，国际邮政小包会影响物流效率及物流体验。

国际专线：出口易是国内首家提出专线概念的供应商，覆盖欧盟、俄罗斯等全球主流跨境电子商务市场。其特点是重量限制放宽，使用空运运至国外后再交给当地的物流派送，时效稳定，性价比高，全程详细跟踪，适合高价值、对时效要求高的包裹。

国际快递：DHL、UPS、EMS、FedEx 等。这些国际快递巨头利用自建的物流网络、强大的 IT 系统和遍布世界各地的本地化服务为海外顾客带来极好的物流体验。在快递时效性及服务质量上，国际快递这种跨境物流模式具有很大优势，可以满足世界各地顾客的需求，但是也存在价格高、特色专线快递未开通等劣势。国际快递适合高价值的产品，时效快，一般需要 3～5 天，EMS 大概需要 7～15 天。

海外仓储派送：提前备货至海外仓，待顾客采购后再从海外仓发货，时效快，成本低，与国外企业同台竞争，顾客体验好。例如，出口易在英国、美国、澳大利亚、德国、加拿大和俄罗斯都有海外仓。海外仓已经成为跨境电子商务企业的标配和发展的趋势，无品类限制，时效快，可以空运补货或者海运补货。

派送时间比较：海外仓储派送＜国际快递＜国际专线＜国际小包。

价格比较：国际小包＜海外仓储派送＜国际专线＜国际快递。

跨境电子商务企业在选择物流服务商时要匹配平台的物流考核要求，如时效、上网、认可的派送商等。

8.1.6　售后服务

1. 售后服务内容

跨境电子商务企业的售后服务内容应包括：

- 顾客在跨境电子商务企业的页面上应能便捷地获取售后服务的内容和流程信息；
- 顾客应能便捷地获取与跨境电子商务企业的沟通渠道，沟通渠道宜采用多种形式；
- 考虑顾客所在国家或地区的时区安排客服人员；
- 在线客服人员应具备为顾客服务所需的各种能力。

2. 退/换货

顾客购买的符合退/换货规则的商品应能在承诺的时限内完成退/换货，包括：

（1）顾客可在跨境电子商务企业的页面上便捷地获取退/换货的政策和流程信

息，包括商品返回的国际和国内运费、税费等规定。

对于符合退/换货规则的商品，应在承诺的时限内完成退/换货。在跨境电子商务企业页面的显著位置标识出商品是否符合退/换货规则，如是不能退/换货的商品，就更应强调，请顾客知悉，尽量避免售后问题。

（2）对于符合退货和退款政策的商品，顾客能在跨境电子商务企业承诺的时间内，便捷、顺畅、及时地退货和退款。

对于符合退/换货规则的商品，需在跨境电子商务企业的页面上，明确告知顾客退/换货的政策、退/换货流程和渠道等信息，包括来回的运费、税费等的规定，同时承诺退/换货的完成时限。在退/换货流程设计上，要为顾客提供简单和便捷的操作，简单扼要地写明退/换货原因即可，尽量避免各种证据资料的上传。

（3）顾客可及时获得客服人员的帮助完成退/换货流程。对于提出退/换货申请的，应提供在线客服服务并能及时帮助顾客完成在线的退/换货流程。

（4）顾客可对商品退/换货和赔偿情况进行实时跟踪。在处理争议的过程中，跨境电子商务企业的在线客服人员应将商品的退/换货和赔偿情况告知顾客，让顾客了解和追踪退/换货的情况。

（5）对由于跨境电子商务企业造成的问题对顾客进行补偿。对于提出退/换货申请的，跨境电子商务企业应尽快处理，应承诺处理申请的时限，最好是在1个工作日内核实情况并给出相应的处理方法，若是由企业造成的问题，则应给予顾客一定的补偿。若是其他问题，如海关扣关或其他物流问题，则应尽快查明原因，给顾客一个满意的回复，并积极催促，或与顾客商量一个双方都接受的解决方法。

通常，考虑到目前的国际物流费用、关税及国际物流时效，跨境电子商务企业销售的商品不可能做到7天无理由退/换货，很多企业在遇到退/换货问题时，大多会采用直接补发或退款的方式进行处理，对于破损件也不要求再退回了。

如果发生退/换货，通常分为保税仓模式和直邮模式两种。

保税仓模式：这种退换货环节比较简单，因为库存与市场在一国之内，只是中间隔一层海关。一件商品从保税仓出来，先与海关对接资金、信息和物流信息，计税后放货。如果退/换货，仍然需要处理好回程的退税问题。以回程后是否再出库为节点，如果退货，则计算退税；如果换货，则备案，不二次计税。

直邮模式：目前只用于退货，可分成两种情况。第一种，在国内有保税仓和运营实体的，可以将货物在保证二次销售的情况下退还国内分支或者保税仓。第二种，在国内没有保税仓和运营实体的，需要回程寄送。这里的关键问题是国际物流运费、物流时效和清关。国际运费由谁来支付？买/卖双方可以分摊，让退货顾客付出一定成本或由商户全额承担。这些需要在跨境电子商务企业的退/换货政策中明确说明。

企业还需要考虑物流时效，时效包含国际运输成本，一般1kg的物品使用FedEx寄回美国，选择特快的话需要400元人民币左右。这样的成本，对4000元以下的商品买家来说基本不可承受。如果采用较低价格的中邮小包，则到美国的物流时间需要两个星期以上，无法保证时效性。

为了获得退/换货的低成本和时效性，可找一个专门为跨境电子商务企业直邮提供退货的退货公司收揽全国跨境电子商务企业产生的退货单，统一进行退货和清关。这样可以降低成本，获得更好的货运时效和价格优势。例如，Encore（网站www.Encore.cx）就是专门给各类电子商务平台提供退货服务的一家美资企业，在欧洲、美国、乌克兰和中国都设有专业的仓库。目前在欧洲的仓库主要是帮欧美大型知名品牌的线上平台处理欧洲地区的退货；而在中国的仓库主要是针对那些将产品销往中国境外的跨境电子商务企业。

因此，跨境电子商务企业应根据退/换货的不同模式，制定符合顾客需求的退/换货流程，并在退/换货政策中明确说明。

3. 申投诉

1）跨境电子商务申投诉的主要问题

根据《2016年度中国电子商务用户体验与投诉监测报告》的数据统计显示，跨境网购成为消费投诉的热点领域，占网络消费投诉总量的11.52%，与2015年7.53%的投诉占比相比上升明显，疑似售假、物流速度和顾客服务是跨境进口电子商务企业需要解决的痛点问题。据中国电子商务顾客投诉与维权公共服务平台接到的维权案例显示，在跨境网购消费纠纷中，顾客多处于劣势。以无理由退货为例，自2017年3月15日起，《网络购买商品七日无理由退货暂行办法》正式施行，但很多跨境网购平台明确规定，商品不支持无理由退货。

以下总结了在跨境电子商务中申投诉的主要问题。

（1）买家未收到货物。

买家未收到货物可能是以下几种情况造成的：
- 物流显示货物还在途中，只是还未到达；
- 海关扣关；
- 快件被退回；
- 快件被寄往或投送至非买家地址；
- 物流显示已妥投，但买家未收到货；
- 买家拒签；
- 快件途中丢失。

（2）买家收到的货物与约定不符。
- 存在质量问题；
- 与描述不符合；
- 恶意的申投诉。

2）申投诉服务内容

跨境电子商务企业应提供申投诉服务，包括：

- 在跨境电子商务企业的页面上能便捷地获取售后服务和申投诉的政策和流程信息，帮助顾客快捷获取申投诉的处理流程；
- 在承诺时限内，对顾客就商品做出的申投诉进行及时反馈和处理。

建立与顾客沟通的渠道，并在跨境电子商务平台网站上的显著位置标识。沟通渠道主要采用以下方式：
- 社交软件，如微信、Facebook、Witchat、Twitter等；
- 建立在线客服系统、FAQ帮助系统，提供及时优质的服务；
- 建立论坛、意见反馈或者客服中心或提供400电话、电子邮件等其他形式的客服平台。

4．在线顾客服务

1）在线客服人员应具备的基本知识

在售后服务和申投诉的流程处理上，顾客体验在很大程度上取决于客服人员的服务水平和服务态度。因此，跨境电子商务企业的在线客服人员需要掌握以下基本知识，以便为顾客提供便捷、满意的服务。

（1）具有丰富的外贸专业知识，充分掌握支付、物流、关税和退税等知识。

（2）熟悉在线交易平台的规则。要想成为一个合格的跨境电子商务在线客服人员，首先就应该掌握跨境电子商务平台的规章制度，并熟练运用。例如，2017年速卖通的招商门槛政策和大促团购规则等，熟悉平台才可以顺应平台发展。要明白平台章程，懂得规避，避免因为规则问题被平台处罚的情况出现。

（3）掌握商品知识。熟练掌握商品知识是对客服人员的硬性要求。可以让客服人员从自己店铺的详情页及竞争对手的详情页和评价中了解自己的商品，明确商品优势。特别是远程客服人员，最好能够先将商品的样品寄给客服人员，让客服人员能实实在在地看到实物。对功能性产品，客服人员最好能自己实际操作、实际体验，做到对商品真正地了解，这样销售起来更有信心，更能得心应手。对商品的讲解，如衣服的类目，应讲解服装的设计理念、颜色的搭配和肤色的搭配等，可以让客服人员试穿一下衣服，或者让客服人员看到其他人穿了是什么样子，不同身高和肤色的人穿了是什么样子，这样客服人员在交易的时候，就能很清晰地告诉顾客穿着时的大致效果。也可以将每个商品的属性和穿着效果及适合的人群制定一个标准、清晰的表格发给客服人员，便于客服人员在工作中及时查对，以更好地回答顾客咨询。

（4）熟练掌握操作流程。熟练掌握跨境平台的操作流程，能提高个人的工作效率，解决顾客在流程方面的疑虑。例如，对需要退/换货的顾客，应清楚告知顾客退/换货流程，并在换货发出时与顾客主动沟通，告知货品发出的时间和发出的单号及快递公司，而不是等到顾客自己来咨询的时候再被动地告知；对退款的顾客，在退款成功时能主动沟通，告知顾客退款成功，让顾客查收。虽然只是小小的细节，但是却能在细节当中体现出对顾客细致的服务，增加与顾客交流的机会，加强顾客对企业的印象,这也是能让企业有更多回头客的因素。

(5)了解不同国家的风俗习惯和语言文化习惯。企业在线客服人员服务的对象大部分来自国外,因此需要了解顾客所在地的风俗习惯,了解不同国家的语言文化,以便在沟通时拉近距离,并且有针对性地对顾客进行回复。如速卖通,应该熟悉俄罗斯和巴西人的性格,与俄罗斯顾客避免聊政治问题;巴西人比较爽快和幽默,聊天时应更加直接。掌握了这些特点,企业的在线客服人员就可以更好地与顾客沟通。

2)处理争议的能力

跨境电子商务发生争议后往往对跨境电子商务企业的压力和损失非常大。企业的在线客服人员解决争议的能力和服务态度尤为重要。

(1)让顾客体会到企业解决争议的诚意,积极处理争议。遇到比如顾客对商品不满意、物流体验差、要求退款等争议问题,首先要做的是体现解决争议的良好服务态度,感恩顾客,对顾客的遭遇表示理解,并且承诺会积极地去解决问题。这就要求客服人员首先要安抚顾客的情绪,说声对不起,抱歉给顾客带来不便和困扰,让顾客体会到企业解决争议的诚意。

(2)真正了解争议的来龙去脉。跨境电子商务的争议最容易集中在物流环节,如丢件、产品破损等,遇到顾客争议时,首先应该冷静地分析事情的来龙去脉,注意保留证据,如聊天记录和物流记录,如果是误会,应通过真实的电子证据与顾客真诚沟通,获得顾客理解。保留好电子数据和证据是解决争议的核心工具。

(3)引导顾客负面情绪的能力。顾客对于订单和商品不满意,肯定会有很多负面的情绪,表现形式包括给差评、在社交媒体上曝光等。客服人员可以凭借自己的专业度和语言能力通过网站站内信、App 软件或通过电话与顾客充分沟通,理解并认同顾客,最终获得顾客的再次信任,让顾客的负面情绪化解,为争议的解决打下基础。

3)争议解决方式

跨境电子商务的争议处理有非常多的技巧,以下提供几种解决争议的方式。

(1)货物白送,全额退钱——简单粗暴。

例如,发一个跨境快件,在很多时候物流价值其实比商品本身价格高得多,很多新的跨境电子商务企业考虑到店铺运营的满意度、店铺好评率和评分,也为了快速解决顾客争议,就最直接,也最草率地告知顾客,货不要了,钱全部退回给顾客。这种表面上看上去很豪爽的、简单粗暴的处理方式恰恰证明了客服人员的不专业和不成熟,因为这样对于商户来说成本损失是最大的,而且也最没有服务技巧,让顾客感觉商户不真诚,因为更多的顾客花钱是希望买到真正想要的商品。因此,简单的货物白送、全额退钱并不能挽回顾客的体验感。

(2)二次免费发货。免费再给顾客发一次货。在这里其实有一个沟通处理的技巧,在顾客充分原谅的基础上,商户可建议顾客承担一次货物的部分价值,如一个产品100美元,因为出现破损或其他不满意的状况,让客户承担70美元的费用,其实大部分客户都是愿意接受的。

（3）给予顾客折扣。这是最值得倡导的一种处理方式，如商品破损，则扣除交易金额，在求得顾客充分理解和原谅的基础上，给予顾客一定金额的赔偿，一般来说顾客都愿意接受。但是这里面会有一个沟通技巧的问题，在线客服人员沟通技巧的能力直接决定与顾客商谈的退让幅度。

跨境电子商务顾客争议率的高低是考核跨境在线服务质量的重要指标，好的在线客服在销售前与顾客充分沟通，真实理解顾客对商品的需求，并且预判可能产生的争议性；在发货环节，选择可靠的物流公司。顾客的一次满意度直接反映顾客对服务质量的感知。

8.2 经营绩效

经营绩效管理是跨境电子商务企业实施发展战略和开展电子商务业务不可或缺的一个环节，是关系到企业生存发展的重要组成部分。构建一套完整、科学的绩效评价体系能够有效监控企业的发展战略，帮助企业高层判断现有经营活动的运作情况，及时调整企业的资源配置，保证企业的发展动态性，从而持续巩固和创新企业的竞争优势。

跨境电子商务经营绩效评价指标体系应包括3个过程，即销售业绩、顾客满意度和相关方评价。

8.2.1 经营绩效概述

1. 跨境电子商务经营绩效管理问题

绩效评价是一家公司考量员工的重要参考依据，往往也与员工薪酬的高低直接挂钩。是否配备一套系统完善的绩效考核机制也是衡量一家公司水准高低的重要指标。在对跨境电子商务绩效管理方面具体遇到困难的调查中，《2016年跨境电商行业人才管理趋势调研报告》将问题分为5大类，见表8-1。

表8-1　绩效管理问题调查结果[20]

绩效管理问题描述	占比
难以确定绩效考核指标及具体的目标	60%
绩效考核结果与人员薪酬、晋升、培养等联系不够紧密	40%
绩效管理与实际运用脱节	30%
缺乏合适的绩效管理工具或系统	30%
绩效考核流于形式	23%

第一，从整体看，公司目前绩效管理面临的最大挑战就是难以确定绩效考核指标及具体目标，约占60%；第二，年营业额为500万~1000万美元的公司在绩效管理方面存在的问题比较多样，主要有绩效考核结果与人员薪酬、晋升、培养等联系不够紧密，绩效管理与实际脱节，缺乏合适的绩效管理工具或系统，三者各占总数的30%；第三，年营业额为1000万~2000万美元的公司在绩效管理方面存在难以确定绩效考核指标及具体目标，绩效考核流于形式这两大难题。

跨境电子商务公司绩效管理细分问题调查结果显示，年营业额低于500万美元的公司在绩效管理方面还处于"没有明确定义或实际绩效管理"的阶段；年营业额高于500万美元的公司，包括有些更为成熟的公司，其绩效管理依然处于"确定了绩效管理流程，但较为粗放"的阶段。具体情况见表8-2。

表8-2 绩效管理细分问题调查结果

绩效管理细分问题描述	占比
确定了绩效管理流程，但较为粗放	53%
绩效管理与人员薪酬、晋升、培养等联系不够紧密	47%
没有明确定义成文的绩效管理	26%
采用一定的模板来规定绩效管理	21%
具有明确的绩效管理流程和部门职责	14%
绩效管理与人员的薪酬、晋升、培养等紧密衔接	9%

在对跨境电子商务公司绩效管理的细分调查中，《2016年跨境电商行业人才管理趋势调研报告》的撰写者德勤总结了一些绩效管理经验。完整的绩效管理流程是从绩效指标分解开始的，基于公司战略目标和实际绩效执行情况，运用科学的方法，理清绩效管理的关键要点，将绩效指标分解至业务单元（团队）及个人，同时配合相适应的激励机制，在通过绩效进行业务分解及行为引导的同时，相对客观公正地进行奖优罚劣。

2. 绩效评价体系的原则

跨境电子商务业务经营绩效的产生是一个不断演进的过程。其评价体系的评价结果是衡量跨境电子商务业务成功与否的准则。影响跨境电子商务业务绩效产生的因素是多方面的，有的起推动作用，有的起阻碍作用。具体选取哪些方面的哪些指标来衡量，则是确保评价结果可靠性和有效性的关键。跨境电子商务企业在建立绩效评价体系时应遵循以下5大原则。

（1）系统性原则。

跨境电子商务的绩效评价应系统、全面，评价指标的构建要考虑企业各个方面的影响，既要考虑正面收益，又要考虑负面风险，既要考虑业务现状，又要考虑未来发展，只有全方位、系统性的指标才能保证评价的有效性。

（2）科学性原则。

指标体系应能科学反映企业跨境电子商务业务的实际情况，指标规模适中而且实用。若指标体系过大、指标项过细，则会分散评价的注意力，使其过多集中在细节而不能体现整体；若指标体系过小、指标项过粗，则不能反映出企业跨境电子商务业务的实际水平。企业应根据跨境电子商务业务的实际情况和复杂程度确定评价体系指标的详细程度，明确各指标项含义，确保所反映的内容合理、清晰，以免影响评价效果。

（3）层次性原则。

构建跨境电子商务绩效评价指标体系应对所识别的指标项归类并按层级划分，筛选与目标关联最紧密的主导指标作为一级指标，将概况性稍差的从属性指标作为二级指标，按照指标的隶属关系，必要时还可以形成三级指标。在指标数量尽可能精简、概括的基础上，指标体系的设置要有层次感，这样有助于理清指标之间的内在联系，有利于评价过程的实施。

（4）可操作性原则。

指标体系的设立应该具有可操作性，使企业便于根据实际情况和自身业务的特点运用、收集和计算。每个指标要能单独反映某一方面的水平，并具有历史可比性。同一层次内的不同指标不应有信息的重叠，避免相互包含。数据资料的收集应方便操作、容易度量，对于实际存在的难以用数字衡量的定性指标，在评价过程中应利用一定的数学方法转化为定量指标进行分析。

（5）可拓展性原则。

不同的跨境电子商务业务可能存在不同的特性，指标体系的构建要能保证不同业务之间具有良好的可比性，因此不同业务可能需要加入一些特殊的指标，这就要求指标体系具有一定的可拓展性。另外，不同跨境电子商务业务的侧重点也不尽相同，除了考虑指标项的可拓展性，还应考虑权重系数的可调整性，以便在对不同业务进行绩效评价时能科学调配权重系统。

评价跨境电子商务业务经营绩效需按照上述 5 大原则设计一套科学、完整的指标体系，在此基础上采用有效、适用的评价方法，对企业的绩效进行定量和定性的评价。一个设计良好的评价指标体系，可以使应用跨境电子商务的高层管理者判断现有经营活动的获利性，及时发现尚未控制的领域，有效配置企业资源，评价管理者的业绩。

目前，由于对跨境电子商务经营绩效管理方面的研究还不够深入、彻底，跨境电子商务业务绩效评价也尚未形成一个规范的体系，主要以单一的标准，如仅从成本、服务两个方面来对跨境电子商务业务绩效进行评价，或从战略、技术和经济 3 个方面来对跨境电子商务业务绩效进行评价。本文根据上述 5 大原则，将销售业绩、顾客满意度、相关方评价等作为跨境电子商务业务绩效评价的一级指标，结合跨境电子商务业务运作与管理的过程，构建跨境电子商务业务绩效框架，并在此基础上形成跨境电子商务业务绩效评价指标体系。

3. 在线顾客价值评价

1）在线顾客价值评价原则

在构建跨境电子商务业务绩效评价指标体系前，首先要对在线顾客价值评价有所了解。不同的顾客可能给企业带来的价值各不相同，不同价值的顾客也可能存在不同的需求。因此，跨境电子商务企业需要根据顾客的价值分配不同的资源，并根据顾客的需求制定相应的经营策略。在线顾客价值评价主要是指运用科学的原理和方法，对在线顾客的现实价值和潜在价值进行定性、定量的衡量，从而为跨境电子商务企业提供经营绩效管理上的决策支持。

在线顾客价值评价和关系管理的目标应该是明确的，在总体方向上要与企业的战略目标保持一致，在线顾客价值评价的核心是提高顾客满意度、顾客忠诚度及顾客黏性，从而为企业创造更多的市场和利润。

在线顾客价值的评价应遵守以下4项原则[21]。

（1）长期性原则。在顾客关系管理中，跨境电子商务企业关注的重点绝不是顾客在某一时刻对企业利润的贡献。顾客价值考察的是在顾客与企业保持关系的时期对企业所产生的价值流，只有注重长期性原则，才能真正反映顾客对企业价值的贡献。

（2）全面性原则。影响顾客价值的构成因素包括顾客满意度、顾客知名度、顾客美誉度等，是顾客在消费商品或服务后或者企业对顾客的一种主观评价，因人而异。所以，顾客价值的测量不能仅仅局限在某一个顾客的价值测量，同时又不能忽视顾客的差异性。另外，顾客价值是由多方面构成的，在评价顾客价值时也需要进行全面的考虑。

（3）整体性原则。构成顾客价值各个因素之间存在显著的差异，同时，各个因素又是相互影响、相互制约的，是一个有机的整体，在分析和评价企业顾客价值的时候不能把各个因素孤立起来。

（4）客观性原则。顾客关系管理中顾客价值的考察不能仅仅依赖人为的判断，决策者必须在主观判断的基础上，结合一定的数理计算方法，将定性方法和定量方法结合在一起，这样才能得到更加真实的结果。

2）在线顾客价值评价的意义

对于跨境电子商务企业而言，并非所有顾客都有相同的重要性。利用在线顾客价值评价结果，发现那些对跨境电子商务企业具有战略意义的顾客，并依据特点和需求有针对性地制定企业战略。这对企业，尤其是处于以顾客为中心的商业模式下的跨境电子商务企业至关重要。发现并针对具有战略意义的顾客实施精细化营销管理，甚至是一对一营销，这是CRM（顾客关系管理）所提倡的策略之一。跨境电子商务企业对在线顾客价值进行评价的意义体现在以下3个方面。

第8章 服务要求

（1）有利于改善评价方法。跨境电子商务企业不再仅仅按顾客过去或现在对企业利润的贡献水平对顾客进行评价。这是因为传统的评价方法并没有考虑到顾客购买价值以外的其他价值形态，忽视了在线顾客可能为企业创造的隐性价值，对于在线顾客关系的构建和管理，既忽略了潜在顾客又忽略了成长性顾客。一个好的评价方法是可以帮助企业细分在线顾客的。顾客价值也可以成为顾客关系管理中帮助企业细分顾客的关键因素。

（2）有利于准确识别顾客。在线顾客价值的评价有利于跨境电子商务企业在众多的消费者中准确地识别有价值的顾客，并对不同价值的顾客实行不同的顾客管理策略，帮助企业提高资源利用率，将有限的资源发挥最大的效用。

（3）有利于培养顾客忠诚度。通过在线顾客价值评价，可以帮助跨境电子商务企业培养顾客忠诚度，在进行顾客关系管理时满足顾客在各个阶段的不同需求，通过各种提高顾客满意度的手段延长顾客的生命周期，培养顾客的忠诚度，同时，通过在线顾客价值评价也可以帮助企业做出合理性判断，确定顾客关系建立或维持期间所应该投入资金额度的上限。

在线顾客价值评价的基本流程是不断调整的过程，首先构建在线顾客价值评价体系，根据评价体系确定评价指标和评价模型，然后计算得出顾客评价结果，在通过评价结果对顾客实施不同策略的过程中，应实时根据实施效果对评价体系和评价模型进行修正和调整，从而找出适合跨境电子商务企业的最优评价体系，实现对不同价值在线顾客的准确评价和精准策略实施，从而为企业创造最大的价值。在线顾客价值评价的基本流程如图8-44所示。

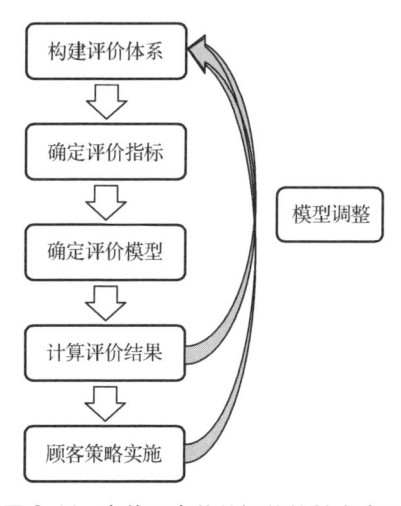

图8-44 在线顾客价值评价的基本流程

在线顾客价值综合评价模型主要借助数理分析和全面系统指标相结合的层次分析法构建评价系统，能够综合考虑影响顾客价值的各个方面因素，可对顾客价值进行较为全面的衡量。

在时间维度上，评价在线顾客生命周期价值可以通过顾客当前价值和潜在价值构建在线顾客价值的综合评价模型。其中，当前价值采用毛利润和服务成本为评价指标；潜在价值采用顾客忠诚度作为评价指标。具体的评价指标体系示例如图 8-45 所示。

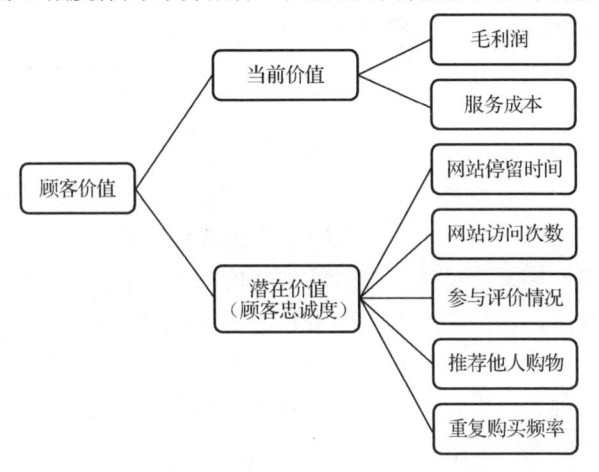

```
                    ┌── 当前价值 ──┬── 毛利润
                    │              └── 服务成本
        顾客价值 ───┤
                    │              ┌── 网站停留时间
                    │              ├── 网站访问次数
                    └── 潜在价值 ──┼── 参与评价情况
                       (顾客忠诚度) ├── 推荐他人购物
                                   └── 重复购买频率
```

图 8-45　评价指标体系示例一

顾客价值的内容维度可以从购买价值、信息价值、知识价值、口碑价值、注意力价值和形象价值 6 个一级指标进行顾客价值评价建模。具体的评价指标体系示例见表 8-3。

表 8-3　评价指标体系示例二

	一级指标	二级指标
顾客价值	购买价值	当前购买量
		本企业的参与份额
		份额的变动趋势
		利润盈余
	信息价值	消费能力
		需求量
		顾客满意度
		购买轨迹
	知识价值	可转化程度
		转化成本
		知识贡献率
	口碑价值	影响力
		影响范围
		受影响人群的平均购买值

续表

一级指标	二级指标
顾客价值	
注意力价值	网站点击频率
	网站停留时间
	点击频率和停留时间的变动趋势
形象价值	顾客的知名度
	顾客美誉度

此外，实际使用过程还要解决的一个关键问题就是确定各层指标的权重。权重在很大程度上依赖企业经营管理者的直接经验，不过在层次分析法中已经给出更为科学的权重确定方法。确定好各指标的权重后就可以进一步进行顾客价值评价。

对比上述两个模型，示例二全面考虑了更多的顾客价值影响因素，并根据这些因素设计了指标体系。但在实际运用中，示例二中的许多指标无法直接观测，更依赖于企业经营管理者的直接经验；而示例一中的指标大多可以从企业顾客的数据库中采集一些直接的、历史的数据，并且从当前价值和潜在价值两个维度进行评价，这种评价方式有利于进行顾客的细分。

因此，有关在线顾客价值的综合评价方法在评价运用过程中应当注意以下 3 点：一是必须符合企业的实际需求和跨境电子商务环境的特点，合理地进行评价体系的设计；二是设计的各评价指标尽可能具有客观性和可观测性，尽量少加入主观指标；三是通过设立二级指标能够有助于进行市场的进一步细分。

8.2.2 销售业绩

说到销售业绩，就不得不提战略成本管理。它是销售业绩的根本保障。实施战略成本管理的最终目的是提高企业的竞争地位。这是竞争性的体现。跨境电子商务企业的竞争地位想要得到稳固和提高，就必须在执行战略成本控制之后，建立销售业绩绩效评价体系，对企业销售业绩进行评价。完整的销售业绩评价应该关注所有影响企业经营的关键成功因素，包括财务因素和非财务因素。不同的企业、不同的业务单位，在全面调查分析的基础上，根据自身所处的环境及决定自身成功的关键因素，设立销售业绩评价的具体指标，据此进行奖励或惩罚。通过对这些科学、合理的评价指标的直接关注，销售业绩评价体系有效地连接了业绩衡量、评价过程和企业战略。

著名的平衡记分卡方法由卡普兰、诺顿于 1992 年共同提出。这是一个综合评价企业长期战略目标的指标评价系统，从多方面考察企业的经营绩效。平衡计分卡是进行完整战略业绩评价的有效方法，在世界 500 强企业中，约有 80%的企业采用平衡计分卡系统进行业绩评价。它从以下 4 个关键方面评价企业的战略业绩：顾客满意度、财务业绩、内部经营过程、学习和增长。

在平衡记分卡中，财务指标仍然是评价企业销售业绩最为直接的指标，包括销售增长率、营业收入、年均净资产、投入回报率、经济附加值、成本费用利润率、流动比率、速动比率、资产负债总额等。跨境电子商务财务绩效评价体系的设计应遵循动态化原则，也就是不受时空限制地获取有效的财务信息与经营数据，从而让企业管理层可以在瞬息万变的市场中及时做出决策。另外，透明化的网络环境使得企业的利润空间不断减少，企业的持久发展更加依赖于高效的资金运营能力。因此，在指标遴选的原则上，财务绩效评价的指标更应该聚焦对企业资金运营能力的评价及更能说明时效性的资产流动性指标上。

在现阶段跨境电子商务财务绩效评价体系的设计过程中，可利用层次分析法进行三级指标体系的构建，具体步骤为：①跨境电子商务的财务绩效评价指标的目标分解；②筛选高频度指标；③筛查重复性指标，确定指标体系的基本构架。跨境电子商务财务绩效评价体系见表8-4。

表8-4 跨境电子商务财务绩效评价体系

一级指标	二级指标	
财务因素	偿债能力	速动比率
		资产负债率
		现金流量负债比
		流动比率
	周转能力	应收账款周转率
		总资产周转率
		存货周转率
		流动资产周转率
	财务效益	销售净利率
		资产报酬率
		净资产收益率
		盈余现金保障倍数
	发展能力	营业收入增长率
		净利润增长率
		总资产增长率
		技术投入比

跨境电子商务企业与传统生产型企业的内部经营过程有着极大的差异。跨境电子商务企业可以不直接从事商品生产环节，包括商品原料的采购、加工、包装、运输甚至售后服务都可以转包给第三方处理。跨境电子商务企业只负责商品的销售环

节，包括商品信息的发布、接收和顾客订单的处理、联系生产和运输单位等。因此，信息收集能力、信息处理能力和信息应用能力是影响跨境电商销售业绩和内部经营能力的3大主要非财务指标。

（1）信息收集能力。

信息收集能力是指跨境电子商务企业准确收集商品信息和顾客需求信息的能力。商品信息包括商品和服务提供的数量、质量、交货周期和成本等；顾客需求信息包括商品和服务的数量、质量、时间和价格等。由于买方市场的形成，跨境电子商务企业需要以顾客为导向，不仅要发现新市场、培育新顾客，同时还要兼顾现有顾客的当前需求和潜在需求。由于跨境电子商务企业介于商品生产者和最终顾客之间，因此只有准确了解商品生产者的供给信息，才可以判断能否满足顾客对商品的价格、性能、质量及供货方面的需求。因此，跨境电子商务企业必须同时掌握商品和顾客双方面的信息才能够完成使命，进而生存和发展。另一方面，信息收集能力包含信息的准确性和及时性，滞后甚至错误的信息将导致跨境电子商务企业经营决策的重大失误，及时准确的信息则能帮助跨境电子商务企业做出合理的决策。

（2）信息处理能力。

信息处理能力是对所收集到的各种信息能够进行正确的分析和加工处理，得到能够直接应用于企业决策的信息。影响信息处理能力的因素包括信息的收集程度、传递效率和处理时效性。衡量信息处理能力就不得不考虑信息处理手段、信息处理效率和信息处理质量3个指标。信息处理所采用的手段是决定信息处理质量的基础，也是信息处理效率的保证。现有的处理手段包括统计分析、数据挖掘和神经网络分析等各种方法，这些处理手段是为了处理各种数据形式和处理目标。其中，处理手段的多样性、处理效率、处理质量是信息处理能力的指标。处理手段的多样性是衡量信息处理能力的重要指标；处理效率是信息处理在时间方面的指标，可以用完成一次信息处理的平均时间来衡量；处理质量是信息处理在效用方面的指标，各种不同的信息分析工具可以得到不同的信息处理结果，可以使用在一次信息处理过程中得到有兴趣的、新颖的信息数目来进行评价。

（3）信息应用能力。

信息应用能力是指使用各种分析工具和分析方法加工信息后，基于这些信息制定决策，并将其转化为与企业经营目标一致的具体行为能力。跨境电子商务企业若想取得长足的发展，就必须获得其他相关企业的信息，并对获得的信息进行分析、处理、加工、储存和使用，进而融入自身的企业文化惯例中指导自身的生产运营过程。从纵向来看，企业要获得和使用相关的供应商、制造商、零售商等的信息，并与其进行信息共享和反馈，谋求协同长期发展。从横向来看，企业要获得其他竞争企业、顾客、科研机构等的信息，进而通过分析、提炼和加工，充分利用它们的信息来提升自身的竞争力，从而获得持续竞争的优势。

对于跨境电子商务企业而言，非财务因素的影响对企业的销售业绩将起到一定的正面推进作用。因此，在考虑跨境电子商务销售业绩综合评价体系的指标遴选时，除了传统的财务指标，非财务因素的影响也应在模型设计的考虑范畴之内。综合上述财务因素和非财务因素，可以构建跨境电子商务销售业绩综合评价体系。其设计框架如图8-46所示。

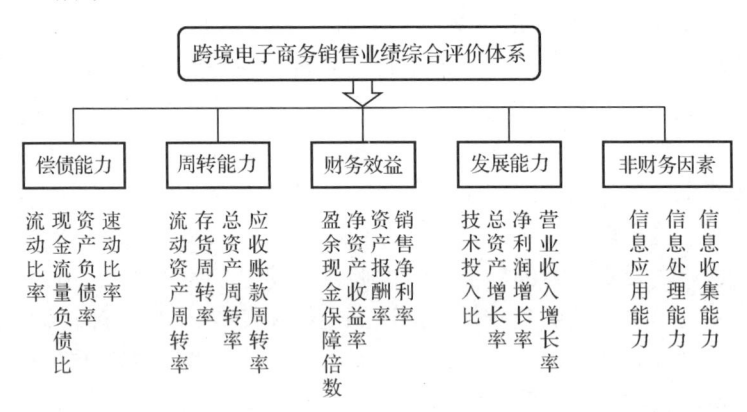

```
                    跨境电子商务销售业绩综合评价体系
                                │
    ┌──────────┬──────────┬──────────┬──────────┬──────────┐
  偿债能力    周转能力    财务效益    发展能力    非财务因素
    │          │          │          │          │
  流动比率   存货周转率  盈余现金   技术投入比  信息应用能力
  现金流量   总资产周转率 保障倍数  净资产增长率 信息处理能力
  资产负债率  应收账款   净资产    总资产增长率 信息收集能力
  速动比率   周转率     收益率     营业利润
  产权负债比           销售净利率  增长率
                                  营业收入
                                  增长率
```

图8-46　跨境电子商务销售业绩综合评价体系设计框架

根据跨境电子商务目标收集销售业绩的数据和信息，可分析和评价通过监视和测量获得的数据，持续改进交易服务质量。在"互联网+"社会大背景的影响下，随着企业跨境电子商务之路越走越远，传统财务管理模式的静态和滞后所带来的问题已逐渐开始显现。随着云计算和大数据等技术的革新与逐步成熟，大家都在探寻能实现企业资金流、信息流及物流高度一致的财务共享平台。财务共享平台可使企业的有效财务信息得以集中反映，可使企业的财务数据更加趋于客观、及时，可有效推动企业财务的精益化管理。

8.2.3　顾客满意度

就整个社会而言，跨境电子商务目前仍然是新生事物，仍然处于成长阶段。这就决定了当前跨境电子商务企业的首要目标除了前一节所述的提高销售业绩外，还需要与顾客建立良好的关系。

由于跨境电子商务市场竞争日趋激烈，大多数商品逐渐由卖方市场向买方市场转变，顾客成为市场的主导，甚至是决定跨境电子商务企业成败的关键。以顾客为导向，为顾客增加价值，提供多样化、个性化生产的经营理念已全面渗透到更多企业的管理和实践中。因此，对现有顾客和潜在顾客的顾客满意度进行管理也成为衡量跨境电子商务企业经营绩效的重要部分。

顾客满意度取决于顾客实际感受的服务和商品的效用与期望得到的效用之间的差异。所以，跨境电子商务企业需要注意所提供服务和商品满足需要的程度，并建立顾客满意程度反馈机制，及时获取顾客体验感知。目前，国内理论界对跨境电子商务顾客满意度的研究定性描述多、定量测评少，评价方法不成体系。基于国内外关于顾客满意度影响因素的研究，建议从可靠性、响应性、安全性及移情性 4 个维度进行衡量。

1. 可靠性

可靠性就是可靠地、准确地履行服务承诺的能力。可靠的服务行为是顾客所期望的。它意味着服务以相同的方式、无差错地准时完成。可靠性实际上是要求跨境电子商务企业避免在服务过程中出现差错，因为一旦出现差错，给企业带来的不仅是直接意义上的经济损失，而且可能失去一定的潜在顾客。顾客对可靠性的需求无外乎交易系统、商品信息和订单处理 3 个层面，可以从这 3 个层面出发，细分指标项，构建顾客满意度可靠性评价体系。顾客在交易系统层面的可靠性需求，简单来讲，就是要求交易系统操作简单、网页加载速度快、网站稳定，具体可细分为以下 6 项指标。

1）交易系统基础保障

为保证跨境电子商务交易的正常运行，系统应提供必要且可靠的基础环境和服务，主要包括：

- 技术性能，系统为保证跨境电子商务交易稳定运行所提供的软、硬件环境性能指标；
- 管理机制，系统为履行对顾客的承诺和维护正常的交易秩序所制定的管理条款和规章制度。

2）系统界面的可用性

- 应保证顾客在商品交易过程的正确性和完整程度，包括页面设计简洁美观、信息表达清晰完整、搜索和链接快速准确等方面，如图 8-47 所示；
- 应保证顾客在系统上完成商品交易时快速便捷，主要表现包括容易登录、连通迅速、等待时间短、响应速度快和下载速度快等；
- 系统的功能应简单、易学，便于顾客操作和使用。

3）系统功能完备性

系统应具有与跨境电子商务交易相适应的基本功能，包括会员注册、购物车、商品展示、商品信息管理、营销栏目管理、订单处理、自动配货处理、顾客购物信息反馈、退货或换货管理、商品出库管理、商品账目管理、财务数据管理、支付结算管理、顾客权限管理和各种业务统计分析等功能。

4）系统技术可靠性

- 应保证页面访问链接稳定；
- 应保证页面功能执行有效；
- 应避免未知错误导致的功能失效。

5）商品信息的可靠性

商品信息的可靠性一般来讲就是要求商品与图片描述一致、完整提供订单跟踪信息、完整保留且公开顾客评价、库存真实，具体可细分为以下 3 项指标。

图 8-47　系统界面可用性示意图

（1）商品信息的真实性。
- 商品信息应如实描述，不得做虚假宣传和虚假表示；
- 商品价格标示应真实准确，无误导；
- 商品库存信息应真实准确，无货信息应标示；
- 对于发生变化的商品信息应实时更新，包括商品的价格变化、库存变化及促销信息变化等。

（2）顾客评价公开。
- 系统提供信用评价机制和信息评价系统，允许顾客对商品和交易过程进行评价；
- 完整保留且公开顾客评价信息，如图 8-48 所示。

（3）订单跟踪信息的友好性。
- 应实时记录与跟踪订单配送信息、配送人员信息及联系方式，并在承诺时限内保留配送记录；
- 应及时准确地为顾客提供最新的配送信息。

6）订单处理的可靠性

订单处理的可靠性可以简单概括为下单后发货及时、商品完整、商品如期到达送货地址，具体可细分为以下 3 项指标。

图 8-48　顾客评价信息

（1）下单的便捷性。
- 下单流程应简单，可支持一键下单服务；
- 应为顾客下单提供相关提示信息，提醒顾客库存量和预期送货日期；
- 可提供顾客常用选项记录的功能，记录顾客常用地址、送货方式和支付方式；
- 可支持多种下单方式，如电脑顾客端下单和手机顾客端下单；
- 可支持多国语言下单。

（2）配送服务的便捷性。
- 应提供多种配送方式供顾客选择，包括送货上门、自提和邮政包裹等；
- 可为顾客提供预约送货上门服务；
- 可为顾客提供个性化配送服务，如预约时间配送和承诺期限内送达等。

（3）配送服务的可靠性。
- 配送的商品应按照承诺时间准时送达；
- 配送的商品内容和数量应与订单描述信息一致；
- 配送的商品应完好、无破损。

【案例】兰亭集势

兰亭集势（Lightinthebox）成立于2007年，以国内的3C产品为主营产品，目标顾客主要定位在全世界中小零售商,包括线上零售商、线下零售商等,兰亭集势官网如图 8-49 所示。中国制造业在世界上的优势不言而喻,尤其是 3C 产品,以其低廉的价格在国外十分受欢迎。

图 8-49 兰亭集势官网

首先,顾客在兰亭集势网站可以通过搜索、产品分类、热卖产品、免运费产品及新到产品等功能方便、快速地找到自己想要的产品。其次,顾客还可以通过电子邮件订阅产品更新信息、折扣产品信息及一些特殊供应产品信息等。同时,顾客还可以在兰亭集势官方博客、Twitter、Facebook、YouTube 等社交媒体上跟踪兰亭集势的动态。顾客可免费注册加入,订单无最低数量限制,可以以批发价购买到相关的产品,顾客得到了极大的实惠。最后,顾客可以及时跟踪物流信息,了解所购买商品的位置情况。

事实上,兰亭集势正是以顾客体验取胜。兰亭集势 CEO 郭去疾对细节的关注渗透到了业务的每一个毛孔中。郭去疾要求下属每天整理 10 个顾客的差评给他看,并且要求看邮件的全部原文。郭去疾甚至常常亲自写邮件给下属,讨论事项小到某个英文单词前的冠词到底应该用"A"还是"The"这样的细枝末节;郭去疾还时常给兰亭集势高管开会,讨论退货细则,包括逐条的内容、表达的口吻等,会后,郭去疾亲自先写出一个版本与大家商榷。这种看起来事必躬亲的行事风格有时会让外界觉得诧异,而这恰恰是兰亭集势独树一帜的地方。郭去疾一向认为方法论没有对错之分,只有差异之别,商业的本质其实是产品和服务质量这些常识,兰亭集势做到了。因此,兰亭集势的业绩两年间增长了 300 倍。

2. 响应性

响应性是指迅速有效提供服务,帮助顾客实现愿望的能力。让顾客等待,特别是无原因的等待,会使顾客对服务质量的感知造成不必要的消极影响。出现服务失败时，迅速解决问题会给质量感知带来积极的影响。对于顾客的各种要求，跨境电子商务企业能否给予及时的回应将表明企业的服务导向，即是否把顾客的利益放在第一位。同时，服务传递的效率还从一个侧面反映了企业的服务质量。研究表明，在服务传递过程中，顾客等候服务的时间是关系到顾客的感觉、顾客印象、服务企业形象及顾客满意度的重要因素。所以，尽量缩短顾客等候时间，提高服务传递效率将大大提高企业的服务质量。顾客满意度在响应性维度的需求具体体现在处理问题迅速、及时给顾客提供帮助、退款速度快等方面，其衡量指标既不是单一的也不是一成不变的，随着交易的进展可能涉及售前咨询服务、售后保障服务以及顾客关系维护等方面。

（1）售前咨询服务。
- 应建立多种通道和形式为顾客售前咨询提供帮助，如在线咨询、电话咨询等；
- 应在页面显著位置提供顾客咨询支持，并明确客服工作时间；
- 应有专职客服人员来响应顾客的售前咨询；
- 咨询服务人员应及时回复顾客咨询。

（2）售后保障服务。
- 应确保售后服务过程中的退/换货、赔偿等各环节服务便捷、畅通，具有可达性；
- 应为顾客提供简单的订单取消方式和多种退款方式；
- 应在承诺的服务时限内完成售后服务业务处理，并及时将处理结果反馈给相关方。

（3）顾客关系维护。

为维持良好的顾客关系，跨境电子商务交易系统应提供与顾客交互相关的管理和技术方法。

- 顾客咨询服务：为帮助顾客使用系统和顺利完成交易而提供的交互式支持服务；
- 投诉处理和纠纷调解：系统为处理顾客对商品或服务的不满意而提供的问题处理和意见协调服务。

【案例】小红书

小红书是一个社区电子商务平台，包括两个板块，UGC（用户原创内容）模式的海外购物分享社区和跨境电子商务福利社，福利社主要是小红书自营的海淘购物频道，如图8-50所示。早期小红书提供的是购买攻略，当小红书升级为社区电子商务时，其产品的挑选采自用户帖子的精选内容，商品的精准度极高，这种商品挑选模式使得商品更容易击中用户的痛点。

但其劣势也十分明显，初涉电子商务领域的小红书暴露出很多初级问题。例如，提供的商品种类、数量很少，不能满足其核心用户的需要；团队规模小，只有几个人维护的福利社也就是其电子商务板块在售后服务部分可以说完全没有做到，没有建立一个包含退货、退款的售后服务体系，致使其在周年庆的时候错误百出，严重影响了消费者对它的信任和青睐。

图 8-50 小红书官网

3．安全性

安全性是指跨境电子商务企业保证交易过程中顾客的各方面信息不受危害，包括：顾客网上支付安全、顾客账户安全、保护顾客的购物行为信息、不会把顾客的个人信息泄露给其他网站等。目前，在跨境电子商务领域，银行转账、信用卡、第三方支付等多种支付方式并存。B2B 通过线下模式完成交易，以信用卡、银行转账为主；B2C 主要通过线上支付完成交易，以第三方交易为主，如支付宝、PayPal。为保障顾客对安全性的需求，可以考虑从交易系统安全性、顾客信息安全性、支付安全性 3 个方面建立评价体系。

（1）交易系统安全性。

为保障跨境电子商务交易安全，系统应提供相关的技术保障措施，主要包括：

- 采取必要的技术手段和管理措施确保网络设备、存储设备等硬件设备的安全性；
- 采取防火墙、加密监测、病毒检测等技术手段确保网络接入的安全性；
- 采取电子签名、数据备份、故障恢复等技术手段确保网络交易数据和资料的完整性和安全性。

（2）顾客信息安全性。

- 系统对顾客的个人信息和交易信息进行保护；
- 不得将顾客的个人信息和交易信息泄露给其他网站。

（3）支付安全性。

- 应提示顾客关注交易风险，在执行顾客交易支付指令前，要求顾客对交易进行确认；
- 应具备防范交易欺诈的安全措施和手段；
- 应提供交付、结算凭证，如收据或发票等。

4．移情性

移情性是指设身处地为顾客着想和对顾客给予特别的关注，一句话形容移情性就是——理解和认同顾客需求。移情性有以下特点：具有接近顾客的能力和敏感性，能有效地理解顾客需求。结合跨境电子商务的应用场景，移情性包括：顾客服务友好性、投诉处理便捷性和投诉处理友好性。

（1）顾客服务友好性。
- 应在服务承诺时间内对顾客需求做出有效的解答；
- 客服人员应具备专业的知识、保持良好的服务态度，为顾客提供友好、高效的服务；
- 宜为顾客提供个性化服务。

（2）投诉处理便捷性。
- 系统应为顾客提供多种投诉途径，包括电话投诉、在线投诉和邮件投诉；
- 系统应在页面显著位置公布投诉流程和投诉方式等信息；
- 投诉处理过程应让所有投诉者易于使用，并能得到进行投诉和解决投诉的相关详细信息；
- 投诉处理过程和支持性信息应易于理解和使用，信息应表达清楚。

（3）投诉处理友好性。
- 应礼貌地对待投诉者，并告知投诉处理过程的进展；
- 在接收到合法或符合跨境电子商务企业承诺的投诉之后，应进行有效的补救或补偿措施，包括返修、退/换货及支付赔偿等；
- 对造成的问题进行补偿，如不能按时送达商品应对顾客进行补偿，对于短时间内降价商品应对顾客进行补偿。

【案例】亚马逊 amazon.cn

亚马逊公司是美国最大的一家网络电子商务公司，亚马逊也是最早开始经营电子商务的公司之一，亚马逊官网页面如图 8-51 所示。亚马逊自 1995 年成立以来主要经历了三次定位的转变，第三次定位转变是从 2001 年开始，除宣传自己是最大的网络零售商外，亚马逊同时把"最以顾客为中心的公司"确立为努力的目标。此后，打造以顾客为中心的服务型企业成为亚马逊的发展方向。为此，亚马逊从 2001 年开始大规模推广第三方开放平台（Marketplace）、2002年推出网络服务（AWS）、2005年推出 Prime 服务、2007年开始向第三方卖家提供外包物流服务 Fulfillment by Amazon（FBA）、2010年推出 KDP 的前身——自助数字出版平台 Digital Text Platform（DTP）。亚马逊逐步推出这些服务，使其超越网络零售商的范畴，成为一家综合服务提供商。2011年10月27日亚马逊正式宣布将它在中国的子公司"卓越亚马逊"改名为"亚马逊中国"，并宣布启动短域名 z.cn，使亚马逊全球领先的网上零售专长与卓越网深厚的中国市场经验相结合，进一步提升顾客体验，这些举措还促进了中国电子商务的成长。2014年8月，亚马逊落户上海自贸区，并开始在自贸区内建立跨境电子商务平台，中国的消费者自此可通过亚马逊进行在线海外购物。在每年的"双十一"期间，跨境电子商务也成为亚马逊的核心卖点，亚马逊在美国、德国、法国、英国、西班牙和意大利这6个海外站点的货物可直邮中国。

图 8-51　亚马逊官网页面

"我们的工作不是卖东西，而是帮助消费者做出购买决策"，关注消费者、面向消费者，是亚马逊持之以恒的理念，也是亚马逊最为人称道的地方。

　　跨境电子商务企业应主动收集并分析顾客满意程度反馈信息，评价交易服务的质量，在评价过程中可使用网上调查、电话回访、软件测评或发放纸质问卷相结合的形式，收集顾客反馈信息。问卷调查就是根据评价内容设计调查问卷，根据评价对象设定调查对象的范围和数量，并向调查对象发放调查问卷，在规定的回溯时限内回收调查问卷，并根据调查问卷结果对评价内容进行评分。软件测评通过专业的跨境电子商务网站测试系统，采用模拟真实用户和大数据分析等方式对系统技术性能的各级指标和其他评价内容进行测试和评分。

8.2.4　相关方评价

　　《关于实施支持跨境电子商务零售出口有关政策的意见》（国办发[2013]89号）明

确要求经营主体要按照现行规定办理注册和备案登记手续,有关地方人民政府应切实履行指导、督查和监管责任,加强信用评价体系、商品质量监管体系、国际贸易风险预警防控体系和知识产权保护工作体系建设,确保电子商务出口健康可持续发展。

《浙江省跨境电子商务实施方案》则细化要求:为保障电子商务应用企业和买家的合法权益,加强交易信用和安全保障,对跨境电子商务经营主体实行备案登记管理。对经备案的跨境电子商务经营主体,业务主管部门根据其业务需要分别予以办理对外贸易经营、报关、检验检疫、退税和结汇主体资格的相关手续。完善电子商务出口信用体系,严肃查处商业欺诈、侵犯知识产权和制售假冒伪劣产品等行为。加强浙江企业产品质量监管,推进以机构代码和商品编码为基础的产品质量追溯体系建设,努力在境外市场打响浙江制造品牌。

跨境电子商务企业应收集、分析和评价相关方的信息,包括政府监管、市场监督、荣誉等信息。具体可细分为以下 3 点。

(1) 主体资质的取得。
- 跨境运营商应获得电信与信息服务业务经营许可证;
- 经营主体应获得营业执照;
- 销售的商品或服务应取得相关的行政许可或销售授权许可。

(2) 主体资质的披露。
- 应在经营主体从事经营活动的主页面醒目位置公开营业执照电子标识;
- 应在经营主体从事经营活动的主页面醒目位置加载商品或服务许可信息。

(3) 信用评价。
- 信用评价的公正性:为跨境电子商务交易过程提供信用评价服务,应通过合法途径采集信用信息,坚持中立、公正、客观原则,不得将收集的信用信息用于非法用途;
- 信用评价的公开性:为跨境电子商务交易过程提供信用评价服务的过程和评分机制应该公开、透明。
- 信用评价的真实性:为跨境电子商务交易过程提供信用评价服务的评价结果应该真实,不得任意调整消费者的信用级别或相关信息。

8.3 本章小结

本章主要结合行业标准和要求,指导企业如何进行经营过程和经营绩效管理,并提高在线服务质量。经营过程包括网页设计、意向生成、订单过程、支付环节、商品配送及退/换货和售后服务等环节;经营绩效包括销售业绩、顾客满意度和相关方评价 3 大指标。

第四部分

跨境电子商务服务管理实施

第 9 章　实施过程

本书第 6 章的 6.5 节、第 7 章和第 8 章主要描述了跨境电子商务服务管理的内容，包括基本要求、管理要求和服务要求。第 9 章主要指导企业如何实施跨境电子商务服务管理，以提升跨境电子商务服务管理过程的效率，履行企业的服务承诺，实现企业的电子商务战略。

9.1　跨境电子商务企业实施服务管理的必要性

9.1.1　服务管理在跨境电子商务领域的应用

1．服务管理的发展概况

1997 年，詹姆斯·赫斯克特等人合著的《服务利润链》出版，该书提出了服务利润链模型，将内部服务质量、员工满意度、员工生产率、顾客价值、顾客满意度、顾客忠诚度与企业利润联系在一起[22]。

拉斯特在主持服务质量回报的研究中阐述了提高服务质量给企业带来的收益，论证了服务质量与企业获利性之间的关系：
- 高质量可减少返工成本，进而带来高利润；
- 高质量可以提高顾客满意度，达到效率提高、成本降低的目的；
- 高质量可吸引竞争者的顾客，产生高的市场份额和收益[10]。

2．服务管理在电子商务交易中的作用

服务管理技术在电子商务领域的应用和发展，有力地推动了电子商务交易的服务质量，主要表现在：
- 使服务标准化；
- 训练优质员工；
- 提升工作效率。

9.1.2　跨境电子商务企业在服务管理中面临的问题

虽然服务管理的应用有力地推动了跨境电子商务企业的交易，但许多跨境电子

商务企业仍然面临着一些问题和困扰，主要表现在以下 4 个方面。

（1）商户的基本信息不规范。有效的跨境电子商务交易应以经营主体信息的真实性、规范性为基础。目前对这些信息进行处理的包括平台的经营者和拥有自己的平台的跨境电子商务企业。

（2）商品质量的优劣不确定。在我国，很大一部分跨境电子商务企业销售的商品来源于供应商，商品的质量主要由供应商决定。一方面，由于个人邮寄政策宽松，缺乏严格的制度规范，产品的质量存在一定的风险；另一方面，在跨境电子商务贸易中市场会出现热销的"爆款"，在利益的驱使下，就会有部分不规范的跨境电子商务企业销售仿制品或劣质品，损害顾客利益。

（3）退/换货较难。跨境电子商务交易具有小批量、多批次、订单分散、采购周期短、货运路程长等特点，这对物流提出了更高的要求。跨境电子商务物流环节多，整个物流链条的各节点都会产生退/换货物流，退/换货也是困扰跨境电子商务企业的一大难题。

（4）信用问题。信用是买卖双方得到保障的重要前提。在跨境电子商务中，语言和文化的差异带来的信息不对称的情况，以及国内外对电子商务服务感知的不同，正逐渐成为跨境电子商务交易的巨大障碍。

总体来看，有效推动跨境电子商务交易，亟待解决的不是技术问题，而是各种管理问题。

9.1.3 推进跨境电子商务服务管理的重要实现途径

我国电子商务运营环境的改善和相关扶持政策的出台为跨境电子商务的发展提供了更大的机遇。目前跨境电子商务的竞争越来越激烈，越来越多的电子商务企业已经认识到"想着客户"比"只顾竞争"更为重要，"最大限度地为客户提供满意的服务"成了跨境电子商务企业成功的基本原则。

从全球范围企业管理发展的实践经验来看，我们需要在不同的阶段、不同的技术背景下，形成侧重不同的管理模型去帮助企业、引导企业完善管理和实现价值。

跨境电子商务服务管理模型从顾客、跨境电子商务平台提供商、主管部门等相关方多角度出发，深入挖掘和分析跨境电子商务交易服务中显在与潜在问题较为突出的服务过程、服务行为，分析利益相关方的需求，结合服务蓝图技术、服务接触理论、商品交易全过程管理要求与顾客体验要求，分析跨境电子商务服务质量的构成，形成跨境电子商务服务感知质量模型，最终获得跨境电子商务服务管理模型。通过运用这个模型，可有效提升跨境电子商务服务管理的有效性和效率，增加顾客在选择商品或服务时对跨境电子商务企业的信任程度。

9.2 项目概述

9.2.1 项目目标

根据跨境电子商务企业目前的服务管理现状和跨境电子商务企业服务管理的建设需求，实施跨境电子商务服务管理的目标如下：
- 通过对跨境电子商务服务过程的关键质量点的控制，加强对服务质量的管理，提升跨境电子商务服务质量，增强顾客满意度。
- 通过实施跨境电子商务服务管理模型，增强电子商务企业的品牌影响力并传递消费信任。
- 明确跨境电子商务企业的管理职能，建立文件化的跨境电子商务服务管理体系。
- 统一评价规范和信息标准，提升跨境电子商务企业的监督检查能力。

9.2.2 项目范围

项目范围主要指服务管理范围，例如包含哪些商品的跨境销售。

跨境电子商务服务管理的核心是为电子商务服务提供持续的、可度量的价值。服务组织可围绕特定的商品交易定义跨境电子商务服务管理的范围，对特定的跨境商品的识别和管理过程包括以下内容：
- 识别、采集和记录跨境商品交易服务的问题；
- 跟踪问题，寻找问题的根本原因；
- 记录利益相关者的观点；
- 获得领导层对方案的授权；
- 保留所有的相关记录。

跨境电子商务服务问题可能包括与客服人员的沟通问题、业务规则冲突、交易安全问题、合规性问题等。

9.3 项目实施方法论——过程模型

9.3.1 过程模型概要

为科学、系统地开展跨境电子商务服务管理工作，本书参考和借鉴了国际国内与管理体系相关的各类标准和最佳实践，包括基于戴明环（PDCA 循环）的管理体系持续改进模型以及结构化的实施方法，归纳并总结出了跨境电子商务服务管理实施过程模型，以下简称过程模型。

1. 管理体系持续改进模型——戴明环

PDCA（Plan、Do、Check、Action）循环是 4 个环节持续改进的管理模式。戴明环是管理学惯用的一个过程模型，在很多管理体系中都有体现，比如质量管理体系（ISO 9000）和 IT 服务管理体系。戴明环的 4 个环节如图 9-1 所示。

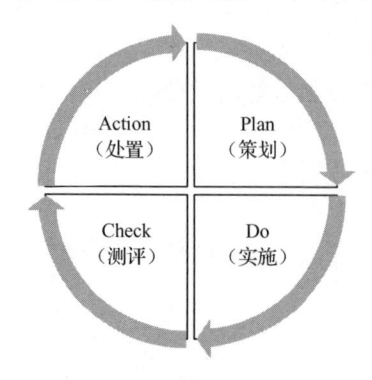

图 9-1　戴明环的 4 个环节

PDCA 循环适用于跨境电子商务服务管理的所有过程。

P——策划，根据跨境电子商务企业的战略目标制定跨境服务目标并给出服务承诺，并为实现目标确定必要的过程；

D——实施，确保在受控条件下实现过程；

C——测评，对跨境电子商务服务管理过程进行监视与测量，并分析和评价结果；

A——处置，采取措施，包括管理会议、纠正措施等，以持续改进过程绩效。

2. 结构化的实施方法

在整个项目过程中，采用结构化的实施方法，确保项目的成功。

- 首先了解跨境电子商务服务管理现状并进行差距评估分析；
- 基于对企业现有战略、服务目标、规划、组织结构和资源的理解，进行服务管理范围的确认；
- 提出整体性框架建议作为实施的基本结构，进行详细作业规划及工作任务分解；
- 在文档撰写前与各业务部门共同讨论撰写大纲及关键点，以提高可操作性；
- 共同讨论制度文档的可行性，并帮助进行文档审查。

9.3.2 过程模型介绍

过程模型如图 9-2 所示，由 4 大阶段，26 项活动组成。

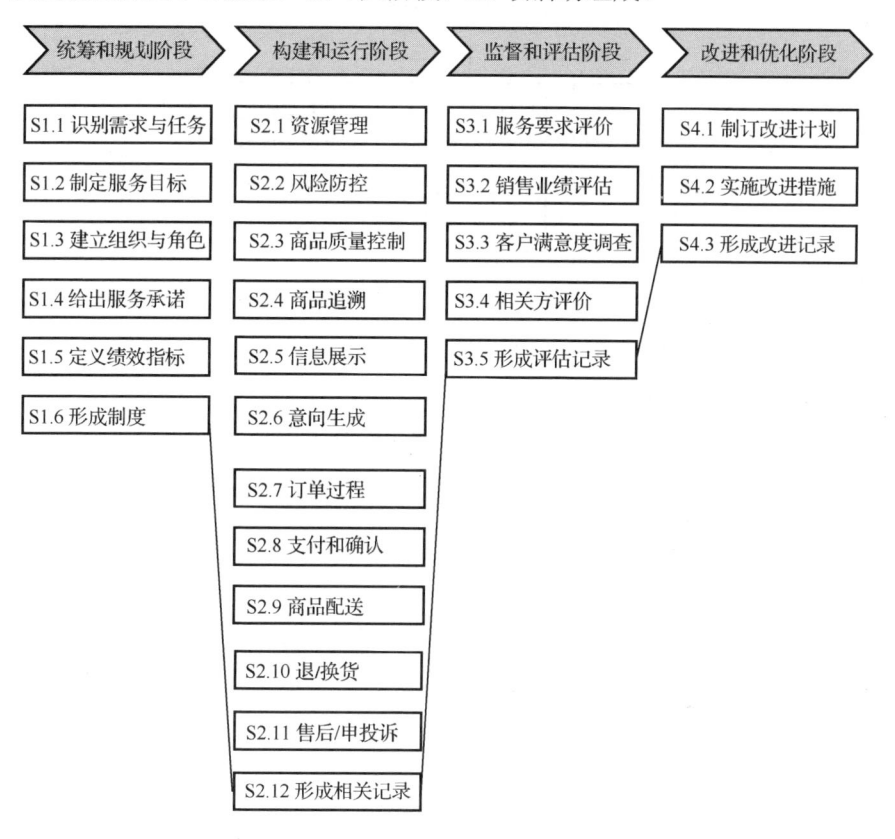

```
统筹和规划阶段          构建和运行阶段          监督和评估阶段          改进和优化阶段

S1.1 识别需求与任务      S2.1 资源管理           S3.1 服务要求评价        S4.1 制订改进计划
S1.2 制定服务目标        S2.2 风险防控           S3.2 销售业绩评估        S4.2 实施改进措施
S1.3 建立组织与角色      S2.3 商品质量控制       S3.3 客户满意度调查      S4.3 形成改进记录
S1.4 给出服务承诺        S2.4 商品追溯           S3.4 相关方评价
S1.5 定义绩效指标        S2.5 信息展示           S3.5 形成评估记录
S1.6 形成制度            S2.6 意向生成
                         S2.7 订单过程
                         S2.8 支付和确认
                         S2.9 商品配送
                         S2.10 退/换货
                         S2.11 售后/申投诉
                         S2.12 形成相关记录
```

图 9-2 过程模型

过程模型是跨境电子商务服务管理所需要开展活动的最完整模型，其中部分活动可依据企业本身的范围或管理成熟度进行删除或简化。

9.4 项目组织架构

在项目管理中"人"的因素极为重要，因为项目中所有活动均是由人来完成的。如何充分发挥"人"的作用对于项目的成败起着至关重要的作用。建立适宜有效的项目组织架构，能够有效发挥每一个参与项目人员的作用，让项目的所有相关人员能够在可控状态下有条不紊地进行项目相关活动。虽然跨境电子商务企业的员工可以在各自的业务领域完成工作，但是通过建立项目组织架构，可以使所有员工以整个企业的视角来保证跨境电子商务服务的质量。

项目组织架构包括 3 层，如图 9-3 所示。

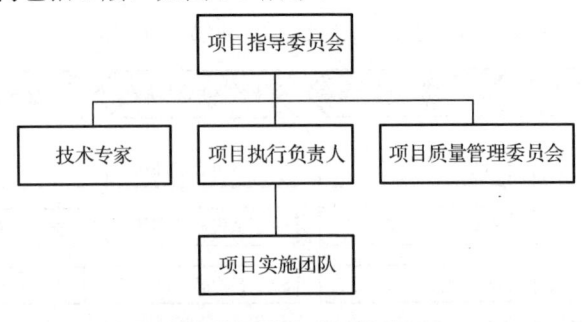

图 9-3　项目组织架构

项目指导委员会的职责包括：
- 实施项目最高领导者的决策；
- 关注项目进展状态，在项目重要节点审查项目状态；
- 批准影响项目计划的主要变更；
- 协调解决项目的重大问题；
- 推动、监管项目运作，确保项目能运作成功；
- 协调各个部门服务管理的相关工作；
- 负责预算和资源分配；
- 项目度量指标的制定、监督和评价。

项目执行负责人的职责包括：
- 对项目进行现状调研、评估、差距分析与规划；
- 制定最佳管理规程、管理制度及相关的技术方案；
- 制订项目进度计划，监控项目进展；
- 领导项目成员达到目标；
- 识别并控制项目实施过程中的风险；
- 管理项目范围并对主要变更进行控制处理；
- 制订、执行项目沟通计划；
- 提供变更材料；
- 人员的招募和配备。

项目质量管理委员会的职责包括：
- 监督检查项目的实施过程；
- 对发现的问题提出改进建议并督促问题的解决；
- 必要时向项目指导委员会汇报工作开展中遇到的问题；
- 向项目实施团队提供实施过程中问题的汇总分析结果。

技术专家可以是外聘的或者是项目组织内的电子商务服务管理专员，职责包括：

- 为项目组提供行业和技术支持；
- 对项目执行提出指导性意见。

项目实施团队的职责包括：
- 负责项目在本部门的组织协调工作；
- 组织相关人员建立和维护与基本要求、管理要求和服务要求相关的制度要求；
- 推动企业的跨境电子商务服务管理，对相关过程提供过程培训和辅导；
- 策划并监督项目的内部实施活动；
- 识别并控制项目实施过程中的风险；
- 促进服务管理过程持续不断改进。

9.5 项目实施过程

根据过程模型及企业的实际情况，本节假设项目将完全实施图 9-2 所示的 4 大阶段，共计 26 项活动。下面就其中的部分活动进行详细介绍。

9.5.1 项目启动阶段

此阶段的主要活动为成立项目组、项目策划和项目启动会。

（1）成立项目组：基于项目要求，组织挑选合适的项目组成员，成立项目组。同时，建立通信录，制定项目管理规范。

（2）项目策划：了解业务，并基于过程模型确定跨境电子商务服务管理范围、进度和质量要求，制订项目总体计划。

（3）项目启动会：正式启动项目，向相关部门领导介绍项目实施方法及总体计划。

项目启动阶段的交付物包括：
- 项目组通信录；
- 项目管理规范；
- 项目总体计划；
- 项目启动会会议材料。

9.5.2 统筹和规划阶段

1. 制定服务目标

1）目标管理

跨境电子商务服务管理的目标由项目最高管理者和项目指导委员会制定，要科学、全面地反映跨境电子商务服务的关键业绩指标。跨境电子商务服务管理的目标按作用的不同分为管理目标和过程目标，管理目标包括跨境电子商务服务管理成本、销售业绩和服务管理达成的目标等；过程目标包括退/换货率、投诉率、客户满意度等。

跨境电子商务服务管理的目标应该遵循 SMART（Specific、Measurable、Achievable、Relevant、Time-based）原则，即具体的、可考量的、可实现的、现实的、就制定的目标时间范围来说是及时的。跨境电子商务服务的目标管理一般包括以下 4 个阶段。

（1）确定目标责任和目标责任人。根据服务目标确定目标责任和目标责任人。目标责任就是对目标达成与否的评判，目标责任人就是承载这种评判结果的具体人。跨境电子商务服务管理目标的责任人一般为企业的决策层和管理层人员，过程目标的责任人一般为企业的执行层人员，可能包括客服人员、营销人员和信息系统维护人员等。

（2）设立和实施目标。根据 SMART 原则将目标责任量化成可操作、可实现、可考量的具体目标，并落实目标责任人。例如：跨境电子商务服务管理的目标可以量化为销售业绩、错误/违规数量、期望满足程度等。目标责任人可能包括营销人员和客服人员等。

（3）监督和评价目标实现过程。在目标实现的过程中，为了确保目标的达成，还必须对目标实现过程进行监督。监督的目的在于强化对体系目标管理的执行力度。对各级目标的完成情况，要事先规定出期限，依据已经设立的目标定期进行统计和分析。对于最终结果，应当根据体系目标进行评价，并根据评价结果采取措施，持续改进跨境电子商务服务管理效果。

（4）评价目标的适宜性。可以从以下 3 方面评价目标是否适合跨境电子商务服务管理：一是评价实现目标的各种资源使用情况；二是评价所实现的目标是否还有弹性空间，比如是否可以当作基准、是否需要变更、是否可以保持相对稳定等；三是评价所实现的目标是否能促进项目组织战略目标的实现。最后根据评价的结果修订服务目标。

2）获取领导的支持

项目最高管理者能够决定企业的命运，他们有权制定企业的政策，赋予员工职责和权限，并为项目提供资源。跨境电子商务企业的管理者应通过其具有的领导权力，创造良好的工作氛围和环境，充分发挥全员积极性和创造力，实现服务目标。

3）差距分析

跨境电子商务企业可通过神秘顾客购买或者在线评估等方式，根据表 9-1 中的服务质量评估指标来评估跨境电子商务服务质量与服务管理模型的差距。

表9-1 服务质量评估指标

序号	过程	评价要求	评价内容
1	信息展示	根据顾客的审美习惯和访问习惯来确定网站的设计风格和排版	网站风格辨识度高，风格独特
2			可选择不同语言
3			网页布局合理
4			网页信息展示形式丰富
5			页面长度合适
6		导航结构和名称清晰	直观而简单的导航
7			导航工具能使顾客完整、快速地访问各个区域和获取网页的信息
8	页面感知。顾客浏览跨境电子商务企业的网站获得的页面感知		新手指南包括购物流程、支付方式、通关税费和常见问题
9		考虑商品品种的通俗分类	商品的分类安排合理
10		提供搜索界面的各种排序机制选择	提供商品排序机制
11			容易搜索所需信息
12		网页加载快速、准确	网站加载快速，不会掉线
13			网页信息下载等待时间短
14			及时地纠错和帮助功能
15		可获取的资质信息	可获取跨境电子商务企业的资质信息，如营业执照和经营许可证
16	跨境电子商务企业基本信息。顾客浏览跨境电子商务企业的网站能获得的跨境电子商务企业的基本信息		货源地
17			商品质量
18			安全支付政策
19		可获取的服务承诺	配送方式和配送时限
20			退/换货政策
21			退款政策
22			顾客权益保障
23			售后服务政策
24			争议处理机制
25			个人信息保护
26			服务承诺容易查阅
27		可获取的其他信息	可以很容易地获取经营地址或联系方式等

续表

序号	过程	评价要求	评价内容
28	信息展示	符合出售地和顾客所在国家的法律法规、技术规范等相关表述要求的商品信息	多角度的商品细节及其示意图
29			必须有被售商品的清晰图片，不属商品的额外配件应有标识和说明
30			商品有相关文字描述
31			进口商品有中文标明的产品名称、厂名、厂址和联系方式等信息；出口的商品有顾客所在国家或区域语言标明的产品名称、厂名、厂址和联系方式等信息
32		商品通关税费要求	进出口商品必须显示商品通关税费要求
33	商品信息。顾客浏览跨境电子商务企业的网站能获得真实、准确的商品信息	商品规格、存量、价格等信息	准确显示商品各种规格及其对应的准确库存数量
34			商品包装更新有提示和图示
35			显示准确的商品价格
36			商品促销信息及时更新
37			跨境商品入境或出境要求及时更新
38		其他商品信息	显示安装和（或）调试适用的国家和区域
39			显示符合出售地和顾客所在国家的法律法规、技术规范等相关表述要求的安全注意事项和风险警示
40	意向生成	能获取有购买意向的商品及其信息	提供购物车功能
41		顾客在意向生成过程中可获得的服务	可显示包括单价、总价、优惠、运费、税费、汇率等在内的金额信息，方便用户进行购物决策	准确显示包括单价、总价、优惠、运费、商品税费等在内的金额信息，方便用户进行购物决策
42			用户注册流程简单、顺畅
43			允许在支付之前变更现有的选择	顾客在购物车中可自由对所选商品进行多选、变更数量、删除和结算等操作

续表

序号	过程	评价要求	评价内容
44	意向生成	允许在支付之前变更现有的选择	购物车中放弃购买的商品记录,能保存至顾客下一次对购物车中商品信息进行修改为止
45	意向生成	顾客在意向生成过程中可获得的服务	顾客可以便捷获取与在线销售商的沟通渠道
46		顾客可与跨境电子商务企业的客服人员进行咨询或沟通,并及时获得反馈和帮助	沟通渠道使用便捷
47			客服人员回复及时
48			顾客可与客服人员进行咨询或沟通,并及时获得反馈和帮助
49	订单过程	顾客可明确获知并便捷填写和(或)修改各项必填和选填的购物订单信息	订单填写流程简单、顺畅
50			订单可以随时查阅
51			顾客可填写备注
52		可以快速选择配送方式,包括境外和境内的物流供应商	可以选择不同的配送方式
53			可以预计商品送达的时间
54			可以选择收货时间
55			可以选择代收点
56			公布配送过程争议解决政策
57			商品配送信息及时更新
58		顾客在订单填写、配送方式选择和订单下单过程中可获得的服务	顾客可在订单下单前,明确获知包括单价、总价、优惠、运费、税费、汇率等在内的金额信息,以及进出口商品的出关或入关要求
59		顾客能明确获知订单的受理状态	网站提示顾客订单是否接受,并给出不可接受的原因
60		顾客可以在规定的时限内对订单进行修改或取消	容易修改订单
61			容易取消订单
62		顾客可与跨境电子商务企业的客服人员进行沟通,及时获得关于订单过程的信息	顾客可与跨境电子商务企业的客服人员进行沟通,能及时获得反馈
63			客服人员能够正确解答顾客关于订单的问题
64		保护顾客网上购物行为信息,不与其他网站共享顾客的个人信息	明示购物过程需要收集或提交的个人信息,明示个人信息的使用范围和途径

续表

序号	过程	评价要求	评价内容
65	订单过程	顾客在订单填写、配送方式选择和订单下单过程中可获得的服务	顾客可与跨境电子商务企业的客服人员进行沟通，及时获得关于订单过程的信息	顾客可按给定的规则自行设定账号
66			网页显示密码设置规则，帮助顾客评估其密码强度
67		保护顾客网上购物行为信息，不与其他网站共享顾客的个人信息	需要顾客登录才能查询收藏夹
68			需要顾客登录才能查询购物车
69			需要顾客登录才能查询购买记录
70	支付和确认	顾客在支付和确认过程中可获得的服务	考虑顾客所在地区的法律、法规、标准、规范和惯例要求，提供各种付款方式及详细说明	提供多种支付方式的选择
71			顾客能够准确地进行支付
72			顾客可获知跨境电子商务交易和支付平台或者第三方跨境交易及支付平台供应商的安全保障措施	有支付密码、指纹或人脸识别等密保产品保障支付安全
73			交易过程中感觉安全
74			考虑不同国家和地区的法律法规要求，展示所需的资质要求，例如我国对跨境支付平台的资质要求包括拥有跨境支付牌照等	给出支付平台的资质信息
75			保护有关顾客的个人支付信息	明示要得到顾客授权才可将个人支付信息与相关第三方共享
76				能随时查看支付记录
77	商品配送	在商品配送过程中，顾客可实时跟踪订单信息	跨境电子商务企业在承诺的时限内及时发出商品	明示发货时间
78				发货速度快
79			实时更新商品物流信息，提供包括国际和国内物流供应商及通关机构的溯源信息	在商品订单生成、包装、发货、国际国内运输、海关清关、签收等各个过程完成时，实时更新商品物流信息
80				
81				提供国际、国内配送相关服务商的联系方式
82			根据顾客选择的配送方式和配送时间，提供商品配送服务	对于免费配送的商品，顾客也能获得和其他同类配送相同的服务质量
83				在承诺的时间段内，按照顾客选择的日期将商品送达

续表

序号	过程	评价要求	评价内容
84	商品配送	在商品配送过程中，顾客可实时跟踪订单信息	提供送货上门服务
85		根据顾客选择的配送方式和配送时间，提供商品配送服务	及时处理因为物流造成的商品质量问题
86		相关的变更能及时通知顾客，例如由于清关造成的货物配送延迟	相关变更及时通知顾客
87	售后服务	顾客可在跨境电子商务企业的网站页面上便捷地获取售后服务政策和流程信息	明示售后服务处理流程
88		顾客可以便捷地获取与跨境电子商务企业的沟通渠道，沟通渠道宜采用多种形式	明示各种沟通渠道
89		考虑顾客所在国家或地区的时区，安排客服人员	客服人员能及时回复顾客的售后问题
90			保存相关的沟通记录
91		在线客服人员应具备为顾客服务所需的各种能力和知识	服务态度好，愿意了解顾客需求
92			具备为顾客服务所需的语言能力，包括听、说、读、写能力
93			具备为顾客服务所需的知识，包括商品、物流、清关、税费、外汇管理、平台交易、订单处理、支付等相关知识，能准确解答顾客提出的问题
94		顾客在跨境电子商务企业的网站页面上可以便捷地获取退/换货的政策和流程信息，包括商品返回的国际和国内运费、税费等规定	网站明示退/换货流程和退/换货标准
95		退/换货。顾客购买的符合退/换货规则的商品，应能在承诺时限内完成退/换货	无理由退货，过程便捷和顺畅
96		对于符合退/换货规则的商品，顾客能在跨境电子商务企业承诺时间内获得便捷、顺畅、及时的退货或退款服务	退款过程便捷、顺畅、及时
97		顾客可及时获得客服人员的帮助，完成退/换货流程	顾客可及时获得客服人员的帮助，完成退/换货
98		顾客可对商品退/换货、退款和赔偿情况进行实时跟踪	准确保存退/换货、退款和赔偿情况的记录，顾客可随时查看

续表

序号	过程	评价要求	评价内容
99	售后服务	退/换货。顾客购买的符合退/换货规则的商品,应能在承诺时限内完成退/换货	由于跨境电子商务企业造成的问题应对顾客进行补偿	因商品包装损毁、缺件或由于质量原因、商品与描述不一致产生的退/换货,配送费用和其他退/换货费用由在线销售商承担,并做出补偿
100			未收到商品,在线销售商应及时退款,并做出补偿
101		申投诉。跨境电子商务企业应提供申投诉服务	顾客可在跨境电子商务企业的页面上便捷地获取申投诉的政策和流程信息	网上明示申投诉处理流程
102			顾客可在跨境电子商务企业的网站页面上提交咨询或申投诉等相关信息	在网页上可以便捷和快速地提交咨询或申投诉信息
103				及时处理顾客的申投诉
104				准确保存申投诉的记录,顾客可随时查看
105			跨境电子商务企业应收集各个渠道的顾客申投诉信息,并及时处理	提供多个与顾客语言相通的咨询和申投诉的渠道,及时处理从其他渠道收集的申投诉信息,如媒体等
106	销售业绩	通过分析、评价获得有关销售业绩的数据和信息,持续改进交易服务质量	收集和分析销售业绩的数据和信息	收集和统计销售业绩的数据和信息
107				分析、评价销售业绩的数据和信息
108	顾客满意度	跨境电子商务企业应建立顾客满意程度反馈机制,及时获取顾客体验感知。可通过网上评价、电话回访或者发放纸质问卷的形式,收集顾客反馈的信息	可靠性	网站操作、网页加载速度、网站稳定性
109				
110				
111				商品与图片信息的一致性、库存信息的准确性、订单的跟踪情况、顾客评价的记录等
112				商品配送的及时性
113			响应性	处理问题的速度
114				给顾客反馈的及时性
115				退款速度
116			安全性	顾客网上支付的安全性

续表

序 号	过 程	评价要求		评价内容
117	顾客满意度	跨境电子商务企业应建立顾客满意程度反馈机制,及时获取顾客体验感知。可通过网上评价、电话回访或者发放纸质问卷的形式,收集顾客反馈的信息	安全性	顾客购物行为信息的保护
118				顾客个人信息的保护
119			移情性	个性化推荐服务
120				在线客服人员服务态度
121				对造成的问题进行补偿
122	相关方评价	跨境电子商务企业应收集、分析和评价相关方的信息,包括政府监管、市场监督、荣誉等信息		在网站公示政府监管、市场监督、荣誉等信息

基于差距分析结果,项目组织可以确定跨境电子商务服务管理需要解决的问题,并确定服务管理的目标。

2. 建立组织与角色

目前电子商务企业之间已进入无边界的竞争时代,竞争的焦点都集中在反应速度、定制化产品和客户化服务等方面。对跨境电子商务企业而言,企业的管理"速度"成为关键因素,这就需要能适应快速变化环境的组织结构。扁平化的组织结构能减少跨境电子商务企业的管理层次,增加管理幅度、精简人员,使跨境电子商务企业变得灵活、敏捷且富有创造性,从而提升管理效率。

一个结构完整的 B2C 跨境电子商务团队一般可分为 8 个部门:网站运营部、客服部、市场部、采购部、物流部、财务部、技术部和人力资源部,如图 9-4 所示。

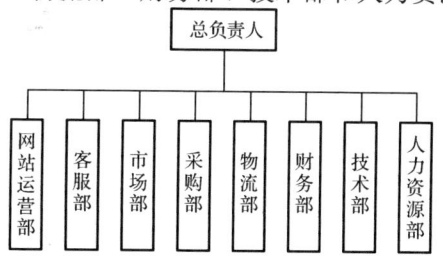

图 9-4 B2C 跨境电子商务团队组织架构

网站运营部的职责包括:

- 确定产品定价，设计产品文案，对产品图片进行美工处理；
- 分析各类产品，制定采购名单；
- 优化购物流程，提高用户的购物体验；
- 统计销售业绩。

客服部的职责包括：
- 处理客户咨询；
- 客服人员培训；
- 客服人员考核；
- 通过各种方式提高顾客满意度和订单转化率。

市场部的职责包括：
- 互联网和其他媒体推广；
- 根据销售状况制定促销方案；
- 品牌宣传和公关；
- 网站合作。

采购部的职责包括：
- 根据需求进行招标和采购；
- 管理供应商。

物流部的职责包括：
- 在国内和国外布局并设计仓库；
- 制定仓储标准和物流配送标准；
- 设计仓储管理系统；
- 选择国内和国际物流配送合作伙伴；
- 根据订单进行配送。

财务部的职责包括：
- 财务和会计工作；
- 跨境销售商品的备案；
- 与商品管制、海关监管、质检、检验检疫、税收、知识产权、外汇管理监管部门的沟通。

技术部的职责包括：
- 信息设备设施的维护；
- 数据的备份和维护。

人力资源部的职责包括：
- 人员的管理；
- 人员的培训；
- 个人绩效考核。

3. 给出服务承诺

（1）了解外部因素。为了给出适宜的服务承诺，项目组应理解与跨境电子商务企业发展相关的宏观环境。任何电子商务企业的运营都会受宏观环境的影响。宏观环境由政治环境、经济环境、法律环境、科技环境、社会文化环境及自然环境构成，是电子商务企业开展经营活动的基础。对于跨境电子商务企业而言，影响宏观环境的因素包括国际、国家和地区的海关、质检、检验检疫、税收、知识产权、外汇管理等。

（2）识别顾客需求。跨境电子商务企业提供给顾客商品和服务，顾客用货币回报跨境电子商务企业，双方形成交换关系。因此，跨境电子商务企业是依存于顾客的，在市场经济条件下，这是跨境电子商务企业和顾客之间最基本的关系。跨境电子商务企业的商品只有被顾客认可和购买，企业才能生存下去；而跨境电子商务企业又不能强迫顾客认可和购买，这就决定了跨境电子商务企业应"以顾客为关注焦点"，用优质的产品吸引顾客。因此项目组要识别自己的商品针对的是顾客的哪一层次、哪一方面的需求，是当前的需求还是将来的需求，在此基础上满足顾客需求并争取超越顾客期望。跨境电子商务企业应满足顾客如下几方面的需求：

- 对产品质量、品牌保证、保质期、售后服务、换/退货保证、赔偿保证等的需求，以降低顾客的交易风险；
- 对网站性能的需求，如商品搜索；
- 对支付与交易功能的需求；
- 对争议处理机制的需求。

（3）给出服务承诺。项目组给出的服务承诺至少要包括对商品服务质量的保证、对交易服务时限和服务附加值的保证，以及满足顾客需求、提高服务满意度的保证。

（4）展示服务承诺。通过协议的形式在网站上公布服务承诺，可以树立跨境电子商务企业良好的社会公众印象，从而提高顾客的忠诚度。

服务承诺模板：

服务承诺

一、正品保障

所有商品均为100%海外品牌原产地直采，是品牌方的一手货源，保障正品。特推出"假一赔十"的正品保障政策，杜绝一切假货。

二、商品配送

1）所有商品经大宗采买后存放于海外仓及香港（中国）中转仓中。

2）美国/英国/日本/德国：标准配送，平均7～12个工作日送达；加速配送，平均5～9个工作日送达。

三、退货政策

1）支持30天退货。

2）若商品出现质量问题，支持7天退货（涉及海关通关手续及时限），国际退货运费由我们承担。

3）短效期的海外食品等不享有退货政策。

四、退款政策

1）如果因为我方原因造成退款，按原订单支付金额，包括商品价格、配送运费（从海外站点寄到中国）、进口税费，都退至原支付账号。

2）如果因为非我方原因造成退款，按原商品价格退至原支付账号。

五、隐私声明

1）我们接收并储存特定的信息。例如，与其他许多网站一样，我们使用 Cookies。

2）客户的信息是我们业务重要的一部分，我们不会将其转卖给他人。

3）在信息传输的过程中，我们通过使用网络安全层软件（SSL）对您输入的信息进行加密，从而努力保护您的信息安全。

4. 定义绩效指标

一个设计良好的评价指标体系，可以帮助跨境电子商务企业的高层管理者判断现有经营活动的获利性，及时发现尚未控制的领域，从而有效配置企业资源，评价管理者的业绩。跨境电子商务企业在建立绩效评价体系时应遵循以下 5 大原则：

（1）系统性原则。跨境电子商务企业的绩效评价应系统和全面，评价指标的构建要考虑企业各个方面的影响，保证评价的有效性。

（2）科学性原则。指标体系应能科学地反映跨境电子商务企业业务的实际情况，指标规模适中而且实用。

（3）层次性原则。在构建跨境电子商务企业绩效评价指标体系时，应对所识别的指标项归类并按层级划分，这样有助于理清指标之间的内在联系，有利于评价过程的实施。

（4）可操作性原则。指标体系的设立应该具有可操作性，使企业便于根据实际情况和自身业务特点进行运用、收集和计算。

（5）可拓展性原则。不同的跨境电子商务业务可能存在不同的特性，指标体系的构建要能保证不同业务之间具有良好的可比性，因此不同业务可能需要加入一些特殊的指标，这就要求指标体系具有一定的可拓展性。

进行跨境电子商务业务经营绩效评价需按照上述 5 大原则，设计一套科学、完整的指标体系。在此基础上采用有效、适用的评价方法，对企业的绩效进行定量和定性的评价。

根据上述 5 大原则，将销售业绩、客户满意度、相关方评价等作为跨境电子商务业务绩效评价的一级指标，结合跨境电子商务业务运作与管理的过程，构建跨境电子商务业务绩效框架，并在此基础上形成跨境电子商务业务绩效评价指标体系，具体指标如下：

（1）销售业绩。可根据跨境电子商务企业销售目标，收集和统计销售业绩的数据和信息，通过分析、评价获得的数据和信息，持续改进交易服务质量。

（2）客户满意度。可根据跨境电子商务感知质量模型，通过神秘顾客购买或者在线评估等方式，从 4 个维度来评价跨境电子商务服务的满意度。跨境电子商务服务满意度调查表见表 9-2。

表 9-2　跨境电子商务服务满意度调查表

维　度	调　查　项
可靠性	网站操作简单
	网页加载速度快
	网站稳定
	商品与描述一致
	库存信息准确
	完整保留且公开顾客评价
	订单的跟踪情况
	顾客评价的记录
响应性	处理问题迅速
	给顾客反馈及时
	退款速度快
安全性	顾客网上支付的安全性
	顾客购物行为信息的保护
	顾客个人信息的保护
移情性	个性化推荐服务
	在线客服人员的服务态度
	愿意了解顾客需求
	对造成的损失进行补偿

（3）相关方评价。通过不同的方式，从不同的渠道收集、分析和评价相关方的信息，包括政府监管、市场监督、荣誉等信息，并保存形成文件。

5．形成制度

制度化的作用主要是把跨境电子商务企业内全员所积累的技术和经验，通过文件的方式加以保存，这样就不会因为人员的流动而造成技术和经验的流失。编制制度的步骤如下：

（1）在文件正式开展编写前，项目组对所有编写制度的负责人开展文件编写的培训，介绍跨境电子商务服务管理模型的知识和如何编写制度。

（2）调查、研究行业内好的服务管理制度，并借鉴到自己的企业中。最后形成的制度文件至少要包括：

● 服务承诺；

- 在线服务规范，包括信息展示、意向生成、下单、支付和确认、退/换货、售后/申投诉等；
- 顾客隐私保护规范，包括顾客信息收集、使用、保密、防止泄露和补救措施等；
- 风险防控机制；
- 其他需要公布的信息，如资质、承诺信息、联系方式、交易量、成交率、平均退货处理时间、最近交易时间、库存信息、配送信息、买方评价信息、交易统计信息等。

（3）制度评审修改。制度文件的责任方根据模型要求和企业的实际情况，对文件进行评审或修改。

（4）制度审批发布。制度文件在经过修改和评审后，如达到发布标准，可以根据跨境电子商务企业本身的文件管理程序，正式发布。

9.5.3 构建和运行阶段

1. 经营能力

1）资源管理

（1）人力资源管理。虽然跨境电子商务企业的很多服务是由 IT 设备完成的，如商品搜索、支付过程等，但是跨境电子商务企业的员工，例如客服人员等在服务提供过程中仍起着十分重要的作用。跨境电子商务企业对客服人员的管理要求主要包括以下几项。

① 确定客服人员需要具备的岗位职责和必要的能力，包括必要的语言、经验、知识、技能，以及一定的职业素养，如客服人员的沟通技巧和英文读写能力。

② 确保客服人员在进行适当的教育和培训后能够胜任岗位。

③ 与交易服务有关的客服人员应具有保护顾客财产和信息的意识。意识培训可使用不同的媒介，包括课堂教学、远程学习、网络教学、自学及其他。

④ 保留适当的记录，作为评价客服人员能力的依据。

⑤ 确定客服人员的职责和权限。客服人员的工作职责一般包括为顾客答疑、促成订单、店铺推广、完成销售、售后服务等。客服人员应具备的素质和能力包括：

- 良好的心理素质；
- 以顾客为关注焦点的服务观念；
- 对各种问题的分析、解决能力；
- 人际关系的协调能力；
- 文字表达能力。

客服人员岗位培训机制模板：

客服人员岗位培训机制

一、客服人员岗位职责和纪律

1. 客服人员岗位职责
   - 负责店铺/平台销售的售前售后工作，能有效满足网络客户的需求，提高客户满意度。
   - 负责对客户进行在线导购，解答顾客对产品的疑问，提供优质的售后服务。
   - 利用聊天工具（如旺旺/拍拍）或电话等通信手段为客户提供服务，对公司客户群进行维护与管理，建立客户档案，定期进行客户回访，以检查客户关系维护的情况。
   - 及时准确地处理客户反映或投诉的问题，能有效地解答客户问题，提高客户满意度。
   - 配合同事完成接待工作，具有团队合作精神。
   - 完成领导交付的其他工作。

2. 客服人员纪律

   1) 考勤制度

   每人每月有一次电话请假机会，迟到第二次会发出警告。缺勤两次（未找同事顶班）不再录用，除电话外不支持通过任何其他通信方式请假。不得无故迟到或早退，否则立即辞退。兼职人员需在笔记本上完成考勤签到。

   2) 工作失误（如出现以下任意一项立即辞退）
   - 工作时间听歌、玩游戏、看电影、聚集聊天、打盹、睡觉或做与工作无关的事情。
   - 出现任何对客人、上司和同事不礼貌的行为。
   - 工作消极、懒散，服务态度欠佳。
   - 对个别客户的失礼言语，要保持克制忍耐，得理让人，不得与客户争辩顶撞。如遇到客人投诉，必须用尽一切办法安抚客人的情绪，当自己不能解决的时候，必须请求当值经理帮忙处理。
   - 上班时使用微信、QQ等聊天工具。
   - 在工作时间使用不文明用语。
   - 使用公司电话办理私人事务。
   - 在公司范围内大声喧哗，接待完客人后出现抱怨客人的言语，影响其他同事的工作情绪。
   - 在线或通过电话回答客人问题时，直接讲出"我不知道""不清楚""与我无关"等否定或不专业的话语。
   - 有事离开座位时未和其他同事做好交接。
   - 工作时间内在公司吸烟，影响工作环境。
   - 私下带领同事处理非工作范围的事情。
   - 关于诈骗问题，出现承认或回复错误等影响公司声誉的行为。

二、客服人员培训

1. 培训目的

   新同事完成培训后对整个工作流程有大概的了解，能独立解答简单的顾客询问。

2. 客服人员培训内容

   包括公司的业务知识、官网知识、产品知识、信息系统运用、平台业务知识学习以及各种聊天工具的正确使用方法。

3. 考核原则及形式

   本着公平、公正、引导、激励的原则实施考评，新同事经培训后需经过笔试及机试考核，考评结果将与能否成为部门一员直接挂钩，而实习客服人员需要完成考核试题且成绩达标后才能成功转正。

4. 考核实施

    培训考核内容：网上店铺及信息系统操作测试，平台基础知识及操作考核；

    入职后新同事考核内容：网上店铺基础知识、平台基础知识、产品知识、清关知识等。

5. 考评结果

    若新同事在培训考核中没有通过，可根据其个人工作能力、工作态度、积极性、主动性及责任感酌情给予机会让其留下学习，直到达标后再进行考核，考核通过后入职；而实习客服人员每一科考核都需在 90 分或以上，否则需重新考核，直至达标为止。

（2）资金保障。首先，跨境 B2C 电子商务企业多数采取备货模式，需要提前付款给供应商。其次，随着海外仓等业态的兴起，跨境电子商务企业销售资金的压力也越来越大，跨境电子商务企业需要有足够的资金才能有效地运转。跨境电子商务企业资金保障的要求主要包括以下 3 方面：

① 确定建立、实施并持续改进跨境电子商务服务所需的资金，确保资金投入与使用的合理性、适度性和及时性。

② 确保资金链稳定、周转顺畅，重点考虑跨境物流、支付、退/换货和纠纷处理等资金需求。

③ 保留资金投入与使用的相关文件信息。

（3）设备设施管理。跨境电子商务系统是为了保证以跨境电子商务为基础的网上交易顺利进行而搭建的。跨境电子商务企业需要对相关的信息化设备设施进行管理，管理要求主要包括以下 4 点：

① 确定需要维护的设备设施和环境，包括电脑、网络、服务器、软件、工作环境、机房环境等；

② 根据设备设施和环境的正常运行要求，制定维护要求，包括维护频次、维护条目、维护过程、维护结果等；

③ 按照要求对设备设施和环境进行维护；

④ 保留相关记录。

设备设施维护制度模板：

设备设施维护制度

1. 目的

    为了有效维护与跨境电子商务服务相关的设备设施，定期评价设备设施满足跨境电子商务服务目标的适宜性，合理使用资源，对设备、设施进行有效、规范的管理，提高跨境电子商务服务管理的质量，特制定本制度。

2. 范围

    本制度适用于跨境电子商务服务相关的设备设施的管理、使用和维护保养。

3. 管理职责

    信息部职责：负责计算机类设备的使用监督、管理及维护。

    设备使用人职责：负责个人所使用设备的保管和保养。

4. 工作程序

第9章 实施过程

> 1）设备资源的申请与管理
>
> （1）职责
>
> - 信息部、财务部负责对计算机设备资产、台账进行管理。
> - 信息部负责全公司计算机设备的日常管理。办理计算机设备的购置、调拨、更新、维修及报废，并与财务部对接相关资产账务。
> - 督促各部门计算机使用人员认真执行计算机管理的各项制度，并有权对违反规定的行为进行处理。
> - 各部门的计算机使用人员在信息部的指导下，负责对本人使用的计算机设备进行日常保管和维护，按要求正确保养、使用计算机设备。
>
> （2）计算机设备的更新和购置
>
> - 每年年底由需求部门向信息部提出计算机设备更新或新增计划并详细说明理由，如对所需设备性能有特殊要求，必须明确提出并说明用途。
> - 信息部根据各部门下一年度设备更新或新增计划进行核实、汇总，并向公司提出下一年的计算机设备新增及更新计划的总体预算。
> - 信息部根据新增及更新计划对申请进行审核，请示主管领导批准后，按计划进行购置，做好设备验收、使用登记，并向财务部提交固定资产相关的账务信息。
>
> （3）计算机设备的管理和维护
>
> - 计算机设备的使用人应正确使用和保护设备，使其保持完好、清洁。
> - 非本公司人员不能使用本公司的设备，计算机及附属设备不得外借给其他单位或个人使用。
> - 未经信息部同意，不得拆卸、更换或加装计算机设备硬件，不得随意更改系统软件。
> - 未经信息部同意，不得随意开关或改动网络设备。
> - 计算机设备发生故障时，使用者按正常简易处理仍然不能排除故障，应报告信息部IT人员进行处理。
> - 违规使用或人为损坏计算机设备的，由损坏人或使用责任人承担相应的责任；根据所造成的经济损失和影响程度，扣罚相应费用的10%～50%；对工作造成较大影响的，给予通报批评；对工作造成严重影响的，提请公司给予处分。
>
>   计算机、网络的使用管理详见《公司计算机管理规定》；计算机及其他信息化固定资产台账管理详见《计算机及其他信息化固定资产台账管理流程》。
>
> 2）持续改善活动
>
> - 生产过程中应对设备设施维护制度进行持续改善。
> - 员工可不断提出改善提议（提案），以求获得更好的工作方法和更高的工作效率。
> - 不断组织改善活动，以获得更好的工作程序和工作环境。
>
> 5. 记录和报告
>
>   设备设施维护记录

2）风险防控

（1）供应商风险。跨境电子商务企业需要产品供应商及各个服务供应商，如物流服务提供商、第三方支付平台等，与跨境电子商务企业协同合作，才能达到消费者的服务要求。

跨境电子商务企业应对其供应商进行风险管理，包括但不限于：

① 供货商资质和信誉。应从经营资质、经营能力、产品生产、经营过程、经营

绩效、信用和荣誉等各方面对供应商进行审核。可请专业的资质验证专家帮助审核供应商资质，将交易风险降到最低。

② 商品品质。应考虑采用全球范围内的验货服务或第三方检验结果，以降低商品质量风险。

③ 服务品质。应考虑供应商的服务是否符合顾客和内部管理需求。

④ 供货周期。应考虑供应商的供货周期是否符合顾客需求，货物内容包括：货物、配（套）件、附赠物等。

供应商管理制度模板：

供应商管理制度

1. 目的

规范公司的采购流程，确保所采购的商品能满足公司所需。建立公司的供应商管理流程，规范供应商的选择、评估、变更和持续改善等，保证公司采购的商品在成本、质量、交货和服务水平几方面均满足公司需求。

2. 适用范围

适用于对公司在线销售的商品和公司使用的外包服务的供应商进行管理。

3. 定义

在线销售商品：包括实体商品和虚拟商品。

外包服务：物流、仓储服务。

4. 职责

● 需求部门：负责填写《采购申请单》，确定申购物规格、数量等信息，《采购申请单》经审批后交给采购部。

● 采购部：根据已审批的《采购申请单》或需求进行预测，从已确定的《合格供应商名单》中选择符合要求的供应商进行下单采购并跟踪交货情况；负责跟踪每个订单的执行情况，核对供应商的发票，向财务提出付款申请；负责维护合格供应商资料；负责与供应商进行价格和合同谈判；负责处理与供应商有关的质量争端及索赔；负责管理供应商并建立和维护相关记录；负责组织对供应商的选择、评估、变更和持续改善。

● 采购主管/总经理：负责签署采购订单、合同、协议等；负责处理与相应供应商有关的质量争端及索赔；负责审批供应商报价；负责审批合格供应商；负责取消不合格供应商的供货资格。

● 相关部门：协助采购部进行现场审核；负责参与对合格供应商进行评分。

5. 采购工作程序

1）采购原则

（1）当合格供应商资源中已有需采购物品的协议价格时，采购部应按不高于此标准的价格下单。单笔金额在××元以上的采购订单须向不同的供应商询价。

（2）当合格供应商资源中没有需采购物品的协议价格时，由采购部与合格供应商议定价格，单笔订单金额在××元以上的，须向不同的供应商询价，经采购主管审批后，采购专员可据此下单采购。

（3）如果没有满足需求的合格供应商，依据本文件第 7 条的供应商管理工作程序开发新供应商。新开发的供应商由采购专员填写《供应商基本信息表》，经采购主管/总经理审批后开始采购。

（4）针对长期采购的物料，须保留供应商相关信息（如订单确认、报价、协议、价格清单）。

（5）办公用品通过定期整体比价、议价方式甄选供应商，控制采购成本。

2）商品和外包服务采购

（1）采购专员根据市场部提供的商品需求，在《合格供应商名单》中选择产品质量、产品价格、供货时间和付款条件较好的供应商，填写《采购订单》，经审批后，将其传真给供应商，由采购专员跟进，要求供应商书面确认订单并回复。采购价格与前次相比不变或下降的，不需要与供应商进行额外的协商；采购价格与前次相比上升的，须重新与供应商协商价格。

（2）采购专员负责跟进商品交货/外包服务，若交货/外包服务不能满足申请部门需求，须及时通知相关部门。

（3）货物到达公司仓库，经品质部验收合格后，仓库应对照《采购订单》和《送货单》与供应商确认数量并办理入库手续。

（4）采购专员应定期核对《采购订单》、材料验收《入库单》和发票，并交给财务部门安排付款。

6．采购商品验收工作程序

采购部根据《采购订单》和商品的检验要求对到货的数量、质量进行验收，将不符合需求的货物直接退回供应商。

保留商品验收相关记录，如本公司验收记录、出厂检验报告、包含有效期在内的第三方检测报告、强制性产品认证证书等。

经验收合格后的货物按《仓库管理规定》入库。

7．供应商管理工作程序

1）供应商的选择

（1）选择供应商的时机：

- 采购部为降低成本、支持业务增长时；
- 原有合格供应商被取消资格而需要补充新供应商时。

（2）选择供应商的原则：

- 充分考虑供应商在同行业中的实力和信誉，优先使用已取得权威第三方认证资格的供应商；
- 明确本公司所采购产品或服务的规格、品质要求，以及成本和交货期的目标，以此为依据开发和选择供应商。

（3）开发供应商：

- 采购部通过网络、黄页、专业展会、业内人士推荐等各种渠道收集备选供应商信息；
- 采购部要求备选供应商提供营业执照、税务登记证以及其他有关资料，由采购专员据此建立初始的"供应商档案"；
- 采购部要求供应商针对特定的产品或服务提供报价或整体方案，及时交给采购专员，由采购专员据此在"供应商档案"中增加价格信息。

2）新开发供应商的评审

（1）采购专员根据备选供应商的经营信息和价格信息选择合适的厂商进入待评审供应商名单。分类如下：

- 年成交金额预计在××万元以上的供应商，由采购专员组织品质部、运营部相关人员进行现场评审。
- 评审结果记录在《新供应商现场评审表》中。当平均分≥80时，则判定为合格供应商；当平均分＜80时，则判定为不合格供应商。

（2）对供应商的商品进行测试也是新供应商评估的一部分。

（3）针对初审合格的供应商，由采购专员填写《供应商基本信息表》，经采购主管/总经理审批后列入《合格供应商名单》。

（4）对于仓储和配送供应商，经评审后签订《外包服务合同》。

3）合格供应商评估

- 月平均成交金额××元及以上的供应商，一季度评估一次，在该季度末或下季度初进行。由采购专员组织运营部等相关人员根据供应商该季度的供货情况，以《供应商记分卡》的形式进行评分，由采购专员跟进评分情况，评估完毕后呈交给总经理进行审核。

- 月平均成交金额××元及以上的供应商,一年评估一次,在年底进行。由采购专员组织品质部和运营部相关人员根据供应商该年度的供货情况,以《供应商记分卡》的形式进行评分,由采购专员跟进评分情况,评估完毕后呈交给采购主管进行审核。
- 月平均成交金额××元以下的供应商暂不纳入评估。

8. 记录和表格

《采购申请单》

《采购订单》

《外包服务合同》

《商品验收记录单》

《入库单》

《合格供应商名单》

《供应商基本信息表》

《新供应商现场评审表》

《供应商记分卡》

(2) 交易/支付平台信息安全风险。跨境电子交易/支付服务涉及境内和境外的支付结算账户,应考虑以下过程涉及的信息安全风险,包括:

- 跨境支付欺诈风险;
- 跨境支付交易风险;
- 跨境交易资金风险。

对于采用第三方电子商务交易及支付平台的跨境电子商务企业,应考虑以上过程涉及的信息安全风险,可选择经过相关权威机构认证的或定期实施信息安全风险管理的第三方电子商务交易及支付平台提供商,并与之签订相关合同或协议,明确要求其提供的交易及支付平台满足相关的信息安全保障技术要求。

(3) 仓储和配送风险。跨境电子商务企业应对仓储和配送过程进行风险管理,包括但不限于以下 3 方面。

① 仓储和配送服务商资质、信用和运输方式,包括:

- 服务商的跨境物流仓储资质;
- 不同服务商服务的协同性;
- 不同的国际配送服务商对配送商品的限制。

② 仓储和配送的及时性和安全性,包括:

- 适用于跨境电子商务交易服务实际运作的仓储和物流系统;
- 对订单的快速响应,在买家所在国家(地区)实现商品仓储;
- 可选择使用报关、清关代理类企业的服务;
- 与仓储和配送服务提供商的服务协议应考虑过程保障和过失理赔等要求。

③ 通关面临的风险,包括:

- 检验检疫风险;
- 报关信息准确性;

- 清关进度反馈信息的获取。

（4）信息风险。跨境电子商务企业应对销售信息和交易信息进行风险管理，包括但不限于以下两方面。

① 销售信息：
- 核查网站上的商品和店铺信息是否准确合规，包括名称、图片、价格、描述等；
- 促销信息应符合相关法律法规的要求，例如《网络交易管理办法》和《网络商品和服务集中促销活动管理暂行规定》等。

② 交易信息：
- 识别和评估涉及顾客隐私的交易信息风险；
- 采用适当技术和管理措施控制风险。

（5）法律风险。在跨境电子商务企业的服务供应链上参与的实体多，整个服务链条长，而且跨不同主权国家，其中涉及的许多问题都可能产生法律风险。跨境电子商务企业应对法律风险进行风险管理，包括但不限于以下两点。

① 识别在跨境电子商务交易过程中相关国家或地区的海关、商检、外汇、税收、信用、知识产权和个人隐私等方面的法律法规要求；

② 与法律要求相关的信息和相关方要求应形成制度并保持制度更新。

隐私保护制度模板：

隐私保护制度
1．目的 　　顾客隐私保护规范是公司保护顾客个人隐私的承诺，鉴于电子商务的特性，公司与顾客会产生直接或间接的互动关系。本制度的制定是为了确保在电子商务在线交易服务的过程中有效保护顾客隐私，确保电子商务在线交易服务符合相关法律法规要求，满足顾客的需求和期望。 2．适用范围 　　公司对顾客个人信息的收集、使用和保护的规范要求。 3．术语 　　顾客隐私：我国立法中关于隐私权的保护主要体现在宪法和民法有关人身权和财产权的规定中。在B2C电子商务服务交易过程中，主要涉及顾客的个人信息，包括姓名、肖像、地址、电话、电子邮箱地址、银行账号等信息。 4．保护规范内容及要求 1）可能获得的个人信息 ● 顾客在交易/支付平台注册的个人信息； ● 顾客在信息咨询过程中提供的个人信息； ● 顾客在交易/支付过程中输入的个人信息； ● 顾客提供的物流配送的个人信息。 　　在以上过程中，可能需要顾客提供一些个人信息，如姓名、地址、QQ号码、电子邮箱地址、电话号码和银行账号等信息。公司声明合法获得的顾客个人信息仅用于公司与顾客完成电子商务交易。

2）个人信息保护要求

（1）在未得到顾客同意的情况下，不能收集顾客的个人信息。在电子商务交易服务过程中，基于业务的需要和顾客的许可，公司会获得必要的顾客个人信息，公司任何部门和人员不能私自收集和使用顾客个人信息。

（2）不擅自披露顾客个人信息。在未得到顾客书面许可的情况下，公司不会将顾客个人信息在公众环境中披露。当政府机关依照法定程序要求本公司披露个人信息时，公司将根据执法单位的要求提供个人信息，在此情况下的任何个人信息披露，本网站均得以免责。

（3）不擅自提供顾客个人信息。在未经法律授权或者顾客本人同意的情况下，公司不会将所掌握的顾客个人信息提供给其他机构。

（4）当因为交易需要，要求顾客提供个人信息时，公司将采取措施保护顾客的个人信息，以防止顾客的个人信息丢失、被盗用或遭篡改。

（5）公司网页上有其他网站的链接，包括旗帜广告和网页上的其他广告。本公司对其他任何网站的内容、隐私政策、运营或经营这些网站的公司的行为概不负责。顾客在向这些与本网站链接的网站提供个人信息之前，请查阅它们的隐私政策。

（6）无论是通过电话还是互联网提供个人信息，都存在一定的风险，没有任何系统或技术是绝对安全、可防止篡改或防止黑客恶意攻击的，公司会尽力采取适当的保护措施降低未经授权的访问、滥用个人信息等风险。

2．商品管控

1）商品质量控制

跨境电子商务企业应建立商品质量内部检验制度，及时发现并清理不合格商品，建立商品召回制度。

可考虑采信第三方检验结果，例如：依据出口商品收、发货人出具的质量安全符合性声明，以及符合资质的检验检测认证机构出具的检验检测报告或认证证书，对进出口商品检验结果进行采信。

2）质量追溯

跨境电子商务企业应实施跨境电子商务进口商品信息溯源管理，包括但不限于以下内容：

- 采用标准编码；
- 管理商品流转追溯信息，如商品进货、入库、销售、出库等环节的追溯信息，以追踪商品流向；
- 采用追溯标识，在商品包装或随附文件上附加商品追溯标识。

3．经营过程

1）信息展示

（1）页面感知。顾客在浏览跨境电子商务企业的网站时能获得的页面感知包括：

- 根据顾客的语言、审美习惯和访问习惯来确定网站的设计风格和排版；
- 导航结构和名称清晰；
- 考虑商品类目的通俗分类；

- 提供搜索界面的各种排序机制选择；
- 网页加载快速且准确。

（2）销售商基本信息。顾客在浏览跨境电子商务企业的网站时能获得的跨境销售商的基本信息包括：

- 资质信息，如营业执照、经营许可证等；
- 服务承诺；
- 其他需要公布的信息，如联系方式、经营地址等。

（3）商品信息。顾客在浏览跨境电子商务企业的网站时能获得真实、准确的商品直观信息，包括：

- 符合出售地和顾客所在国家和地区的法律法规、技术规范等相关表述要求的商品信息；
- 商品通关税费要求；
- 商品信息准确并及时更新，包括产地、价格、库存、包装、促销信息、入境和出境要求等；
- 安装和调试适用的国家和区域；
- 符合出售地和顾客所在国家的法律法规、技术规范等相关表述要求的安全注意事项和风险警示。

2）意向生成

顾客在意向生成过程中可获得的服务包括：

- 能获取有购买意向的商品及其信息；
- 可获知包括单价、总价、优惠、运费、税费、汇率等在内的金额信息，方便用户进行购物决策；
- 允许在支付之前变更现有的选择；
- 顾客可与跨境电子商务企业的客服人员进行咨询或沟通，并及时获得反馈和帮助。

3）订单过程

顾客在订单填写、配送方式选择和订单下单过程中可获得的服务包括：

- 顾客可明确获知并便捷地填写和修改各项必填及选填的购物订单信息；
- 可以快速选择配送方式，包括境外和境内的物流供应商；
- 顾客可在订单下单前明确获知商品的单价、总价、优惠、运费、税费、汇率等金额信息和商品出关或入关要求；
- 顾客能明确获知订单的受理状态；
- 顾客可以在规定的时限内对订单进行修改；
- 顾客可与跨境电子商务企业的客服人员进行沟通，及时获得关于订单过程的信息；
- 顾客的网上购物行为及个人信息能得到适当的保护。

4）支付和确认

顾客在支付和确认过程中可获得的服务包括：

- 根据顾客所在国家和地区的法律、法规、标准、规范和惯例要求，提供各种付款方式及详细说明；
- 顾客可获知跨境电子商务交易和支付平台或者第三方跨境交易及支付平台供应商的安全保障措施；
- 根据不同国家和地区的法律法规要求，展示所需的资质，如我国要求跨境支付平台具有跨境支付牌照；
- 保护顾客的支付信息。

5）商品配送

在商品配送过程中，顾客可实时跟踪订单信息，包括：

- 在承诺的时限内及时发出商品；
- 实时更新商品物流信息，包括国际和国内物流供应商的信息及清关信息；
- 根据顾客选择的配送方式和配送时间，提供商品配送服务；
- 相关的变更能及时通知顾客，例如由于清关造成的货物配送延迟；
- 顾客可以在规定的时限内取消订单。

6）退/换货

顾客购买的符合退/换货规则的商品，应能在承诺时限内完成退/换货，包括：

- 顾客可在跨境电子商务企业的网站页面上便捷地获取退/换货的政策和流程信息，包括商品返回的国际和国内运费、税费等规定；
- 对于符合退/换货政策的商品，顾客能在跨境电子商务企业承诺时间内获得便捷、顺畅、及时的退货或退款服务；
- 顾客可及时获得客服人员的帮助，完成退/换货或退款；
- 顾客可对商品退/换货、退款和赔偿情况进行实时跟踪；
- 由于跨境电子商务企业的原因造成的退/换货，企业应对顾客进行补偿。

7）售后/申投诉

跨境电子商务企业宜提供售后服务和申投诉服务，包括：

- 顾客可在跨境电子商务企业的网站页面上便捷地获取售后服务的政策和流程信息；
- 顾客可以便捷地获取与跨境电子商务企业的沟通渠道，沟通渠道宜采用多种形式；
- 根据顾客所在国家或地区的时区，安排客服人员；
- 在线客服人员应具备为顾客服务所需的各种能力；
- 顾客可在跨境电子商务企业的网站页面上便捷地获取申投诉的政策和流程信息；
- 顾客可在跨境电子商务企业的网站页面上提交咨询或申投诉等相关信息；
- 跨境电子商务企业应收集各个渠道的顾客申投诉信息，并及时处理。

售后服务制度模板：

售后服务制度

1．目的

　　调查顾客对本公司产品和服务的满意度，了解公司是否正确理解并满足客户当前和未来的需求和期望，根据调查结果改进电子商务交易服务管理过程，不断提高客户满意度。

2．适用范围

　　适用于公司的顾客和潜在的顾客。

3．职责

　　运营部负责及时收集客户数据和意见，定期进行顾客满意度调查的统计分析，及时处理客户投诉。

　　客户服务部协助处理客户反馈，包括退/换货要求、服务需求和投诉等。

　　各相关部门负责将顾客的满意度情况及时反馈到运营部。

4．工作程序

1）满意度调查

① 动态评分。公司动态收集所有交易成功的顾客反馈的信息，了解顾客对商品及服务的满意度。动态收集机制已固化在交易平台的信息系统中。

② 电话回访。电话回访主要用来询问顾客对客服人员的服务态度、专业知识技能、公司服务管理的满意度如何，了解顾客是否还有其他的服务需求或者投诉、建议，对整体服务的满意度进行调查。

　　调查对象：包括对顾客的售后回访及对投诉顾客的回访。

　　售后回访：对所有成功下单的顾客在其签收后抽样安排售后回访，了解顾客对商品及服务的满意度。

　　投诉客户的回访：从评价系统或聊天工具中搜集客户投诉的情况，主动致电回访，了解顾客需求，提供解决方案。

③ 客户服务部协助运营部做好顾客的满意度调查工作。

2）满意度分析

① 运营部收集整理反馈回的《顾客满意度调查表》及其他各项有关顾客满意度的调查信息，包括顾客投诉。

② 运营部定期对满意度数据进行分析，填写《顾客满意度分析报告》。

③ 运营部及时组织相关部门分析顾客满意情况，发现问题并及时处理。

④ 运营部针对客户不满意的项目或方面找到相关的责任部门进行处理，发出《纠正和预防措施处理单》。

⑤ 客户服务部将处理结果或建议回复给顾客，并将顾客对本次处理结果的意见整理归档。

3）满意度评分原则

　　满意度调查信息应包括以下方面：商品质量、价格、交易服务、支付、配送和售后服务等。

　　评价分数采取 5 分制，对各项评价的分数进行累加即为最后的总分。

　　调查各选项的评价描述为：非常满意、满意、一般、不满意、非常不满意共 5 项，评分依次为 5 分、4 分、3 分、2 分、1 分。得 3.6 分以上的评为"顾客满意"。

　　对顾客满意度调查结果进行分值统计，其他信息均按评分原则进行评分，如发生顾客投诉应视为"不满意"或"非常不满意"。

　　定期将收集的《顾客满意度调查表》及其他顾客满意情况相关信息进行分值统计，比较所有项目总分值，即为本公司的顾客满意度。

4）客户反馈处理

① 客户服务部接收到顾客电话或者在聊天工具上的反馈后，判断顾客反馈是服务诉求还是投诉。如果是投诉，

需要记录在《投诉汇总登记表》上，并反映至运营部；如果是退/换货要求，则按照相关法律法规及公司的要求做出退/换货或返修的安排，并保留相关信息；如果是其他无法判断的服务要求，可反映至运营部。

② 运营部按照投诉认定标准对投诉的性质和等级进行初步判定，若判定为无效投诉，则由客户服务部直接回复客人；若判定为有效投诉，则需填写《客户投诉处理单》，监督和协调相关部门进行整改。

③ 责任部门按照《客户投诉处理单》要求，进行根本原因和纠正预防措施分析，并落实执行。

④ 运营部对纠正预防措施进行跟踪并监督执行，对其实施的有效性进行评价。

⑤ 如果投诉有争议，无法解决，由外部组织介入解决，并保留相应的处理信息。

5. 相关记录

《顾客满意度调查表》

《顾客满意度分析报告》

《纠正和预防措施处理单》

《客户投诉处理单》

《投诉汇总登记表》

9.5.4 监督和评估阶段

（1）销售业绩。可根据跨境电子商务目标收集销售业绩的数据和信息，通过分析、评价获得的数据和信息，持续改进交易服务质量。

（2）客户满意度。跨境电子商务企业应建立顾客满意程度反馈机制，及时获取顾客体验感知。可通过网上调查、电话回访或者发放纸质问卷等形式，收集顾客反馈的信息。调查的信息包括以下4点：

- 可靠性；
- 响应性；
- 安全性；
- 移情性。

（3）相关方评价。跨境电子商务企业应收集、分析和评价相关方的信息，包括政府监管、市场监督、荣誉等。

9.5.5 改进和优化阶段

（1）不合格项控制。不合格项可能来源于下列因素：

- 内部/外部评价结果；
- 管理会议的输出；
- 服务过程中监视和测量的结果；
- 不合格服务；
- 不符合法律法规的要求；
- 供应商的问题；

- 顾客投诉；
- 经营绩效。

跨境电子商务企业应对跨境交易服务中出现的不合格项进行控制，对不合格的原因进行识别和分析，及时采取纠正措施，防止不合格的情况再次发生。

应保留不合格项及随后所采取的措施的记录，包括不合格事实、原因分析、制订的纠正措施计划、责任部门/人、措施完成效果等。

（2）持续改进。跨境电子商务企业可通过实施以下措施达到持续改进的目的：

- 建立交易服务目标来设定具体的改进要求，从而确定改进的方向和目标；
- 由数据分析和评价过程的结果来评价交易服务过程的改进机会；
- 可以针对已发生的不合格事实或潜在的不合格项的原因，采取适宜的纠正和预防措施，防止不合格的情况再次发生；
- 可以通过管理会议等形式做出交易服务过程的改进决定并实施改进措施。

9.6 项目管理

9.6.1 项目质量管理

项目质量管理的目的是确保以下几点：

- 确保项目工作按照计划进行，并达到预定的目标；
- 最终的制度文件符合跨境电子商务服务管理模型的要求；
- 确保项目能按计划完成。

因此，在项目进行中，需要设立若干控制点，以确保项目的质量是可控的，项目质量控制内容主要包括以下几类：

- 项目策划方案质量控制；
- 业务质量控制；
- 交付物质量控制；
- 项目初始阶段质量控制；
- 项目进行中质量控制；
- 项目结束阶段质量控制。

质量管理人员是独立于项目组的，作为项目成功的重要因素和保障，在项目执行过程中始终与项目组保持密切联系。质量管理人员从另一个角度观察项目的开展，帮助项目组发现和解决项目执行中存在的问题，确保项目成功。

在项目实施阶段，项目质量管理与其他子过程并行执行，它从项目开始一直持续到项目完成，其步骤和任务侧重于项目小组的管理工作。项目管理是一个不断重复的过程，许多任务如"过程控制"要贯穿项目的始终，而另外一些任务会因为突发事件而启动，例如：
- 用户改变需求；
- 提前实现需求；
- 用户处于紧急关头；
- 实际过程与计划过程有差异；
- 标识新的风险。

项目质量管理过程在项目启动和项目结束之间与"实施方案"过程同时进行。它们是同一项目的两个不同方面。

项目质量管理过程侧重于管理项目计划中定义的步骤，确保实现所有的承诺，及时向项目组织业务部门或者高层管理人员反馈情况，保证项目质量。其中最关键的工作是对计划外事件的管理（变更、风险等）。

9.6.2 项目风险管理

风险，多指对项目"不利"的不确定因素。这些不利的因素存在于任何项目中，往往会给项目的推进和项目的成功带来负面影响。风险一旦发生，它的影响是多方面的，如导致项目服务的功能无法满足客户的需要、项目费用超出预算、项目计划拖延或被迫取消等，其最终体现为客户满意度的降低。因此，识别风险、评估风险，并采取措施应对风险即风险管理有着十分重要的意义。

项目组将采用如图 9-5 所示的风险管理过程对项目过程中的风险进行管理。

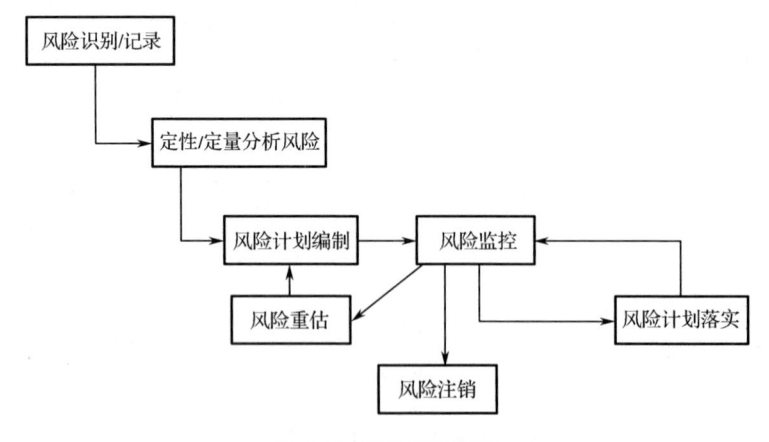

图 9-5　风险管理过程

我们可以以项目计划为线索，识别项目在各方面的风险。在实施过程中，应特别关注以下 3 方面的风险。

（1）项目范围的风险。若项目范围定义不清晰，可能导致各个部门对项目范围的认知产生分歧。若双方的分歧较大，不能达成一致，则必然会造成效率低下，相互扯皮。

因此，项目组需要对项目的实施范围进行尽可能清晰的界定，多花一些时间在项目实施前的范围界定工作上。

（2）项目进度的风险。关于项目实施的周期，虽然有时间进度上的紧迫性，但项目进度的控制绝非易事，它不仅取决于项目组的能力，同时也在很大程度上受到各个部门的配合、范围控制是否有效、项目投入（包括人员、时间和资金等的投入）是否足够等方面的影响。

（3）项目人力资源的风险。人力资源是项目实施过程中的关键资源。要降低项目的人力资源风险，就要保证进入项目中并承担重要角色的各项目成员均满足项目要求。因此，实施方应对参与人员认真进行评估，包括对项目组和实施部门人员的评估。同时，应保证项目人员对项目的投入程度。

9.6.3 项目沟通管理

沟通要求：
- 项目实施团队将具体计划和需要准备的内容提交给项目执行负责人；
- 项目执行负责人在项目关键节点向项目指导委员会汇报项目进展情况；
- 若项目出现重大变更，应得到项目指导委员会的同意。

9.6.4 项目变更管理

项目变更管理控制过程如图 9-6 所示。

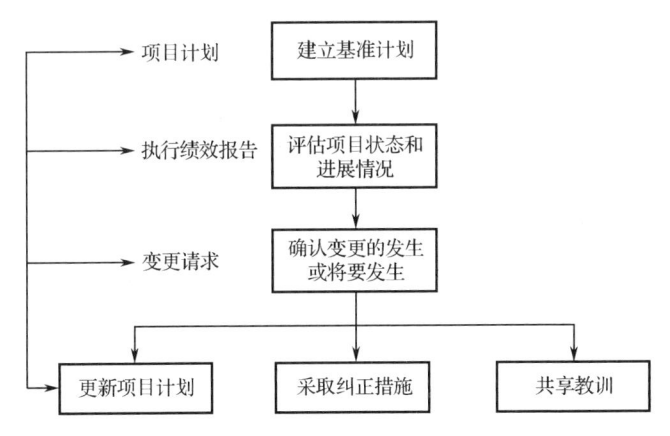

图 9-6 项目变更管理控制过程

项目变更审批流程如下：
① 提出修改方填写《变更申请表（Request For Change，RFC）》。

② RFC 需提交评估小组确认。评估小组就 RFC 的技术可靠性及其对整个项目的影响做出评估。评估小组主席由项目指导委员会指定。

③ 评估通过后，评估小组授权并发放实施通知单。

④ 项目实施人员实施变更。

9.7 本章小结

本章根据跨境电子商务服务管理实施模型的管理要求和服务要求等内容，分析其落地实施的过程，包括统筹和规划、构建和运行、监督和评估以及改进和优化，为打算或正在构建跨境电子商务服务管理体系的企业提供参考。

参考文献

[1] 中国跨境电商行业研究报告简版.艾瑞咨询集团,2014.

[2] 梁春晓. 电子商务服务. 北京：清华大学出版社,2010.

[3] 柯丽敏. 跨境电商基础、策略与实战. 北京：电子工业出版社,2016.

[4] 阿里研究院&阿里跨境电商研究中心.2016年中国跨境电商发展报告.2016.

[5] 苑春荟, 莫莉莉. 电子商务服务质量与网络消费者行为的关系研究. 北京邮电大学, 2011.

[6] 叶晗堃. 跨境电子商务成功实施影响因素研究. 江西财经大学, 2016.

[7] 李珊淳. 中国跨境电子商务发展现状、问题及对策研究. 吉林大学, 2017.

[8] 百度文库. 服务的定义. https://wenku.baidu.com/view/b5fc130c763231126edb1133.html.

[9] ISO9000—2015, 质量管理体系基础和术语.

[10] John EGBateson. Perceived control and the Service Emcounter. The Service encounter, Lexington Books, Lexington, Mass, 1985: 76.

[11] 丁宁, 王馨, 王进云. 服务管理. 北京：清华大学出版社, 北京交通大学出版社, 2012.

[12] 梁春晓. 电子商务服务. 北京：清华大学出版社,2010.

[13] 杨立钒, 杨坚争, 万以娴. 跨境电子商务教程. 北京：电子工业出版社, 2017.

[14] A Parasuraman, Valarie A Zeithaml, Arvind Malhotra. E-S-QUAL A Multiple-Item Scale for Assessing Electronic Service Quality. Journal of Service Research, 2005, Volume 7.

[15] 苏秦, 刘野逸, 曹鹏. 基于服务交互的B2C电子商务服务质量研究. 情报学报, 2009（10）, 第28卷第5期.

[16] 智库百科. 李克特量表. http://wiki.mbalib.com/wiki/%E5%88%A9%E5%85%8B%E7%89%B9%E9%87%8F%E8%A1%A8.

[17] 鲁丹萍. 跨境电子商务. 北京: 中国商务出版社, 2016.

[18] 李海刚. 电子商务——物流与供应链管理. 北京: 北京大学出版社, 2014.

[19] 于立新, 陈晓琴, 陈原, 等. 跨境电子商务理论与实际. 北京: 首都经济贸易大学出版社, 2017.

[20] 张淑君. 服务管理. 北京：中国市场出版社, 2010.

[21] 跨境电商质量安全追溯体系建设探索. 中国质量新闻网. http://www.cqn.com.cn/zggmsb/content/2016-07/18/content_3161990.html.

[22] 骆念蓓. 电子商务管理. 北京: 对外经济贸易大学出版社, 2009.

[23] 2017年"黑五跨境进口电商评测报告". 中国电子商务研究中心.http://www.100ec.cn/zt/17h5bg/.

[24] 德勤咨询. 跨境电商行业人才管理趋势调研报告. 2016.

[25] 井然哲. 跨境电商运营与案例. 北京: 电子工业出版社, 2016.

反侵权盗版声明

电子工业出版社依法对本作品享有专有出版权。任何未经权利人书面许可，复制、销售或通过信息网络传播本作品的行为，歪曲、篡改、剽窃本作品的行为，均违反《中华人民共和国著作权法》，其行为人应承担相应的民事责任和行政责任，构成犯罪的，将被依法追究刑事责任。

为了维护市场秩序，保护权利人的合法权益，我社将依法查处和打击侵权盗版的单位和个人。欢迎社会各界人士积极举报侵权盗版行为，本社将奖励举报有功人员，并保证举报人的信息不被泄露。

举报电话：（010）88254396；（010）88258888
传　　真：（010）88254397
E-mail：dbqq@phei.com.cn
通信地址：北京市海淀区万寿路173信箱
　　　　　电子工业出版社总编办公室
邮　　编：100036